Rekonstruktion der Karte des Kreises Tancheng, Provinz Shandong, 1670

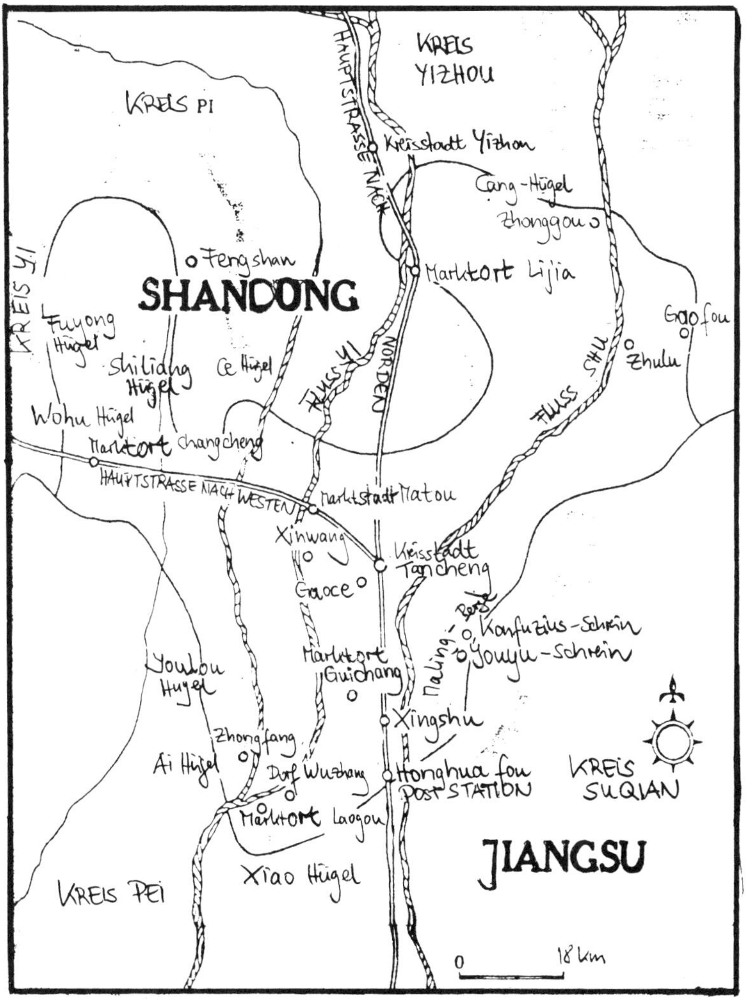

»Den Frühling willkommen heißen«
datiert 1600, von Wu Bin (1585–1621)
Ausschnitt aus einer Rolle, Farben auf Papier

Jonathan D. Spence

Die Geschichte der Frau Wang
Leben in einer chinesischen Provinz
des siebzehnten Jahrhunderts

Aus dem Englischen und Chinesischen
von Sabine Peschel und Edgar Wang

Verlag Klaus Wagenbach   Berlin

Die Originalausgabe erschien 1978 unter dem Titel
The Death of Woman Wang bei Viking Press, New York

Inhalt

Vorbemerkung der Übersetzer

Zur Romanisierung der in der *Geschichte der Frau Wang* erwähnten chinesischen Namen, Begriffe und Titel wurde die von J. D. Spence benutzte Wade-Giles-Umschrift in die inzwischen weithin gebräuchliche Pekinger Pinyin-Umschrift übertragen. Ausnahmen bilden einige Ortsnamen, für die seit langem eingebürgerte deutsche Schreibweisen existieren.

Die Geschichten Pu Songlings wurden unter Berücksichtigung der englischen und gegebenenfalls auch der deutschen Übersetzungen aus dem chinesischen Original übertragen. Kürzere Pu Songling-Zitate folgen dem englischen Text. Für die nicht sehr zahlreichen weiteren Zitate aus der chinesischen Literatur wurden, sofern vorhanden, anerkannte deutsche Übersetzungen herangezogen.

Februar 1987   *Sabine Peschel, Edgar Wang*

»Lebenskraut sammeln am Cenwei-Anwesen«
datiert 1659, von Wu Li (1632–1718)
Ausschnitt, Farben auf Papier

*Illustration aus einer überarbeiteten Auflage des
Romans »Jin ping mei«
Holzschnitt, Druck vom Ende des 18. oder
Anfang des 19. Jh.*

Vorwort

Dieses Buch spielt in einem entlegenen Winkel im nordöstlichen China des 17. Jahrhunderts. Genau gesagt, handelt es sich um den Kreis Tancheng in der Provinz Shandong, wo sich ein Großteil des Geschehens in den Jahren zwischen 1668 und 1672 zuträgt. Innerhalb dieses zeitlichen und örtlichen Rahmens richtet sich das Hauptaugenmerk auf diejenigen Menschen, die unterhalb der sozialen Ebene der gebildeten Elite lebten: Bauern, Landarbeiter und ihre Frauen, ohne Beziehungen zur Bürokratie und ohne starke Familienverbände, auf die sie in Notzeiten hätten zurückgreifen können.

Ich betrachte diese Leute im Zusammenhang mit vier kleinen Krisen: Die erste betrifft die Bestellung des Landes und die Eintreibung von Steuergeldern, die dafür zu entrichten waren; die zweite den Versuch einer Witwe, ihr Kind und ihre Erbschaft zu schützen; die dritte den Ausbruch von Gewalt, der einer lokalen Fehde folgte; und die vierte die Entscheidung einer Frau namens Wang, die ihr unerträgliches Leben in Tancheng nicht länger hinnehmen wollte und Mann und Heim davonlief. Wenn ich sage, diese Krisen waren ›klein‹, so ist das nur im gesamthistorischen Kontext richtig. Für die Betroffenen waren sie von absoluter, lebensbedrohender Bedeutung.

Ich habe absichtlich versucht, diese Geschichte lokal begrenzt wie auch im ländlichen Rahmen zu halten, da die bisherigen Abhandlungen über das vormoderne ländliche China nicht auf einem eng eingegrenzten Gebiet beruhen, sondern sich ihre Belege über weitausgedehnte geographische Regionen und große Zeitspannen hinweg zusammensuchen, ein Vorgehen, das fast zwangsläufig eine Entpersonalisierung zur Folge hat. Und wenn Lokalstudien unternommen wurden, konzentrierten sie sich im allgemeinen nicht auf die ländlichen Gebiete als solche, sondern eher auf Gegenden, die für irgend etwas besonders berühmt waren: die Anzahl der dort geborenen Menschen mit vielversprechenden Begabungen zum Beispiel, oder die Gewalttätigkeit einer Rebellion, die dort gewütet hatte, die vielfältigen und interessanten wirtschaftlichen Bedingungen, die historische Komplexität des Gesellschaftsaufbaus. Der Kreis Tancheng dagegen war für nichts berühmt; er brachte im 17. Jahrhundert keine bedeutenden Männer hervor, Daten zu wirtschaftlichen und sozialen Verhältnissen sind rar, und trotz der wiederholten Katastrophen erhob sich die Bevölkerung nicht.

Das Leben von Armen und Vergessenen aus der Vergangenheit heraufzubeschwören, ist immer ein schwieriges Unterfangen. Hinzu kommt, daß die chinesische Gründlichkeit der historischen Überlieferung im Bereich der Staats- und Präfekturgeschichte ironischerweise mit der Nichterhaltung der meisten lokalen Aufzeichnungen einherging. Die Entsprechung zu den Protokollen der Gerichtsverhandlungen bei ungeklärter Todesursache, den Zunftordnungen, den peinlich genauen Beschreibungen der Pachtverhältnisse oder den Kirchenregistern über Geburten, Heiraten und Todesfälle, die so bemerkenswert realitätsnahe und detaillierte Darstellungen des spätmittelalterlichen Europa ermöglicht haben, wird man im allgemeinen nicht finden. Dennoch ist Material vorhanden, und ich habe mich bei meinem Versuch, ein kleines Stück in die Welt Tanchengs einzudringen, vor allem auf drei verschiedene Quellen gestützt.

Die erste dieser Quellen ist die 1673 kompilierte *Lokalgeschichte von Tancheng*. Die Kreisgeschichten des traditionellen China waren nach einem herkömmlichen Muster aufgebaut: Von der gebildeten Gentry-Elite zusammengestellt, behandelten sie in geordneter Folge Themen der Geschichte ihres Kreises wie seine geographische Lage und Topographie, die Städte und Stadtmauern, die Ämter und *Yamen* der örtlichen Verwaltung, die Tempel, das Land und das Besteuerungssystem, die Biographien ortsansässiger Persönlichkeiten und Amtsinhaber (einschließlich der Biographien von Frauen, die als besonders ›treu‹ oder ›tugendhaft‹ angesehen wurden) und das Auftauchen von Armeen, Banditen oder Naturkatastrophen, sofern diese den Kreis direkt berührten. Tanchengs *Lokalgeschichte* ist weder vom Inhalt noch vom Umfang her außergewöhnlich, aber sie ist anschaulich, stellenweise lebhaft, wenn von Not und Bedrängnis die Rede ist. Derartige Lokalgeschichten tendieren dazu, proportional zum zeitlichen Abstand von den beschriebenen Ereignissen in ihrer Genauigkeit zu schwanken: Das Datum der Abfassung, 1673, bedeutet für die *Lokalgeschichte von Tancheng*, daß die Erinnerung an die vorausgegangenen Jahrzehnte noch unvermittelt und deutlich war; und der Hauptherausgeber des Projektes, Feng Kecan, scheint sich damit begnügt zu haben, einen Bericht zusammenzustellen, wie er der freudlosen Realität entsprach, unbeschönigt durch nostalgische oder der Etikette verpflichtete Schnörkel.

Die zweite Quelle ist ein Handbuch mit persönlichen Erinnerungen und Aufzeichnungen über die Ausübung des Magistratsamts, das 1690 von dem Literaten und Beamten Huang Liuhong verfaßt wurde. Auch dies ist kein völlig neues Genre. Solche Handbücher, dazu bestimmt, Amtsinhabern ein Verständnis ihrer Rolle nahezubringen und ihnen vorzuführen, wie sie die eigenen Interessen mit denen der Allgemeinheit in Einklang bringen konnten, existierten bereits. (Die Interessen deckten sich in beträchtlichem Maße, denn wenn das Volk – gereizt und empört durch die Auswirkungen von Habgier, Dummheit, Grausamkeit oder Inkompetenz – sich erhob oder die Steuern verweigerte, mußte der Magistrat mit schwerer Bestrafung oder gar seiner Entlassung rechnen.) Die vierzehnhundert Magistrate, die im 17. Jahrhundert in den chinesischen Kreisen gleichzeitig im Amt waren, befanden sich in einer schwierigen Position, denn obwohl sie innerhalb ihres Zuständigkeitsbereiches über enorme Macht verfügten und als oberste Gerichtsbeamte, Finanzbeamte und Hüter der öffentlichen Sicherheit auftraten, waren sie zugleich untergeordnete Glieder in einer komplizierten Befehlskette, die von ihnen zu den Präfekten, von den Präfekten zu den Provinzgouverneuren und über diese zu den Ministerien in Peking und dem Kaiser selbst reichte. Darüber hinaus war ihr alltägliches Verhalten durch eine bis ins einzelne kodifizierte Sammlung von Verwaltungsgesetzen diktiert, ebenso wie die riesige Sammlung der *Gesetzestexte der Qing* die Präzedenzfälle der vorherigen Ming-Dynastie fortschrieb, in der Absicht, alle Arten von kriminellen oder abweichenden Handlungen unter der Bevölkerung in ihrer Gesamtheit zu systematisieren und allen Verstößen festgelegte Strafen zuzumessen. Die Auslegung und die Beachtung dieser Gesetze durch die Magistrate unterlag der ständigen Überwachung seitens ihrer Vorgesetzten, die sie auch für alle Störungen in ihrem Amtsbereich verantwortlich machten. Huang Liuhong, der zwischen 1670 und 1672 in Tancheng als Magistrat diente, war nicht freier von solchen Zwängen als seine Zeitgenossen, die an anderen Orten ihren Dienst taten. Aber er war ein ungewöhnlich wacher Beobachter mit einem scharfen Blick für Details und einem ausgeprägten Hang zur Genauigkeit: In seinen Aufzeichnungen hielt er oft die exakte Uhrzeit oder das Datum fest, an dem sich das betreffende Ereignis zugetragen hatte (nach dem zyklischen Mondkalender) sowie die genaue Geldsumme oder die Anzahl und den Rang der Personen, die an einem Geschäftsabschluß oder Streitfall beteiligt waren. Wenn solche Einzelheiten anhand der *Lokalgeschichte* oder anderen zeitgenössischen Berichten überprüft werden können, bestätigen sie sich stets. Huang hat sich also nicht auf allgemeine Darstellungen beschränkt. In seinem Handbuch illustriert er seine Ansichten zur Verwaltung und Rechtsprechung anhand von Einzelbeispielen; vier dieser Beispiele aus dem Kreis Tancheng bestimmen einen wesentlichen Teil des vorliegenden Buchs.

Die dritte Quelle ist das Werk des Essayisten, Erzählers und Dramatikers Pu Songling. Er lebte etwas weiter nördlich im Kreis Zichuan, den eine von

Banditen wimmelnde Hügelkette von Tancheng trennte. Obwohl im Westen nicht sehr bekannt, gehört Pu Songling zu den begabtesten und bemerkenswertesten Schriftstellern Chinas. Als ich entdeckte, daß er seine Geschichten in den siebziger Jahren des 17. Jahrhunderts in Shandong schrieb und sich in der Tat 1670 und 1671 in Tancheng aufhielt, beschloß ich, die eher konventionellen historischen und administrativen Schriften von Feng Kecan und Huang Liuhong durch seine Perspektive zu ergänzen. Denn wenn uns Feng und Huang auch überraschend weit in die Sphäre privaten Ärgers und Unglücks hineinführen, die so sehr Bestandteil des ihnen unterstellten Gemeinwesens waren, lag ihnen doch nichts daran, bis in die Bereiche der Einsamkeit, Sinnlichkeit und Träume vorzudringen, die ebenso zu Tancheng gehörten. Dagegen war es gerade dieser Bereich, der Pu Songling fesselte, und ich habe ihn daher unter drei Aspekten herangezogen: als Überlieferer von Erinnerungen aus Shandong, als Geschichtenerzähler und als Schöpfer von Bildern von zuweilen erstaunlicher Anmut und Kraft. Mir schien, daß die montageartige Verbindung einiger dieser Bilder über die anderen Quellen aus dieser verlorenen Welt hinausführen und einer Beschreibung dessen, was sich vor Frau Wangs inneren Augen abgespielt haben mag, als sie ihrem Tod entgegenschlief, nahekommen könnte.

Und so endet das Buch folgerichtig mit jener Frau namens Wang, mit der es auch begonnen hat. Als ich vor mehreren Jahren in einer Bibliothek zufällig auf ihre Geschichte stieß, führte sie mich nach Tancheng und in die Leiden seiner Geschichte, zu meiner ersten Begegnung mit einem abgelegenen Landkreis, der, was Reichtum, Einfluß und Macht betrifft, in jeder Beziehung leer ausgegangen war. Ich weiß immer noch nicht, wieweit uns ihre Geschichte über den Staat der Qing insgesamt etwas mitzuteilen vermag, aber ich möchte vermuten, daß es viele Frauen wie sie gab, so wie es viele Kreise wie Tancheng gegeben haben muß, die still litten, ihre Steuern bezahlten und wenig dafür zurückerhielten.

J. D. S.

Die Beobachter

Das Erdbeben traf Tancheng am 25. Juli 1668, abends, als der Mond aufging. Außer einem furchterregenden Grollen, das von irgendwo aus Nordwesten zu kommen schien, ging keine Warnung voraus. Die Gebäude in der Stadt begannen zu schwanken, und die Bäume schwangen immer wilder hin und her, bis ihre Wipfel fast den Boden berührten. Dann folgte ein heftiger Stoß, der große Abschnitte der Stadtmauern und Zinnen, die *Yamen* der Beamten, die Tempel und Tausende von Privathäusern einstürzen ließ. Breite Risse taten sich in den Straßen und unter den Häusern auf, Wasserfontänen schossen sechs Meter und höher in die Luft, das Wasser floß in Strömen die Straßen hinunter und überflutete die Entwässerungsgräben. Wer versuchte, sich aufrecht zu halten, mußte erleben, wie seine Füße, jeder Kontrolle entzogen, wie Steine im Wasser herumgewirbelt wurden, und stürzte zu Boden. Einige, wie Li Xianyu, fielen in eine Spalte, wurden von der unterirdischen Strömung aber wieder nach oben getragen und konnten sich am Rand festklammern. Anderen wurde das Haus in zwei Hälften gerissen, und sie überlebten in einem Raum des Wohntrakts, während die Vorratsräume im Erdboden verschwanden. Manche mußten hilflos mit ansehen, wie ihre Familie versank: Gao Demous Haushalt hatte mit all seinen Haupt- und Nebenfrauen, Kindern, Verwandten und Dienstboten aus 29 Personen bestanden, aber nur er selbst, ein Sohn und eine Tochter überlebten.

So plötzlich wie es gekommen war, hörte das Erdbeben auch wieder auf. Die Erde war still. Das Wasser versickerte, und von Schlamm und feinem Sand gesäumte Spalten blieben zurück. Die Ruinen der zusammengefallenen Häuser schichteten sich gleich riesigen, zu Treppen getürmten Stufen.

Es war, schrieb Feng Kecan, der 1673 die *Lokalgeschichte von Tancheng* zusammenstellte, »als würfe das Schicksal Felsen auf jemanden, der bereits am Boden lag«. Und Feng wiederholte zwei allgemeine Feststellungen, die ein Historiker aus der Gegend fast ein Jahrhundert früher über Tancheng getroffen hatte: Obwohl man in den Kapiteln der Chroniken, die den lokalen Ereignissen gewidmet waren, eine Ausgeglichenheit von ›Katastrophen‹ und ›Segnungen‹ erwarten könne, fielen in Tancheng zum einen neun von zehn Einträgen unter die Kategorie der Katastrophen, und zum anderen gebe es in Tancheng innerhalb eines Zwölfjahreszyklus', der sich normalerweise in sechs Jahre des Überflusses und sechs Jahre des Mangels teilte, stets ein Jahr schlimmer Hungersnot.

Feng lebte fünf Jahre im Kreis Tancheng, wo ihn ein wenig glückliches Schicksal ereilte. 1668 trat er sein Amt als Magistrat an, wurde aber unter dem Vorwurf, die Finanzen und die Pferde der Poststationen im Kreis nicht ordnungsgemäß zu verwalten, zwei Jahre später entlassen. Völlig verarmt blieb er in Tancheng – vielleicht empfand er die Schande zu stark, um in seine Heimat nach Shaowu in der Provinz Fujian zurückzukehren – und lebte von den Zuwendungen der örtlichen Gentry und von dem Honorar für das gelegentliche Aufsetzen von Schriftstücken. Schließlich war er trotz allem ein *Jinshi*, Inhaber des höchsten Gelehrtentitels, den er 1651 errungen hatte, und zwar der einzige im gesamten Kreis Tancheng. Es gab hier noch nicht einmal jemanden, der den niederen Rang eines *Juren* erreicht hätte. Feng besaß daher ein gewisses Ansehen und war in der Lage, sich etwas Geld zu verdienen: durch das Erteilen von Unterricht oder andere Gelegenheitsarbeiten, die ihm angetragen wurden, wie die Herausgabe der *Lokalgeschichte*. Er schloß die Geschichte gegen Ende des Jahres 1673 ab und kehrte nach Fujian zurück, eine Rückkehr, die ihm jedoch nur zusätzliches Leid eintrug, denn sie fiel mit dem Beginn der ›Rebellion der drei Feudalfürsten‹ zusammen, und Feng gehörte zu den zahlreichen Gelehrten und ehemaligen Beamten, denen die Aufständischen ein ›Amt‹ in ihrer Verwaltung zuwiesen. Feng lehnte ab. (In seiner Jugend hatte er darauf verzichtet, die Gedichte seines Lieblingslyrikers der Tang-Zeit zu lesen, nachdem er erfahren hatte, daß Li Bai am Hof des Rebellenprinzen Lin aus Yong geschrieben hatte.) Um der Vergeltung der Rebellen zu entgehen, zog sich Feng in die Berge Fujians zurück, wo er, ständig ungeschützt der rauhen Witterung ausgesetzt, bald darauf den Tod fand.

Vielleicht geschah es aufgrund seiner eigenen schmerzlichen Erfahrungen in Tancheng, daß Feng in den kurzen Abhandlungen, die er zur Einführung in die verschiedenen Wirtschaftskapitel der *Lokalgeschichte* verfaßte, die Nöte der Gegend so offen beschrieb – die Armut der Bevölkerung und die weitgehende Unfähigkeit der ortsansässigen Gentry, diese Not mildern zu helfen. Die Zahlen, die den Niedergang des Kreises belegten, faszinierten ihn, und er konnte sie nicht oft genug anführen: Nach seiner Schätzung war Tanchengs Bevölkerung zu Anfang der siebziger Jahre des 17. Jahrhunderts auf ein Viertel ihrer Größe vom Ende der Ming-Dynastie fünfzig Jahre früher geschrumpft; während einst mehr als 200 000 Menschen im Kreis gelebt hatten, waren es jetzt nur noch 60 000. Die Fläche des bebauten Landes, das zur Besteuerung registriert war, hatte um beinahe zwei Drittel abgenommen, von 3,75 Millionen auf weniger als 1,5 Millionen Morgen. Seine Zahlenan-

»Pavillon in Sommerbergen«
von Sheng Mou (1313–62)
Farben auf Seide

gaben wurden sogar noch präziser, wenn er auf das Erdbeben von 1668 zu sprechen kam, das Tancheng wenige Monate nach seiner Übernahme des Magistratsamtes heimgesucht hatte. Um seiner Aussage mehr Gewicht zu verleihen, kontrastierte er Tancheng mit dem größeren, nördlich gelegenen Nachbarkreis Yizhou: Der Kreis Yizhou bestand aus 108 Gemeinden, Tancheng aus 45, jedoch starben in Yizhou während des Erdbebens 12 000 Menschen, während in Tancheng (mit deutlich weniger als der Hälfte der Bevölkerung) annähernd 9000 Menschen ums Leben kamen.

Im Jahr 1668 dauerte die bittere Zeit für Tanchengs Bevölkerung bereits seit fünfzig Jahren an. Viele waren 1622 beim Aufstand der Weißen-Lotos-Sekte umgekommen, als die allgemeine Not in Shandong sich in Rebellionen entlud, die wiederum die Städte in der Gegend von Tancheng verwüsteten und Tausende von Bauern veranlaßten, auf einem Karren oder zu Fuß mit ihrer ganzen dürftigen Habe von Haus und Hof zu ziehen. Die Führer der Rebellen, wie Hou Wu aus dem nahegelegenen Kreis Zou, gaukelten den Armen »Gold- und Silbergebirge, Berge von Mehl und Reis, Ölquellen und Weinbrunnen« vor und versprachen allen treuen Anhängern, daß sie »für den Rest ihres Lebens nie mehr arm sein würden«. Die Menschen, die auf der Suche nach diesem Paradies ihr Heim verließen, kamen schließlich im Gebirge um oder wurden von den Regierungstruppen niedergemetzelt, falls sie nicht von der Hand anderer Shandonger Dorfbewohner fielen, die ihren eigenen Grund und Boden gegen die durchs Land streifenden Flüchtlinge verteidigten.

Noch mehr Menschen starben in den dreißiger Jahren an Hunger, Krankheit oder durch das Banditenunwesen; und das nächste Jahrzehnt brachte eine weitere, neue Plage. 1640 fielen große Heuschreckenschwärme in Tancheng ein, die ihre Eier in den Feldern ablegten und die gesamte Getreideernte, die ein dürrer Sommer stehengelassen hatte, vernichteten. Sie hingen an den Hauswänden, krochen den Leuten in die Kleider, und wenn die

Menschen versuchten, ihnen den Zugang zu verwehren, indem sie Fenster und Türen verschlossen, krabbelten sie die Schornsteine hinunter, bis das Feuer unter ihrer Masse erstickte. Die Hungersnot dieses Winters pflanzte sich im folgenden Frühjahr fort, so daß die Bauern, in Ermangelung von Worten, die ihrer Verzweiflung hätten Ausdruck verleihen können, sie in die nüchterne Form des Sprichworts kleideten: »Besser die Leichen der Verwandten selbst essen und ein paar Tage länger leben, als sie anderen überlassen.« Oder: »Ehe die ganze Familie ausstirbt, iß deinen Vater, Bruder oder Mann, damit wenigstens einer überlebt.« Auf dem Land, berichtet die *Lokalgeschichte*, wagten selbst engste Freunde nicht mehr, zusammen hinaus auf die Felder zu gehen.

Im Gefolge der Hungersnot kamen die Banditen. Eine dieser mehrere tausend Mann starken Armeen überfiel den Kreis Tancheng von Yizhou kommend im April 1641. Sie brandschatzte den Marktort Lijiazhuang an der Kreisgrenze und marschierte dann südlich zur Marktstadt Matou. Auch sie wurde geplündert. Nach drei Tagen legten die Banditen Feuer an die Geschäfte und Wohnhäuser, bevor sie weiter nach Osten auf die Kreisstadt Tancheng zumarschierten und sie belagerten. Aber die Einwohner von Tancheng hatten den Aufenthalt der Banditen in Matou zu Verteidigungsmaßnahmen genutzt. Sie verbarrikadierten die Stadttore mit Steinen und Erde, plazierten feuerbereite Kanonen auf den Stadtmauern und unterstellten die bewaffneten Truppen Männern wie Wang Ying, einem Veteran der Kämpfe gegen die Weiße-Lotos-Sekte. Er hatte seinerzeit der Gentry bei der Verteidigung Tanchengs so gute Dienste geleistet, daß sie in einer Eingabe erfolgreich darum nachgesucht hatte, ihn zum Mannschaftsführer zu befördern.

Eine Steintafel mit den Namen von 292 Männern, die 1641 zu den Verteidigern Tanchengs gehörten, vermittelt eine Vorstellung davon, wie zahlreich die tonangebenden Leute des Kreises auf der Suche nach Sicherheit in die Stadt strömten. Die Liste wurde von zwei Männern namens Xu angeführt, deren Land westlich in Guichang lag, Bruder und Sohn eines lokalen Honoratioren, der 1594 den Literatentitel des *Juren* erlangt hatte, sowie von dem Gelehrten Du Zhidong, seit 1624 Träger dieses Titels. Der Familie Du gehörte Land in der Gemeinde Xiazhuang, fünfzig Kilometer nordöstlich. Mindestens ein Dutzend ihrer Familienmitglieder sind unter den Verteidigern der Stadt aufgeführt, ebenso wie viele andere aus privilegierten Familien – den Zhangs und den Lius aus der Gemeinde Gaoce, oder den Lis aus Chitou. Fast neunzig Lizentiaten, Graduierte der untersten Stufe waren darunter, etwa ein Drittel aller, die zu diesem Zeitpunkt im ganzen Kreis Tancheng diesen Titel trugen, und weitere dreißig fortgeschrittene Studenten, denen der Magistrat bereits die Prüfungsberechtigung ausgestellt hatte. Vertreten waren fast zwanzig Bezirks- und Gemeindevorsteher, die sich offensichtlich aus dem umliegenden Land – das sie eigentlich beschützen sollten – in die mehr Sicherheit versprechende Stadt geflüchtet hatten; es finden sich Unteroffiziere, Ärzte, Schreiber aus der Stadtverwaltung, Yamenboten, Kaufleute, Artilleristen, Hausbedienstete und, am Ende der Liste, ein taoistischer Priester.

Diese Gruppe und andere ungenannte Bürger stellten sich am Morgen des 15. April den Banditen entgegen und schlugen sie zurück, dank einiger geglückter Kanoneneinschläge in das Lager der Banditen und der plötzlich aufgekommenen Windböen, die Staub und Steine aufwirbelten und die Angreifer behinderten. Nachdem sie den Ansturm auf die befestigte Stadt aufgeben mußten, plünderten die Banditen die Vororte und schwenkten dann südlich in Richtung auf die Poststation und die Siedlung Honghua fou, wohin sie die Aussicht auf Pferde, die dort für den Postdienst nach Zentralchina bereitstanden, und der Ruf der Bordelle lockte. Hier hatte derselbe, alles verdüsternde Sandsturm die Menschen gezwungen, bei dicht verschlossenen Türen in ihren Häusern Zuflucht zu suchen. Vom Einfall der Banditen überrascht, wurden sie in ihren Wohnungen abgeschlachtet oder kamen um, als die Gebäude in Brand gesteckt wurden. Nach diesem Überfall zogen die Banditen weiter in die Provinz Jiangsu, um Ende Mai noch einmal für drei Tage zurückzukehren und diesmal einen Landstrich in der Nähe des Marktortes Xiazhuang zu verwüsten.

In diesen kurzen und gewalttätigen Raubzügen waren es die Armen, die andere Arme vernichteten, während die Gentry sich hinter die Stadtmauern von Tancheng flüchten konnte. Aber selbst für die Reichsten gab es keinen Zufluchtsort, als die Mandschutruppen unter General Abatai auf ihrem Streifzug im Januar 1643 den Kreis besetzten: Auf der Liste der Toten standen viele, die den Kampf von 1641 noch überlebt hatten. In knappen Worten heißt es in der *Lokalgeschichte*:

»Am 30. Januar 1643 eroberte die Große Armee die Stadt, brachte die Beamten um und tötete siebzig bis achtzig Prozent der Gentry, der Verwaltungsangestellten und des gemeinen Volks; inner- und außerhalb der Stadtmauern metzelten sie Zehntausende nieder. All die Menschen, die sich in den Straßen und Höfen zusammengeschart hatten, wurden massakriert oder verwundet, die übriggebliebenen trampelten einander nieder, und auch unter den Flüchtenden wurden die meisten verletzt. Die Große Armee schlug ihre Zelte bis zum 21. Februar 1643 innerhalb unserer Kreisgrenzen auf, von Shenmazhuang am Fluß Shu im Süden bis Yizhou im Nordwesten, über eine Distanz von siebzig *Li*[*] hinweg in vierundfünfzig untereinander verbunde-

---

[*] Ein *Li* entspricht etwa einem halben Kilometer

»Der Kaiser hält ein Siegesmahl für ausgezeichnete Offiziere und Soldaten« von J. P. Le Bas
Kupferstich, Frankreich 1770

nen Lagern. Sie blieben zweiundzwanzig Tage; viele Anwesen in der Gegend wurden ausgeraubt oder niedergebrannt, die Menschen umgebracht
oder verwundet. Sie zerstörten auch Cangshanbao, wo sie mehr als zehntausend Männer und Frauen töteten.«

In dem Bericht, den General Abatai nach seiner Rückkehr in die Mand-
schurei seinem Herrscher erstattete, machte er sich nicht die Mühe, einzelne
Ortschaften zu erwähnen. Er hielt nur schlicht fest, was er im gesamten
Nordchina erbeutet hatte:

»12 250 Unzen Gold, 2 205 270 Unzen Silber, 4440 Unzen Edelsteine,
52 230 Seidenballen, 13 840 Kleidungsstücke aus Seide oder Pelz, mehr als
500 Zobel-, Fuchs-, Panther- und Tigerfelle, 1160 Hörner und Geweihe,
ganz oder geschnitten, 369 000 Gefangene, reichlich über 321 000 Kamele,
Pferde, Maulesel, Rinder, Esel und Schafe. Hinzu kommt das aus verschiedenen Verstecken ausgegrabene Silber, das zu einem Drittel an die Generale
und Offiziere ging, und all die Dinge, die die gewöhnlichen Soldaten für sich
behielten und deren Wert nicht zu schätzen ist.«

Die Ming-Dynastie brach 1644 zusammen, als Li Zichengs Rebellenarmee Peking einnahm und ihrerseits wiederum von den siegreichen Mandschutruppen verjagt wurde. Aber diese Ereignisse, die in der chinesischen
Geschichte von so großer Bedeutung scheinen, schlagen sich in den Auf-

zeichnungen über Tancheng kaum nieder. Die *Lokalgeschichte* verzeichnet lediglich, daß nach Pekings Fall »große Verwirrung herrschte; allerorts tauchten Banditen auf, die monatelang töteten und brandschatzten, da niemand sie niederhielt. Das Volk litt deswegen sehr.« Und nichts weiteres wird uns über jenen Moment im Jahre 1644 mitgeteilt, als die siegreichen Mandschutruppen, nun eher die Eroberer Chinas denn eine umherziehende Truppe von Marodeuren, in die Stadt Tancheng einzogen, außer dem Detail, daß es Du Zhidong war – der überlebende *Juren*, dessen Frau und kleinen Sohn die Mandschu im Jahr zuvor umgebracht hatten –, der die Bürger zum Akt der formalen Unterwerfung vor die Stadtmauern führte.

Die Eroberung Chinas durch die Mandschu mit ihrem Versprechen, Ordnung und Wohlstand wiederherzustellen und der Korruption und Mißwirtschaft der Ming ein Ende zu setzen, brachte für die Geschicke Tanchengs keine gravierende Wende. Das Jahrzehnt zwischen zirka 1648 und 1658 verlief in denselben altbekannten Bahnen. 1649 überflutete der Fluß Yi südlich von Matou einen ganzen Landstrich und vernichtete auf einer Strecke von fünfundzwanzig Kilometern die gesamte Herbsternte. Im Herbst 1651 traten die Flüsse Yi und Shu über die Ufer und setzten die Felder so hoch unter Wasser, daß der neuernannte Magistrat zu Schiff, über das überschwemmte Land segelnd, in die Kreisstadt kommen mußte, um sein Amt anzutreten. Im nächsten Jahr führten beide Flüsse Hochwasser nach heftigen Sommerregen, die die Hirse- und Gaoliangernte zerstörten und im Winter eine Hungersnot verursachten. Im Jahr 1659 dagegen schwollen dieselben Flüsse im späten Frühjahr an, nachdem es sechzehn Tage lang ununterbrochen geregnet hatte, gerade als der Winterweizen und die Gerste zur Ernte reif waren. Hilflos mußten die Bauern mit ansehen, wie die schon geschnittenen Garben auf den Wellen davonschwammen, während die schweren, wasserdurchtränkten Ähren des noch stehenden Getreides unter die Oberfläche sanken.

Zusammen mit diesen Naturkatastrophen tauchten noch mehr Banditen auf. 1648 raubten sie, aus den Bergen im Nordwesten kommend, Matou aus; 1650 überfiel eine aus ihrem heimatlichen Operationsgebiet in Gezi im westlichen Shandong verjagte Bande den Marktort Guichang und verheerte die Umgebung; und 1651 durchbrach eine andere große Banditenarmee, die von den Regierungstruppen aus ihrer Basis im Nordwesten vertrieben worden war, die Verteidigung Tanchengs und nahm die Stadt ein. Die *Lokalgeschichte* enthält bittere Geschichten zu jedem der Überfälle: Die junge Yao, 1648 siebzehn Jahre alt, verflucht die Banditen, die sie aus dem Haus zerren, beschimpft sie noch, während sie ihr bereits den Arm abhacken und sie er-

morden; Frau Sun, die aus der Asche ihres Hauses, das die Banditen 1650 nie-
derbrannten, die Gebeine ihres Mannes und der Schwiegermutter zusam-
menklaubt und unter den Blicken der Banditen die Bestattungsriten voll-
zieht; Du Zhidong, der fünfzehn Jahre Krieg und Plünderungen überlebte,
der 1651, von Banditen überfallen, die Lösegeld erpressen wollen, sich nicht
fortschleppen läßt, sie beschimpft und im eigenen Haus den Tod findet. Oft
vermochten die Überlebenden in den Bergen von Toten ihre Angehörigen
nicht wiederzuerkennen, identifizierten sie mühsam anhand eines Klei-
dungsstücks oder begruben sie widerstrebend in Massengräbern.

Wie Huang Liuhong feststellte, als er 1670 als Magistrat nach Tancheng
kam, war das Hauptproblem der Menschen das nackte Überleben – physisch
und moralisch – in einer Welt, die vor ihren Augen zu zerfallen schien. Als er
im Sommer seinen Posten antrat, befragte er die Einheimischen, Angehörige
der Gentry wie einfache Bürger, zu den Verhältnissen in der Gegend. Ihre
Antworten gab er folgendermaßen wieder:
»Tancheng ist nur ein winziges Gebiet, seit langem schon verarmt und von
Katastrophen verheert. Seit nunmehr dreißig Jahren sind die Felder entweder überschwemmt oder von Unkraut überwuchert; wir können es nicht
über uns bringen, vom ganzen Ausmaß der Verwüstung zu sprechen. Hinzu
kam die Hungersnot von 1665; und nach dem Erdbeben 1668 ernteten wir
nicht eine einzige Ähre. Die Hälfte der Leute verhungerte, alle Häuser stürzten ein, und Abertausende wurden darin erschlagen. Die hinterbliebenen
Waisen weinten tagsüber vor Hunger und Kälte und schliefen nachts auf offenem Feld. Väter und Söhne konnten einander nicht helfen, Nachbarn vermochten sich gegenseitig nicht zu schützen. Die Alten und Schwachen zogen von Graben zu Graben, die Jungen und Starken flohen in andere
Gegenden. Reisende auf der Durchfahrt waren von dem, was sie sahen, zu
Tränen bewegt und dachten, daß bald niemand mehr in Tancheng übrig sein
würde, wenn es noch lange so weiterginge.«
Über die Jahrhunderte hinweg hatte sich in China eine gewisse Formali-
sierung der Schilderung von ländlicher Not herausgebildet; ähnliche Passagen finden sich in vielen Lokalgeschichten und Beamtenaufzeichnungen. Oft
mag es sich um leere rhetorische Floskeln gehandelt haben. Im Falle Tanchengs aber kam die Beschreibung der Wirklichkeit tatsächlich nahe. In der
Präfektur Yan gab es siebenundzwanzig Kreisstädte, unter denen Tancheng
und Yizhou allgemein als die ärmsten galten; und als Huang die beiden ver-
glich, stellte er fest, daß die Dinge in Tancheng eindeutig am schlimmsten

standen. Gegen Ende der Ming-Dynastie hatte es im Kreis acht Getreide-speicher für Notzeiten gegeben, einen in jedem der vier Unterbezirke, einen in Matou, einen bei der südlichen Poststation, einen in der Kreisstadt und einen in den Shenshan-Bergen im Nordwesten. 1670 waren alle zerstört. Die ortsansässigen Reichen, die überlebt hatten, waren nicht mehr gewillt, etwas zu spenden oder sie wiederaufzubauen; sie kamen nicht einmal der Auffor-derung nach, in Notzeiten Getreide wenigstens auf Kredit abzugeben, den der Kreis zu festgesetzten Zinssätzen bis zur vollen Kapitalsumme zurück-gezahlt hätte. In ähnlicher Weise hatte es ein System von sechs Kreisschulen und drei Freischulen gegeben, Wohlfahrtsschulen für fortgeschrittene Kan-didaten, die sich auf die Präfekturexamen vorbereiteten. Die Schulen verfüg-ten über Äcker und Gemüsegärten, ferner über Häuser, die als Einkommens-quelle für die Lehrergehälter vermietet werden konnten. Auch sie waren zerstört oder aufgegeben, ohne daß die Wohlhabenden sie wieder errichtet hätten. Diese zogen es vor, ihre Söhne von Privatlehrern unterrichten zu las-sen, anstatt ihre Mittel mit der Gemeinde zu teilen. Das Erdbeben von 1668 brachte große Abschnitte der Stadtmauer und zahlreiche städtische Ge-bäude zum Einsturz, aber schon vorher waren viele der Gebäude nur noch Ruinen; die Krankenstation des Kreisarztes gab es nicht mehr, die Fluß-brücke auf der Hauptstraße südlich von Suqian war zusammengebrochen, Tempel waren ausgebrannt.

Huang Liuhong, der die Prüfung zum *Juren* bestanden hatte, war ein gebil-deter und aufmerksamer Mann aus einer niederen Beamtenfamilie in Henan. Tancheng war seine erste Stelle. Seine Aufgabe war es, die zerrüttete Ge-meinde zusammenzuhalten. In seinen Aufzeichnungen, die er zwanzig Jahre später im angenehmen Ruhestand in Suzhou zusammenstellte, beschreibt er auf ergreifende Weise seine damaligen Bemühungen, mit dem Elend fertig zu werden, das ihn umgab. Es versteht sich, daß er, solange er im Amt war, geschickt für die Interessen des Kreises wirkte, indem er sich bemühte, seine Vorgesetzten — und über sie die Zentralregierung in Peking — zu Steuerer-leichterungen und Kürzungen im Arbeitsdienst zu bewegen und sie zu ver-anlassen, bei der Neueinschätzung urbar gemachten Landes großzügig vor-zugehen, damit die Auswirkungen der jahrzehntelangen Katastrophen mit dem Erdbeben als Höhepunkt gemildert werden konnten. Um derartige Zu-geständnisse zu erreichen, mußte man fortwährend Druck ausüben, denn die Verwaltung arbeitete langsam, und für Peking gab es Hunderte von Tan-chengs, jedes mit einer eigenen Version seiner Krise, und jedes nach anderen Gesichtspunkten zu beurteilen. Wochen vergingen, ehe die Schäden des

Erdbebens in Zentralshandong 1668 von Beamten der Steuerbehörde begutachtet wurden, und die Bewilligung der Steuernachlässe für die Region erfolgte erst nach achtzehn Monaten. Die Behörde entschied schließlich, daß ein solches Erdbeben ähnlich wie eine schwerwiegende Dürre oder Überschwemmung zu betrachten sei, was der Bevölkerung für ein Jahr eine Steuererleichterung von dreißig Prozent einbrachte, eine Erleichterung, die auch diejenigen mit einschloß, die ihre Steuern schon ratenweise im voraus bezahlt hatten. Die Kommission empfahl weiterhin, daß wegen der hohen Menschenverluste auch die für Tancheng festgelegte Arbeitsdienstquote um vierhundert Personen verringert werden sollte – kein Akt der Großzügigkeit, denn offiziellen Schätzungen zufolge waren fast 1500 der Erdbebenopfer im Steuerregister als gesunde, für den Arbeitsdienst taugliche Männer verzeichnet. Die Entscheidung der Behörden bedeutete also, daß die örtlichen Instanzen 1100 bis dahin unregistrierte Männer herbeischaffen und in die Arbeitsdienstlisten aufnehmen mußten.

In seinen Erinnerungen erörtert Huang auch, mit welchen Schwierigkeiten er zu kämpfen hatte, wenn es darum ging, die Moral im Kreis zu heben, denn die Einheimischen waren mittlerweile zu der Ansicht gelangt, daß die offenbar unentrinnbare Abfolge von Krisen ihrem Leben jeden Sinn raubte. »Als ich in Tancheng tätig war«, schrieb er, »erachteten viele Leute ihr Leben für wertlos, denn die Gegend lag so wüst und brach, das einfache Volk war so arm und hatte so viel gelitten, daß es im wesentlichen keine der Freuden kannte, die das Leben gewähren kann.« Huang stellte fest, daß das allgegenwärtig herrschende Elend und das Gefühl der Wertlosigkeit im Verein mit der traditionellen Sturheit und dem kämpferischen Wesen der Menschen von Tancheng in vielen Familien zu stürmischen Szenen und zu einer Welle von Selbstmorden führte: »Vater und Sohn einer Familie konnten sich von einem Moment zum anderen in die heftigsten Gegner verwandeln; Verwandte und Freunde aus demselben Dorf gerieten in Streit, wenn sie zusammen tranken; täglich war zu hören, daß sich wieder jemand an einem Balken erhängt hatte, während andere sich die Gurgel durchschnitten oder in den Fluß stürzten.« Huang reagierte darauf, indem er den Einwohnern von Tancheng die Schande, die ein Selbstmord bedeutete, vor Augen hielt und versuchte, sie so davon abzuhalten. In einer drastischen Bekanntmachung, die er in den Landgemeinden und Marktstädten anschlagen ließ, heißt es:

»Die Männer, die Selbstmord begehen, indem sie sich am Dachsparren erhängen oder ins Wasser gehen, werden sich eine Ewigkeit lang als Geist in der Traufe krümmen oder auf dem Wasser treiben. Wer wird sich ihrer erbar-

*»Cao E trauert um ihre ertrunkene Schwiegermutter
bis sie selbst stirbt«
Tuschezeichnung von Wu Jiayou, um 1862*

men, wenn die Behörden sich weigern, ihre Leiche einzusammeln, und sie den Fliegen und Maden zum Fraß überlassen? Die Frauen, die sich erhängen, an Seilen oder den eigenen Tüchern, werden in verlassenen Gassen und in den inneren Gemächern spuken. Warum sollte sich irgend jemand schämen, wenn wir uns mit der Untersuchung der Leiche nicht beeilen und ihren bloßen Leib für alle sichtbar liegen lassen? Euer Leib wurde euch von Vater und Mutter gegeben, die euch in die Welt gesetzt haben, aber ihr geht so weit, diesen Leib zu zerstören. Nur einmal in zehntausend Wiedergeburten könnt ihr damit rechnen, als Mensch geboren zu werden, ihr aber behandelt euren Leib, als wäre es der Leib eines Hunds oder Schweins. Ihr weckt in mir Haß und Abscheu. Wenn ihr kein Erbarmen mit dem Leib habt, der euch geschenkt wurde, warum sollte dann ich Erbarmen mit dem euch anvertrauten

*»Selbstmord der durch Verleumdung in
Ungnade gefallenen Hofdame Liang Lüzhu«
Tuschezeichnung von Wu Jiayou, um 1862*

Leib zeigen? Wenn ihr von euch wie von Hunden und Schweinen denkt,
warum sollte dann nicht auch ich euch als Hunde und Schweine betrachten?«

An diesen Worten zeigt sich, daß die Welt der Geister und Schreckge-
spenster ein Teil von Tancheng war. Die *Lokalgeschichte* spricht davon, wie
außerordentlich abergläubisch die Leute waren: Mehr als die Hälfte von ihnen glaubte an Geister und magische Künste; sie verehrten weibliche Me-
dien, die die Geisterwelt heraufbeschwören konnten, als wären sie Gotthei-
ten. Waren sie krank, nahmen sie nicht etwa Medikamente, sondern suchten
statt dessen die örtlichen Schamanen auf. Ganze Nachbarschaften kamen zusammen, um bei nächtelangen Gebeten Tausende von Kupfermünzen (die
sie sich nicht leisten konnten) als Opfergaben zu verschwenden. Von einem
der mächtigsten örtlichen Geister glaubte man, daß er genau östlich der

Stadt in den Maling-Bergen lebte. Er trug den Namen Youyu, und Feng war immerhin so von ihm angetan, daß er Nachforschungen über die Abstammung dieses Geistes anstellte. Er fand heraus, daß Youyu angeblich ein Abkomme eines Kriegers der Qin gleichlautenden Namens war, der bei taoistischen Heiligen die Geheimnisse der Natur und der Langlebigkeit studiert hatte. Als Youyu alle Geheimnisse des Himmels und der Erde ergründet hatte, zog er sich in eine Höhle in den Maling-Bergen zurück und nahm von da an nicht mehr die Speisen normaler Sterblicher zu sich, sondern lebte von Kiefernholz – eine Ernährungsweise, die ihm zu einem hohen Alter verhalf. Ferner glaubte man, daß Konfuzius' Lieblingsschüler Zengzi im Nordwesten des Kreises in den Moshan-Hügeln gelebt hatte. Die Stätte war durch eine Steintafel und eine Schule geehrt, obgleich die Tafel inzwischen unleserlich und die Schule nur noch eine Ruine war. Hin und wieder geschah es, daß einheimische Jugendliche, die sich dort abends zum Musizieren zusammenfanden, von ferne den Klang einer Laute vernahmen, obwohl kein Spieler zu sehen war.

In der Tat muß der gesamte staatskonfuzianische Kult den meisten Menschen in Tancheng trotz Huangs Vorhaltungen sehr fremd gewesen sein. Die Lizentiaten des Kreises, die 1669 pflichtbewußt in den Prüfungen zum *Juren* saßen, erörterten drei Passagen, die in jenem Jahr von der Shandonger Prüfungskommission ausgewählt worden waren; sie erklärten sie und stellten sie in den richtigen Zusammenhang. Buch VI, Kapitel 17 und 18 der Gespräche des Konfuzius war die Stelle »Die Wahrheit kennen« entnommen: »Der Meister sprach, ›Der Mensch ist von Geburt aufrecht. Wenn er es nicht wäre, könnte er nur durch einen glücklichen Zufall mit dem Leben davonkommen.‹ Der Meister sprach, ›Besser als *die Wahrheit kennen* ist: die Wahrheit lieben. Besser als die Wahrheit lieben ist: Freude an ihr haben.‹« Aus dem *Buch von Maß und Mitte* stammte der Satz »Nenn ihn Himmel, wie weit ist er dann!«, der den letzten Sätzen von Buch XXXII über den wahrhaft lauteren Menschen entnommen ist: »Sollte dieses Individuum noch irgendein Wesen oder Ding außerhalb seiner selbst kennen, von dem es abhinge? Nenn ihn in seinem Ideal Mensch, wie ehrlich ist er dann! Nenn ihn Abgrund, wie tief ist er dann! *Nenn ihn Himmel, wie weit ist er dann!*« Und aus Buch II, Teil 1 des Buchs *Menzius* war die Stelle »An den Lebensordnungen, die einer geschaffen« zitiert, worin Menzius sich auf Konfuzius' Schüler Zigong beruft, der seinen Lehrer (und die Macht des Historikers) aufs höchste preist: »Zigong sprach: ›*An den Lebensordnungen, die einer geschaffen,* erkennt man seine Regierungsart, aus der Musik, die einer geschaffen, hört man sein geistiges Wesen heraus. Wenn man nach Hunderten von Geschlechtern unter diesem Gesichtspunkt die Könige der Vorzeit vergleichend nebeneinanderstellt, wird keiner diesem Maßstab entgehen. Seit Menschen auf Erden leben, hat es niemand gegeben wie unsern Meister.« Man mochte sich erträumen, wie Tancheng eines Tages verwaltet werden könnte oder wie es vielleicht einmal verwaltet wurde, wenn man diese Abschnitte las. Aber in diesem Fall, 1669, bestand nicht ein einziger Student aus Tancheng die Prüfung. (Seit 1646 hatte niemand mehr bestanden, und es sollte auch bis 1708 keiner bestehen.)

1670 erließ der junge Kangxi-Kaiser seine gefeierten »Sechzehn moralischen Maximen« zur Aufrechterhaltung korrekter Beziehungen und Vermeidung von Zwisten in Familie und Gesellschaft. Es ist anzunehmen, daß die Leute in Tancheng die Maximen hörten, denn der Kaiser hatte angeordnet, daß sie in jedem Dorf und jeder Stadtgemeinde zu verlesen waren, ihr Nutzen aber dürfte ihnen zweifelhaft erschienen sein, und die Leute wandten sich oft lieber ihrer eigenen lokalen Variante des Konfuziuskults zu. Diese Variante bot ihnen zumindest den Trost, daß ihre Stadt ehemals Würde besaß, denn sie hatte die Annahme zu Voraussetzung, daß Konfuzius einst persönlich auf der Suche nach Erleuchtung nach Tancheng gereist war. Der Beweis für diesen Glauben konnte in einer Passage des Zuozhuan-Kommentars zu den *Früh-*

ling und Herbst-Annalen gefunden werden, einem der ursprünglichen konfuzianischen Klassiker. Darin war festgehalten, daß an dem Ort, wo sich gegenwärtig die Stadt Tancheng befand, früher das Kleinfürstentum Tan existiert hatte und Graf Tan im 17. Regierungsjahr des Herzogs Chao von Lu (524 v. u. Z. nach westlichem Kalender) den Herzog besuchte, bei dem Konfuzius damals in Diensten stand. Der fragte ihn, woher die Sitte rührte, daß früher in Tan alle höheren Beamten nach Vögeln benannt wurden. Der Graf antwortete:

»›Als mein Vorfahr Shaohao Zhe die Regentschaft antrat, war ein Phönix zu sehen. Um an die Erscheinung dieses Vogels zu erinnern, gab er daher seinen Beamten Vogelnamen. Phönix Soundso war Minister für den Kalender, Schwalbe Soundso war Meister der Tagundnachtgleiche, Würger Soundso Meister der Sonnenwende, Sperling Soundso Meister des Jahreszeitenbeginns, Goldfasan Soundso Meister für ihr Ende; Taube Zhu war Minister für den Unterricht, Taube Tan war Kriegsminister, Taube Shi Minister für Arbeiten, Taube Shuang Minister für Verbrechen und Taube Hu Minister für öffentliche Angelegenheiten… Nachdem aber Zhuanxu den Thron bestiegen hatte, ließen sich die Dinge nicht mehr mit weithergeholten Begriffen regeln, und man mußte sich naheliegender Begriffe bedienen. Die Beamten, die über das Volk gesetzt waren, gebrauchten nun Worte aus dem Volk, es blieb ihnen gar nichts anderes übrig‹.

Als Konfuzius das hörte, suchte er den Fürst von Tan auf und studierte bei ihm. Danach erzählte er den Menschen: ›Ich habe gehört, daß der Himmelssohn, wenn die rechte Ordnung unter seinen Beamten verloren ist, von den wilden Stämmen ringsum lernen kann. Das scheint in der Tat zuzutreffen.‹«

Die Menschen in Tancheng behaupteten, die genaue Stelle zu kennen, wo Konfuzius vor 2200 Jahren den Rat ihres Grafen gesucht hatte – an der Innenseite des Tors, das den Gebäudekomplex des Magistratsamtes nach Norden hin abschloß – und ehrten diesen Ort mit einem Schrein, während eine der Öffentlichkeit zugängliche Gedenktafel vor dem *Yamen* auf diese Stätte aufmerksam machte. Auch glaubte man, daß Konfuzius nach seinen Gesprächen mit dem Graf einen Hügel der Maling-Kette östlich der Stadt bestiegen und von dieser Erhebung aufs Meer geschaut habe; den Hügel hatte man nach ihm benannt und dort zu seinem Andenken einen Pavillon

»Kaiser Kangxi beim Schreiben«
Anonym, zwischen 1662–1722
Tusche und kräftige Farben auf Seide

»Portrait des Weisen Konfuzius«
zugeschrieben Wu Daozi
(um 685–758), Peking 1691
Zinnoberabreibung eines
Steinschnitts

errichtet. Die Beamten stellten ihren Berichten über diese Geschichten jeweils ein »Man erzählt sich« oder »Die Leute glauben« voran, aber sie selbst schmückten die Stätten mit ihren Gedichten, und die Schreine gehörten mit zum Ersten, was nach dem Erdbeben von 1668 wiederaufgebaut wurde. Der Schrein in den Bergen lag dicht neben Youyus Geisterhöhle; mag sein, daß das eine aus der Gegenwart des anderen sein Ansehen bezog.

Huang Liuhong akzeptierte beide und ließ sie in Frieden, denn es waren lebendige Schreine. Seine Kritik richtete sich gegen die vielen verlassenen Tempel, die im Kreis Tancheng verstreut lagen und seinen Ordnungssinn störten. Er fand, daß sie sich als Schlupfwinkel für liederliche Paare, für Landstreicher und Verschwörer geradezu anboten und man sie regelmäßig von einer Streife kontrollieren lassen oder, soweit möglich, mit Brettern zunageln sollte. Denn nach Huangs Ansicht machte jedes Beispiel abweichenden Verhaltens das Unglück in Tancheng nur noch größer, und das Überhandnehmen der Wollust war ihm ein deutlicher Beweis für den Verfall der Moral. Anders als es sich geziemte, blieben Ehefrauen und ledige Mädchen nicht hinter ihren Türen, beschwerte er sich, sondern putzten sich heraus und trugen ihre schönsten Kleider zur Schau; sie flanierten am Flußufer oder ließen sich in bunten Wagen in die Hügel fahren, wo sie angeblich die Götter verehren oder zu Buddha beten wollten. Am Ziel angekommen aber vermischten sich Gruppen von jungen Leuten beiderlei Geschlechts und tummelten sich in den Quartieren der Mönche. Sie waren »von Blumen betörte Schmetterlinge«. Huang Liuhong hatte weitere Beispiele für ihre Verderbtheit zur Hand: Junge Männer lungerten in den Straßen herum und neckten Frauen mit obszönen Scherzen; von Leidenschaft hingerissene Frauen benahmen sich wie gewöhnliche Prostituierte und verschenkten ihre emaillierten Haarnadeln als Unterpfand ihrer Liebe; verheiratete Männer verhielten sich wie Zuhälter; Diener und Dienerinnen reizten ihre Herren auf; alte Frauen verdingten sich als Kupplerinnen; Nonnen besudelten ihr Kloster; Hebammen stellten sich für andere Dienste als die Entbindung von Neugeborenen zur Verfügung. Die Menschen benahmen sich wie »Hunde, die durch ein Loch in der Hintertür hinein und hinaus rannten.«

Pu Songling hörte das Grollen des Erdbebens von 1668 von Tancheng her näherkommen, als er im Schein einer Lampe mit seinem Vetter beim Wein saß:

»Der Tisch begann zu hüpfen, und die Weinschalen fielen um; wir konnten das Krachen der springenden Decken- und Stützbalken hören. Die Farbe wich uns aus dem Gesicht, als wir einander anblickten. Nach wenigen Momenten hatten wir begriffen, daß es sich um ein Erdbeben handelte und rannten aus dem Haus. Wir sahen die Gebäude zusammenfallen und sich gleichsam wieder aufrichten, wir hörten den Lärm einstürzender Mauern und die Schreie von Männern und Frauen, ein verzerrtes Brüllen, als stünde ein Kessel kurz vor dem Kochen. Den Menschen wurde schwindlig; sie konnten sich nicht mehr auf den Beinen halten, setzten sich auf den Boden und schwangen im Gleichklang mit der Erde. Das Wasser im Fluß stieg um drei Meter oder mehr; das Krähen der Hähne und das Bellen der Hunde erfüllte die Stadt. Nach ungefähr einer Stunde kehrte wieder Ruhe ein, und man sah Gruppen unbekleideter Männer und Frauen auf den Straßen zusammenstehen, die einander aufgeregt von ihren Erlebnissen berichteten und völlig vergaßen, daß sie nichts anhatten.«

Pu Songling wurde 1640 geboren und verbrachte den größten Teil seines Lebens in der Stadt Zichuan am nördlichen Abhang des zentralen Shandonger Bergmassivs, das Tancheng im Süden begrenzte. In seine Heimatstadt drang nur der Schrecken, der dem Einfall der Mandschu 1643 vorauseilte, und der Terror der Plünderung blieb ihr erspart. Pus persönliche Erinnerung an die Leiden der frühen 1640er Jahre können nur schwach gewesen sein, aber seine Geschichten über die Hungersnöte jener Jahre, über Flüchtlingsfamilien, die auf ihrem Weg nach Süden durch Yizhou strömten und am Straßenrand starben, über Männer, die von Banditen gefangengenommen und an die Mandschu zur Arbeit auf deren Anwesen verkauft wurden, über Witwen, die nach dem Tod ihres Mannes darum kämpften, ihr Land zu behalten, sie alle klingen so authentisch und detailgetreu wie die Geschichten, die von Überlebenden erzählt wurden, von seinen Mitbürgern, Freunden, der Familie:

1640 gab es eine große Hungersnot, und es kam zu Fällen von Menschenfresserei. Eines Tages begegnete Liu, der in Zi als Polizeibote diente, einem Mann und einer Frau, die bitterlich weinten, und fragte sie nach dem Grund ihrer Sorgen. Sie antworteten: »Wir sind seit über einem Jahr verheiratet, aber jetzt, in dieser Hungerzeit, ist es unmöglich geworden, daß wir beide überleben. Deshalb weinen wir.«

Etwas später traf er das Paar vor dem Laden eines Ölhändlers wieder, wo sich ein Streit anzuspinnen schien. Liu näherte sich, und der Ladeninhaber, ein gewisser Ma, erklärte: »Dieser Mann und seine Frau verhungern. Tagtäglich kommen sie hierher und bitten mich um etwas Sesamöl, das sie am Leben erhalten soll. Jetzt versucht der Mann, mir seine Frau zu verkaufen. Aber ich habe schon mehr als zehn Frauen zu Hause, die ich gekauft habe, was also bedeutet mir noch eine zusätzlich? Wenn sie billig ist, können wir miteinander ins Geschäft kommen, wenn nicht, dann lassen wir es eben! Es ist wirklich lächerlich, daß er mich deshalb weiter belästigt.«

Der Mann entgegnete darauf: »Getreide kostet jetzt so viel wie Perlen; wenn ich nicht wenigstens dreihundert Käsch bekomme, habe ich nicht genug, um mich damit an einen anderen Ort durchzuschlagen. Es ist doch so, daß wir beide am Leben bleiben wollen; wenn ich sie verkaufe und dann nicht genug Geld erhalte, um dem Tod zu entrinnen, was hätten wir gewonnen? Ich möchte nicht grob werden, ich bitte Sie nur, uns eine kleine Wohltat zu erweisen, für die Sie sich in der Unterwelt belohnt sehen werden.«

Liu war von dieser Geschichte sehr berührt und fragte Ma, was sein Angebot sei. »Zur Zeit liegt der Preis für eine Frau bei nur etwa hundert Käsch«, sagte Ma.

Liu bat ihn, den Preis doch nicht zu drücken, und fügte hinzu, daß er bereit sei, die Hälfte beizusteuern. Als Ma ablehnte, wandte sich Liu, der jung und aufbrausend war, an den Mann: »Das ist ein schäbiger Kleingeist, nicht wert, daß man sich seinetwegen aufregt. Ich möchte dir die erwähnte Summe schenken. Wenn du dieser Not entkommen und mit deiner Frau zusammenbleiben könntest, wäre das nicht die beste Lösung?« Also gab er ihnen den Betrag aus seiner Börse; das Paar weinte vor Dankbarkeit und brach auf.

Pu Songling war sieben, als seine Heimatstadt von schwerem Unheil betroffen wurde. In jenem Sommer gelang es der Banditenarmee von Xieqian, Zichuan einzunehmen und dort über zwei Monate auszuharren, während sich langsam ein Mandschu-Heer sammelte und die Wiedereroberung der Stadt vorbereitete. Berichte über Männer und Frauen in Zichuan, die in jenem Jahr 1647 ermordet wurden oder Hand an sich legten, beherrschen die *Lokalgeschichte* von Zichuan, genauso wie die über die Toten von 1643 die Annalen von Tancheng; und nach der Vorbemerkung zu einer von Pus späteren Geschichten zu urteilen, war die Belagerungsarmee nicht viel besser als die Rebellen, zu deren Vertreibung sie gekommen war: »Immer wenn eine große Armee in ein Gebiet kommt«, schrieb er, »richtet sie ärgere Verwüstungen an als eine Banditentruppe; denn wenn die Leute einige der Banditen fangen, können sie an ihnen Rache üben, sich aber an den Soldaten zu rächen, haben sie nicht den Mut. Lediglich in einer Hinsicht unterscheiden sich die regulären Truppen ein wenig von den Banditen, indem sie nicht ganz so wahllos Leute umzubringen wagen.«

Auch der machtvolle Aufstand Yü Qis, der im November und Dezember 1661 in Ostshandong sein Ende nahm, bewegte Pu stark. Er berichtet von Massenexekutionen, Massengräbern und Überlebenden, die ihre toten Verwandten zurückfordern wollten, sie aber nicht mehr finden konnten; von den Handwerkern in Jinan, die mit den Särgen, die sie fertigten, ein kleines Vermögen verdienten, bis alle hochwertigen Hölzer verbraucht waren; von Flüchtlingen, die sich unter den Leichenhaufen versteckten, als überraschend ein Rebellenkommando zurückkehrte; von Familien, die in die Höhlen des Berglands flüchteten, nur um dort gefangen und ermordet zu werden, während ihre Besitztümer verbrannten. Im Verlauf dieser und anderer Erhebungen nahm Pu die gesellschaftlichen Veränderungen wahr, die entstanden, als sich die Klassenzugehörigkeit und regionale Bindungen unter den Flüchtlingen immer mehr verwischten: Angehörige der Gentry begannen, zur eigenen Verteidigung Banditenarmeen anzuführen, oder gaben sich Illusionen von persönlichen Triumphen hin; es konnte geschehen, daß ein Gelehrter gezwungenermaßen die Tochter eines Banditen heiratete und sie als Ehefrau dann tatsächlich liebgewann. Er schreibt über Räuber, die für sich in Anspruch nahmen, daß sie nur »unehrenhafte Menschen« umbrachten; von verzweifelten Ehepaaren, die sorgfältig erwogen, ob er Bandit oder sie Prostituierte werden sollte; von einer Bande in Shandong, die Mitgliedern einer wohlhabenden Familie die Füße versengte, um sie zu zwingen, das Versteck ihres Vermögens preiszugeben, und die dann den privaten Getreidespeicher der Familie offen stehen ließ, damit ihn die hungernden Armen des Dorfes in aller Ruhe plündern konnten.

In dieser Zeit dienten die Berge zwischen Zichuan und Tancheng den Banditen als Rückzugsgebiet, von wo aus sie nach Norden oder Süden ihre Ausfälle in die vergleichsweise wehrlosen Gemeinden der Täler unternehmen konnten. Die beiden Kreise Teng und Yi westlich von Tancheng waren berüchtigt für ihre Banden, so daß sie in anderen Lokalgeschichten geradezu als Inbegriff dafür erwähnt wurden. Mit grimmigem Zynismus beschreibt Pu in einer seiner kürzesten Geschichten die Situation:

»Während der Regierungsepoche Shunzhi[*] waren in den Kreisen Teng und Yi sieben von zehn Leuten Rebellen, und die Beamten wagten nicht, alle festnehmen zu lassen. Später, als sich die Dinge wieder beruhigt hatten, wurden sie im Magistratsamt gesondert als ›Rebellenhaushalte‹ klassifiziert. Immer wenn es zwischen diesen Haushalten und den ordentlichen Einwohnern zu Konflikten kam, fällten die Magistrate ihr Urteil zugunsten der Rebellen,

[*] Der erste Kaiser der Qing, der von 1644–1661 regierte

34

aus Furcht, sie würden sich andernfalls wieder erheben. So kam es dazu, daß sich streitführende Parteien fälschlicherweise als ›Rebellenhaushalt‹ ausgaben und ihre Gegner darum kämpften, diesen Anspruch als unzutreffend zu entlarven: Die Forderungen beider Seiten mußten dargelegt werden, und ehe im behandelten Fall Recht gesprochen werden konnte, mußte entschieden werden, ob der Anspruch, zu den Rebellen zu gehören, wahr oder falsch war. Hin und her gingen die Argumente und Gegenargumente, und es wurde viel Zeit damit vertan, die Register zu wälzen.

Einmal hatten sich in einem *Yamen* besonders viele Fuchsgeister eingenistet, und da sie die Tochter des Magistrats behexten, ließ er einen Schamanen kommen. Durch Beschwörung gelang es diesem, die Fuchsgeister in eine Flasche zu bannen. Als er sie ins Feuer warf, rief einer der Füchse in der Flasche: ›Aber ich stamme aus einem Rebellenhaushalt!‹, und alle, die das hörten, brachen in Lachen aus.«

In vielen Geschichten Pus, in denen er sich bemühte, das Unerklärliche der Welt, in der er aufgewachsen war, zu benennen, verschmelzen Phantasie und Wirklichkeit in dieser Weise. Lokale Glaubensvorstellungen dieser Art interessierten ihn brennend, und je nachdem mokierte er sich über einige als Aberglauben und nahm andere wiederum ernst. Besonders die Bauchrednerei fesselte ihn, die als eine spezielle Kunst der Provinz galt, und er beschrieb, wie ein darin äußerst versiertes Shandonger Medium dieses Gewerbe ausübte:

»Eines Tages kam eine Frau von vierundzwanzig oder fünfundzwanzig Jahren in unser Dorf. Sie trug eine Tasche mit Heilmitteln bei sich und bot ihre medizinischen Fertigkeiten feil. Als sich eine Kranke ratsuchend an sie wandte, antwortete die junge Frau, daß sie das Rezept nicht selbst ausstellen könne, sondern bis nach Einbruch der Dunkelheit warten müsse, um die Geister zu befragen. Am Abend reinigte sie ihr kleines Zimmer und schloß sich darin ein. Eine Menge Leute drängten sich vor der Tür und an den Fenstern, wartend und mit gespitzten Ohren. Hin und wieder war unterdrücktes Gemurmel zu hören, aber ansonsten wagte niemand mehr auch nur zu husten. Als es dunkel wurde, hörten sie plötzlich, wie der Türvorhang bewegt wurde und die Frau im Zimmer fragte: ›Bist du das, Jingu?‹

Eine weibliche Stimme antwortete: ›Hier bin ich.‹

Die Frau fragte weiter: ›Ist Lamei bei dir?‹, und es klang wie die Stimme einer jungen Dienerin, die antwortete: ›Ja, ich bin mitgekommen.‹

Nach einer Weile hörten die Leute Jingu nach Schreibgeräten fragen. Ein Bogen Papier wurde auf die rechte Größe auseinandergerissen, die Schutz-

*»Unsterbliche beim Sammeln des Lingzhi-Heilkrauts«
von Yan Hongzi, 18. Jh.
Tusche und Farben auf Papier*

kappe von einer Pinselspitze abgestreift, und gleich darauf vernahmen sie
das Schaben von geriebener Tusche auf einem Tuschestein. Später fiel mit
hartem Klang der Pinsel auf den Tisch zurück, und man hörte, wie Körner
und Stückchen von Arzneimitteln auf Packpapier rieselten und eingewickelt
wurden. Nach längerer Stille zog die junge Frau den Türvorhang hoch und
bedeutete der Patientin, ihre Medizin und die Verordnung abzuholen.«

Pu Songling setzt hinzu, daß die aufmerksame Menge wirklich an die Anwesenheit von Geistern glaubte, obwohl die Arznei, nachdem die Patientin
sie ausprobiert hatte, sich als nicht besonders wirkungsvoll erwies.

Ein anderes Mal war Pu zu Gast bei einem Freund in einem Dorf in Shandong. Der Freund erkrankte und man riet Pu, sich zum Haus der Frau Liang
zu begeben, die als Medium einen Fuchsgeist herbeibeschwören konnte, der
die Heilkunst beherrschte.

»Die Liang war etwa vierzig Jahre alt und sah derartig wachsam aus, daß man sie selbst für einen Fuchs hätte halten können. Nachdem wir das Haus betreten hatten, kamen wir in einen Raum, der in der Mitte von einem roten Vorhang geteilt wurde. Als ich hinter den Vorhang spähte, sah ich an der Wand ein Bild der Göttin Guanyin, daneben zwei oder drei Hängerollen mit Darstellungen eines mit einem Speer bewaffneten Reiters und seines zahlreichen Gefolges. An der Wand zur Nordseite stand ein Tisch mit einem kleinen, kaum mehr als fußhohen Stuhl darauf, auf dem ein besticktes Kissen lag. Hier, so erklärte sie mir, lasse sich der Fuchsgeist jedes Mal nieder, wenn er erschien. Wir alle zündeten Räucherstäbchen an und verbeugten uns. Das Medium schlug dreimal die Klangsteine an und murmelte ein paar unverständliche Sätze. Nach dieser Anrufung bat sie uns höflich, auf dem Sofa im vorderen Raum Platz zu nehmen, während sie neben dem Wandschirm stehenblieb und sich das Haar richtete. Das Kinn in die Hand gestützt, erzählte sie uns dann von den Wunderdingen, die der Fuchs vollbrachte. Sie hatte noch kaum ausgeredet, als wir ein ganz feines Rascheln im Zimmer hörten, fast wie das Pfeifen von Fledermäusen im Flug; und als wir angestrengt lauschten, gab es plötzlich vom Tisch her einen heftigen Krach, als hätte jemand einen schweren Stein fallen gelassen. ›Du erschreckst einen noch zu Tode!‹, sagte die Frau, wobei sie sich umdrehte. Danach hörten wir jemand auf dem Tisch seufzen und murmeln – es klang wie die Stimme eines alten, aber noch immer kraftvollen Mannes. Mit einem Palmblattfächer verbarg die Frau das Stühlchen vor unseren Blicken, und wir hörten eine kräftige Stimme, die sagte: ›Das Schicksal vereint uns, das Schicksal vereint uns.‹«

Zu jenem Zeitpunkt war Pus Leben nach einem glanzvollen Beginn alles andere als sorgenfrei. Schon beachtlich früh, mit achtzehn Jahren, hatte er den niederen Gelehrtenrang des Lizentiaten erlangt und sich damit das Ansehen der ortsansässigen Gelehrten und Beamten erworben. Es gelang ihm jedoch nie, diesen ersten Erfolg in einen weiteren bei den Examen zum *Juren* zu verwandeln, der nächsten wesentlichen Stufe auf der Leiter zu Amt und Wohlstand. Mit zunehmender Belesenheit strebte er sein ganzes Leben lang unermüdlich nach einem höheren Gelehrtenrang, aber der Preis blieb ihm stets versagt. Er wurde ihm – die Ironie ehrt – erst im Alter von einundsiebzig Jahren als besondere Gunst verliehen.

Trost fand er, wie er gutmütig mitteilt, bei seinen Kindern und im treuen Wesen seiner Frau:

»Als unser ältester Sohn Ruo geboren war, nahm ihn meine Frau des öfteren bei der Hand und versteckte sich mit ihm in der Nähe der Pfade, auf denen sie Wiesel und Eichhörnchen entdeckt hatten. Sie waren immer ganz begeistert, wenn sie die Tiere vorbeihuschen hörten. Ob Regen im Hof niederprasselte, ob die Winde heulten, ob der Donner grollte und krachte, ob die Hühner vor Furcht aufkreischten, wenn ein herumstreunender Hund nachts in ihren Stall eingebrochen war, der auch die Schweine in ihrem Stall herumjagte und quieken ließ, unser Sohn kannte keine Furcht, denn er schlief schon längst tief, während sie die glühenden Kohlen zu einem Haufen schichtete und den Morgen erwartete…

Als sie jung war, spann sie sehr viel, und selbst im Alter, als sie schlimme Schmerzen in den Armen hatte, arbeitete sie noch immer viel am Spinnrad. Unsere Kleider wurden wieder und wieder gewaschen und auch die kleinsten Risse geflickt. Wenn sich nicht gerade Gäste angesagt hatten, gab es in unserer Küche kein Fleisch. Mußte ich irgendwohin verreisen und sie bekam einige Leckerbissen, hob sie diese für mich auf, anstatt sie selbst zu essen. Bis ich dann nach Hause kam, waren sie immer verdorben.«

Die Ironie des letzten Satzes hatte einen durchaus realen Hintergrund, denn das Glück in seiner Familie litt unter den dauernden Streitereien zwischen Pus Mutter und den Schwägerinnen sowie unter der vornehmen Armut, in die sie nach dem Fehlschlag der beiden Karrieren seines Vaters – als Gelehrter und als Kaufmann – abgeglitten waren.

In dem Jahrzehnt nach 1670, als Pu zu Hause auf eine Anstellung wartete oder sich bei Gentryfamilien am Ort als Lehrer oder Schreiber plagte, verfaßte er seine erstaunliche Sammlung von Geschichten und Aufzeichnungen. Sie wurde bekannt unter dem Titel *Liaozhai zhiyi*, was sich in etwa mit »Seltsame Geschichten aus der Liaozhai-Studierstube« übersetzen läßt. Pus eigenen Berichten ist zu entnehmen, daß er die Stoffe dieser Geschichten aus vielen Quellen schöpfte: aus seiner Phantasie, aus früheren Sammlungen, aus Erzählungen seiner Freunde, aus Bekanntschaften, die er auf seinen Reisen schloß, und aus einem ständig größer werdenden Kreis von Menschen, mit denen er in Briefkontakt stand. Durch seine Kommentare wissen wir auch, daß viele der Geschichten von persönlichen Kindheitserfahrungen in Shandong, unterstützt von Erinnerungen seiner Verwandten, geprägt sind. Dem Vorwort, das er mit neunundreißig Jahren der Sammlung hinzufügte, ist zu entnehmen, daß ihm die Arbeit nicht leichtfiel, und im Gefühl der Verlassenheit schrieb er:

»Hier sitze ich allein, nachts, in meiner trüben Studierstube, das Licht der herunterbrennenden Lampe flackert; der Wind ächzt, und ein kalter Hauch umgibt meinen Schreibtisch. Besessen von der Hoffnung, den *Geschichten aus*

der Unterwelt neue Kapitel hinzuzufügen, sammle ich Materialfetzen, um daraus das Gewand meiner Geschichten zu weben. Ich trinke, um das Buch voranzubringen, aber es gelingt mir kaum, das Ausmaß meiner Verbitterung in Worte zu fassen. Das ist alles, was ich dem Leser mitzuteilen vermag, aber vielleicht reicht es hin, ein wenig Mitgefühl zu erwecken. Ach, ich bin wie ein Vogel, der sich vor den Winterfrösten ängstlich ins Geäst birgt, das ihm keinen Schutz gewährt; ich bin die Grille, die im herbstlichen Mondlicht zirpt und sich auf der Suche nach Wärme an die Tür eines Hauses drückt. Nur wer wirklich etwas für mich empfindet, wird verstehen, was ich sagen will.«

Aber Pu Songling grübelte nicht nur, er konnte sich auch an sich selbst erinnern und jene Momente seines Lebens ins Gedächtnis zurückrufen, als Kindheit und Wunderwelt noch eins miteinander waren:

In meiner Kindheit weilte ich einmal zur Zeit des Frühlingsfestes in der Präfekturhauptstadt. Es war Brauch, daß die Händler der verschiedenen Gewerbe ihre Läden und Stände am Vorabend des Festes mit bunten Wimpeln schmückten und begleitet von Trommeln und Flöten die Straße hinunter zum *Yamen* des Finanzoberkommissars paradierten. Sie nannten das »den Frühling einholen«, und auch ich ließ mir mit einigen Freunden den Spaß nicht entgehen. Das Gedränge in den Straßen war an diesem Tag so dicht, daß die Zuschauer stellenweise eine undurchdringliche Mauer bildeten. Vor dem *Yamen* saßen in roten Gewändern vier Beamte, nach Ost und West gekehrt, einander gegenüber. Ich war damals noch zu jung, um zu wissen, was für einen Rang sie innehatten. Der Kopf dröhnte mir vom Lärm der Menge, dem Trommelwirbel, der Musik.

Plötzlich gewahrte ich einen Mann, der einen Knaben mit langem, offenem Haar und einer Traglast über der Schulter zu den Beamten hinaufführte. Offensichtlich erklärte er etwas, aber wegen des Getöses konnte ich nicht hören, worum es ging, und sah nur, daß die Beamten herzhaft lachten. Sodann verkündete ein Yamendiener, daß jener Mann eine Vorstellung geben werde.

»Was soll ich vorführen?«, fragte der Mann eilfertig, und nach kurzer Beratung der Beamten untereinander erkundigten sie sich durch einen Diener, worauf er sich denn besonders gut verstehe.

»Ich kann den natürlichen biologischen Rhythmus außer Kraft setzen«, antwortete er. Der Diener teilte dies den Beamten mit. Gleich darauf kam er wieder herunter zu dem Mann und übermittelte ihm den Befehl, Pfirsiche herbeizuschaffen. Der Zauberkünstler versprach es, zog seinen Mantel aus und deckte ihn über seinen Korb. Dann aber schien sich sein Ärger Bahn zu brechen, denn er sagte zu seinem Sohn: »Diese Beamten sind besonders unverständig. Noch ist das Eis nicht geschmolzen, wo soll ich da Pfirsiche herbekommen? Wenn ich jedoch keine finde, werde ich mir den Zorn der Herren zuziehen, fürchte ich. Was soll ich nur tun!«

Der Junge entgegnete: »Du hast es versprochen, Vater, du kannst dich jetzt nicht drücken.«

Der Zauberer dachte geraume Zeit angestrengt nach, dann rief er aus: »Ich hab's. Wachsen etwa jetzt, im Vorfrühling, wo überall noch Schnee liegt, irgendwo auf der Erde Pfirsiche? Nur im Garten der Königinmutter des Westens, wo die Bäume zu allen Jahreszeiten Blumen und Früchte tragen, könnte es welche geben. Unsere einzige Chance, Pfirsiche zu bekommen, ist, sie dort im Himmel zu stehlen.«

»Ach«, meinte der Sohn jedoch, »denkst du denn, es führten so einfach Treppen in den Himmel?«

»Da kenne ich einen Trick«, antwortete der Vater, öffnete seinen Korb und entnahm ihm ein Seil – anscheinend nicht länger als ein paar Meter –, das er hoch in die Luft warf. Als wäre das Ende irgendwo befestigt, blieb das Seil steif stehen, dazu wuchs es mit der Zeit immer weiter und weiter in die Luft hinauf, bis es schließlich in den Wolken verschwunden war und der Vater nur noch das Ende in der Hand zurückbehielt. »Komm, mein Junge«, rief er dann. »Ich bin zu alt und ungelenk, um mit meinen schweren Knochen da hinaufzuklettern.« Der Junge ergriff das Seil, fühlte sich aber sichtlich unbehaglich: »Vater, das ist doch Unsinn. Wie soll ich an einem so dünnen Seil Tausende von Metern hoch in den Himmel klettern. Wenn es unterwegs bricht, bleibt mir kein Knochen heil!« Doch entschieden drängte ihn sein Vater: »Mir ist dieses Versprechen nun einmal entschlüpft, jede Reue kommt zu spät. Ich muß dich bitten hinaufzugehen. Hab keine Bedenken; wenn es dir gelingt, einen Pfirsich zu stehlen, ist uns eine Belohnung von hundert Silbertael oder mehr sicher, dann suchen wir dir eine reizende Braut.« Also griff der Sohn nun fest zu und zog sich geschickt wie eine Spinne im Netz, mit den Armen ausgreifend, mit den Beinen nachschiebend, immer höher das Seil empor, bis er allmählich in den Wolken verschwand und nicht mehr zu sehen war.

Nach einer ziemlich langen Zeitspanne fiel zur höchsten Freude des Schaustellers ein Pfirsich vom Himmel, groß wie eine Reisschale. Er reichte ihn den Beamten auf die Balustrade hinauf, die ihn ausgiebig betrachteten, um festzustellen, ob er wirklich echt war oder ob es sich nicht doch um einen künstlichen handelte.

Da fiel mit einem Mal das Seil zu Boden, und entsetzt rief der Zauberkünstler aus: »Oh, wie schrecklich, jemand im Himmel hat mein Seil gekappt, wie soll mein Sohn jetzt wieder herunterkommen?« Als wenig später noch etwas vom Himmel fiel, konnten alle sehen, daß es der Kopf des Jungen war. Weinend hob ihn der Vater auf und rief: »Die Himmelswächter müssen ihn entdeckt haben, als er den Pfirsich gestohlen hat. Jetzt ist er tot!« Nach kurzer Zeit fiel noch ein Fuß herab, und dann folgten die einzelnen Gliedmaßen, bis alle Körperteile beisammen waren.

Tieftraurig legte der Zauberer alles zusammen in seinen Korb und sagte, während er ihn zudeckte: »Ich habe nur diesen einen Sohn, der mich tagaus, tagein überallhin begleitet hat, wie hätte ich ahnen können, daß er heute ein so grausames Ende finden sollte, als er meinem Befehl gehorchte. Ich muß ihn hinwegtragen, um ihn zur letzten Ruhe zu betten.« Dann trat er vor die Beamten, kniete nieder und sagte: »Wegen eines Pfirsichs haben Sie meinen Sohn sterben lassen! Wenn Sie sich meiner erbarmen, dann helfen Sie mir, für die Bestattungskosten aufzukommen. In meinem nächsten Leben werde ich Ihnen Ihre Güte vergelten.«

Jeder der vier Beamten auf der Empore, die das Geschehen erstaunt und erschrocken verfolgt hatten, gab ihm eine gute Summe, die der Zauberkünstler in seinem Gürtel barg. Dann klopfte er an den Korb und rief: »Baba, mein Sohn, willst du nicht herauskommen und dich bedanken, was wartest du noch?« Woraufhin ein zerzauster Knabenkopf den Deckel aufdrückte und dem Korb ein Junge entstieg, der sich ehrerbietig vor den hohen Herren verneigte. Und wahrhaftig, es war des Zauberers Sohn.

Bis heute habe ich diese Zaubervorstellung nicht vergessen, so wundersam war sie. Später habe ich erfahren, daß auch Anhänger der Weißen-Lotos-Sekte diesen Trick beherrschten. Gehörten die zwei vielleicht zu ihren Nachfahren?

Der letzte Satz mag den Wunderglauben der Kindheit relativieren, aber auch als Erwachsener hatte Pu Songling noch seine Träume und bewahrte sie im Gedächtnis:

Einst genoß ich die Gastfreundschaft des Unterpräfekten Bi, zu dessen Anwesen ein Garten voller wunderbarer Blumen und üppig wachsender Bäume gehörte. In unseren Mußestunden spazierten wir oft gemeinsam durch die Anlagen, und ich erfreute mich an dem prächtigen Anblick. Eines Tages, als ich von einem solchen Rundgang durch den Garten zurückkam, fühlte ich mich ungeheuer müde. Ich zog die Schuhe aus und legte mich aufs Bett. Ich träumte, daß zwei wunderschön gekleidete Mädchen vor mir erschienen, die folgende Worte an mich richteten: »Wir müssen dich um einen Gefallen bitten, daher wagen wir, dich zu belästigen.«

Verwirrt stand ich auf: »Wer möchte mich denn sehen?«

Sie antworteten: »Die Blumenfee.«

In meiner Verlegenheit begriff ich sie nicht ganz, aber ich folgte ihnen aus dem Zimmer. Bald erschienen vor uns Hallen und Höfe, die bis an den Himmel reichten. Von ihrem Fundament aus führten Steintreppen von Ebene zu Ebene immer höher hinauf, und wir waren bestimmt mehr als hundert Stufen gestiegen, ehe wir die oberste Ebene erreichten. Dort gewahrte ich durch eine rote, weit offenstehende Türe, daß schon einige Mädchen das Eintreffen des Gastes ankündigten. Wenig später befanden wir uns vor einer Halle. Die Türbeschläge waren aus Gold und die Vorhänge von einem schillernden Grün, das die Augen blendete. Aus dem Innern der Halle kam ein Mädchen mit klimperndem Gürtelschmuck, sie sah aus wie eine der Hofdamen des Kaisers.

Ehe ich ihr noch meine Ehrerbietung erweisen konnte, kam sie mir zuvor: »Nachdem Sie meinetwegen die Mühe auf sich genommen haben, hierher zu kommen, ist es an mir, Ihnen zuerst meinen Dank auszusprechen.« Und sie bedeutete den Dienerinnen, eine Matte auf dem Boden auszubreiten, als wollte sie mir untertänigst ihren Respekt bezeugen.

Ich war unsicher und fühlte mich der Lage nicht gewachsen, daher beteuerte ich ihr: »Ich bin nur ein unnützer Kerl, und allein die Tatsache, daß Sie mich hierher bestellt haben, ehrt mich hoch, wie könnte ich ruhigen Gewissens Ihre Ehrfurchtsbezeugung entgegennehmen? Es würde mir alle Freude rauben.«

Also gab sie Anweisung, die Matte zu entfernen und ein Festmahl anrichten zu lassen. Einer dem anderen gegenübersitzend, tranken wir uns einige Male zu, dann, nach mehreren Bechern Wein, sagte ich zu ihr: »Es braucht nicht viel, um mich betrunken zu machen, und ich fürchte, daß ich mich dann nicht mehr angemessen benehmen kann. Es würde mich sehr beruhigen zu erfahren, weshalb Sie nach mir geschickt haben.«

Sie antwortete nicht, sondern drängte mich, noch ein großes Glas Wein zu trinken. Immer wieder fragte ich sie nach dem Grund meiner Anwesenheit, bis sie schließlich erwiderte: »Ich bin die Königin der Blumen. Die Mitglieder meiner Familie sind zart, und wir haben uns alle gemeinsam diesen Ort zur Heimstatt gewählt. Doch oft schickt der Wind seine Günstlinge hierher, und sie fügen uns großen Schaden zu. Nun habe ich beschlossen, mich offen mit dem Wind zu schlagen, und ich habe Sie holen lassen, um meine Herausforderung aufzusetzen.«

Bestürzt antwortete ich: »Mein Wissen ist so begrenzt, daß ich fürchte, Ihr Mißfallen zu erregen. Da ich Ihren Auftrag jedoch als eine große Ehre ansehe, werde ich mich mit all meinen geringen Fähigkeiten für Sie bemühen.« Damit zufrieden, führte sie mich in die Halle und ließ die notwendigen Schreibutensilien für mich bereitlegen. Voller Geschäftigkeit machten sich die Damen daran, den Tisch abzuwischen, meinen Stuhl abzubürsten, die Tusche zu reiben und den Pinsel einzuweichen. Ein junges Mädchen mit lang herabhängendem Haar faltete das Papier und hielt es unter meinem Handgelenk straff, während ich schrieb. Nach kaum zwei Sätzen drängten alle Frauen heran, um mir über die Schulter zu sehen. Und mir, der ich normalerweise so langsam schreibe, strömten diesmal die Gedanken in einem fort aus dem Pinsel.

Rasch war der Entwurf fertig, und die Damen eilten damit sogleich zu ihrer Herrin. Sie überflog ihn und meinte, er sei makellos. Daraufhin begleiteten sie mich zurück nach Hause. Als ich erwachte, erinnerte ich mich sehr deutlich an alle Einzelheiten der Szene, doch über die Hälfte von dem, was ich geschrieben hatte, war mir entfallen.

Damit die Geschichten, auf die er stieß, ihm nicht verlorengingen, versuchte Pu sie immer sofort niederzuschreiben, und wie um die Nachwelt mit seiner Gewissenhaftigkeit zu beeindrucken, vermerkte er in den meisten Fällen auf das genaueste ihre Herkunft. So berichtet er von der einzigen Erzählung, die ganz offensichtlich in Tancheng spielt, daß ihm ein Gelehrter in Yizhou eine vollständige schriftliche Version dieser Geschichte zeigte, als er eines Tages auf seinem Weg in den Süden im Jahr 1670 in einer Herberge der Kreisstadt Schutz vor dem Regen suchte. Die Geschichte handelt von einem gebildeten Mann, der in der Gegend der Poststation Honghua fou im südlichen Tancheng wohnt und mit zwei Frauen gleichzeitig eine Beziehung unterhält. Die Damen geben sich dem Gelehrten willig hin (wie in vielen Geschichten Pus), und beide entpuppen sich als Gespenster, tote Seelen, die eine unheilbringend, die andere gut, die zum Schattendasein ruhelos umherwandernder Geister verdammt sind. Nach einer komplizierten Handlung mit viel Magie, Tod und Wiedergeburt werden die Geisterseelen ausgetrieben und die Gebeine der ursprünglichen Opfer zur Ruhe gebettet. Danach lebt der Gelehrte einträchtig mit beiden Frauen, die jetzt als menschliche Wesen eine neue Reinkarnation erfahren. Es ist eine Geschichte voller Phantasie, Sinnlichkeit und Unsicherheit und als solche ein passender Kommentar zu Ort und Zeit.

Das Land

Im Januar 1671 fiel ungewöhnlich viel Schnee in Tancheng. Schnee galt in Shandong als gutes Omen, denn er schützte die jungen Sprosse des Winterweizens vor schwerer Kälte und sicherte ihr robustes Wachstum während der Frühjahrsschmelze. Trockenheit und kalter Regen waren schlimmere Bedrohungen, und so wurde das Neujahrsfest, wenn Schnee fiel, mit besonderer Freude gefeiert. Aber in diesem Jahr nahm das Schneien kein Ende. Als Huang Liuhong ausritt, um ein Gebiet an der Grenze Tanchengs und Yizhous zu inspizieren, sah er die Flüsse von einer dicken Eisdecke bedeckt, und sein Pferd mühte sich, stellenweise bis zum Bauch versinkend, durch den Schnee. »In den Ebenen türmten sich Schneewehen bis zu drei Metern und höher«, heißt es in der *Lokalgeschichte*, »und der Schnee erreichte die Höhe der Hausdächer und Baumkronen. Er begrub ganze Häuser, und viele der Armen mußten sich mit bloßen Händen freikämpfen. Kleine Dörfer waren mehrere Tage lang abgeschnitten. Vögel, Hasen und Pflanzen erfroren. Die Vernichtung der Saat ließ vielen nur den Ausweg der Flucht, und unzählige starben unterwegs. Es war wahrhaftig eine ungewöhnliche Katastrophe.«

Doch es blieb eine örtliche Katastrophe, die sich nicht zu einer regionalen ausdehnte. Die Zentralregierung erließ keine Steuerbefreiung, und die Steuereintreiber mußten mit der Beschaffung der Abgabesätze für 1671 beginnen.

Zu dieser Zeit war Tancheng ein kleiner, armer Kreis von merkwürdiger geographischer Form. Den Großteil seiner Fläche nahm ein kompaktes Gebiet von etwa vierzig Quadratkilometern ein, und an beiden Seiten stieß eine Landzunge vierzig bzw. fünfzig Kilometer weit nach Norden. Der südliche Teil mit der Kreisstadt Tancheng und Matou, dem wichtigsten Handelsknotenpunkt, war fruchtbar. Die beiden Städte lagen dicht beieinander, zwischen den Flüssen Shu und Yi, die in geradem Lauf durch den Kreis dem Gelben Fluß zuflossen. Das hügelige und zuweilen bergige Terrain der beiden Landzungen wurde von kleineren Flüssen durchschnitten und war überraschenderweise von der Kreisstadt her so gut wie unzugänglich. Die fruchtbaren Täler zwischend den Landzungen, die Tancheng reicher gemacht hätten, gehörten zu Yizhou, Tanchengs größerem und etwas besser gestelltem nördlichen Nachbarkreis.

Tancheng war ein ländlicher Kreis, in dem wenig hergestellt wurde: Die *Lokalgeschichte* führt drei Arten Baumwoll- und Seidenstoffe an, die in der

»Baumwollbereitung, die Ernte« 1777
Tuscheabklatsch eines Steinschnitts nach Bildtafeln über die
Baumwollbearbeitung mit Widmungen des Kaisers Qianlong (Yu di mianhua tu)

Gegend erzeugt wurden, aber nichts weiter. Ebenso spärlich floß der Güter-
verkehr durch den Kreis. Nur in Matou gab es regen Handel, dank der Straßen, die in alle Richtungen führten – außer nach Osten, wo dem Verkehr von
der langen Kette der Maling-Berge der Weg versperrt war – und dem von
Norden nach Süden fließenden Wasserweg des Yi, falls die Sommerregen
hinreichten, den Wasserstand hochzuhalten.

Tancheng lag in Chinas Hauptanbaugebiet für Winterweizen und Gao-
liang, mit geringen Niederschlägen, heißen Sommern und kalten Wintern.
Neben Weizen und Gaoliang als wichtigsten Feldfrüchten gediehen Hirse,
Sojabohnen und Sesam, Rettich und anderes Wurzelgemüse, Melonen und
Kürbisse, verschiedene Sorten von Grüngemüse sowie Zwiebeln, Knob-
lauch, Sellerie und Auberginen.

An Obst gab es Pfirsiche, Aprikosen, Pflaumen, Birnen und Kirschen. Es fanden sich Walnüsse und Kastanien, und einige Tiere wie Hasen, Rehe, Enten, Rebhühner, Tauben und Fasane, konnten erlegt und verzehrt werden – vorausgesetzt, die Zeiten waren gut und die Ernte fiel reichlich aus.

In diesen Winteranbaugebieten gab es für die Bauern kaum Zeit zum Atemholen, auf die Ernte folgte statt einer Ruhepause die Aussaat. Sobald der Schnee geschmolzen war, und die im vorangegangenen Oktober gesetzten Sprosse kräftig in die Höhe wuchsen, wandten sich die Landarbeiter den braungelben Äckern zu und begannen, den menschlichen und tierischen Dünger aus Häusern und Höfen auf die Felder zu schaffen. Anfang Mai pflügte man als Vorbereitung für Gaoliang und Hirse die Äcker tief (mit Zugtieren, sofern vorhanden, sonst in Gruppen von Männern), und die Bauern ließen sorgfältig, eine Handvoll nach der anderen, jeweils etwa dreißig Zentimeter auseinander, eine Mischung aus Samen, Dünger und zermahlenem Sojabohnenpulver in jede Furche fallen. Sie ebneten die Felder mit einer schweren Holzegge und drückten den weichen Boden mit einer Steinwalze nieder – wer keine Walze besaß, stampfte ihn mit den Füßen platt.

»Grundbesitzer beaufsichtigt
Erntearbeiten«
Tusche auf Papier

Bei gutem Wetter waren die Pflanzen drei oder vier Wochen später etwa drei Zoll hoch und mußten sorgsam mit einer Hacke ausgedünnt werden. Eine Woche danach jätete man das Unkraut und stampfte um jeden Sproß die Erde fest, um ihn aufrecht emporwachsen zu lassen. Das Jäten und Feststampfen wiederholte sich, während die Schößlinge höher wurden, ein ums andere Mal. Auf anderen Feldern konnte Anfang Juni der reife Winterweizen geerntet werden; die Halme zog man mit der Hand aus dem Boden, band sie zu Garben zusammen und brachte sie mit Schubkarren oder auf dem Rükken zur Tenne. War der Weizen eingebracht, wurden die abgeernteten Felder leicht gepflügt und Sojabohnen in Reihen ausgesät (eine einfache Aufgabe, die man Kindern überlassen konnte). Danach wurde geeggt, aber ohne Zusatz von Dünger, es sei denn, es war noch welcher übrig. Die Bohnenfelder mußten alle paar Tage gejätet werden, und heißes Wetter und Sommerregen waren vonnöten. Während die Bohnen heranwuchsen, reiften der Gaoliang und die Hirse, und Ende August erntete man die Halme und brachte sie zur Tenne. Rüben, Kohl und anderes Gemüse wurden getrocknet bzw. eingelegt und eingelagert. Es gab keine Obstgärten – man pflückte die reifen Früchte von einzelnen Obstbäumen. Im September lagen die Felder brach, und Anfang Oktober säte man den Winterweizen aus. Waren die jungen Sprosse Ende Oktober sichtbar, so standen die Aussichten für die nächste Ernte gut.

Wie jeder Kreis im China des 17. Jahrhunderts hatte Tancheng einen festgelegten Steuerpauschalbetrag nach Peking abzuführen. Die Masse des Steueraufkommens, das die örtlichen Ausgaben im Kreis abdeckte und die Abgabe an die Zentralregierung einschloß, wurde mit zwei Steuern erbracht: Einer Bodensteuer und einer Kopfsteuer, der bestimmte männliche Erwachsene unterlagen (sie wurde gewöhnlich in bar entrichtet, gelegentlich aber auch mit Arbeitsdiensten). Da die Bauern eigentlich nie imstande waren, den vollen Betrag auf einmal zu zahlen, teilte ihn die Regierung in Raten, wodurch sich der folgende Zahlungszeitplan ergab:

Im zweiten Monat des Mondkalenders:	20%
dritten	10%
vierten	10%
fünften	5%
sechsten	5%
siebten	15%
achten	15%
neunten	10%
zehnten	10%

Während der drei kältesten Wintermonate waren keine Zahlungen zu leisten.

Die Rate des zweiten Monats (Mitte März bis Mitte April nach dem westlichen Kalender) war in Tancheng mithin zu zahlen, wenn der Winter überstanden und der Verkauf von gesponnenem Garn und anderen Handwerkserzeugnissen abgeschlossen war. Die Steuern des Spätfrühlings standen nach der Ernte von Winterweizen und Gerste an, und die Herbststeuern, nachdem Gaoliang, Sojabohnen und Hirse eingebracht waren. Auch die niedrigen Sätze der heißesten Sommermonate zwischen den zwei Ernten brachten Erleichterung.

Jeder der neun Steuermonate war weiter in zwei Hälften von jeweils fünfzehn Tagen aufgeteilt, so daß ein Steuerjahr für Bauern und Steuereinnehmer achtzehn Zahlungsabschnitte aufwies. Nach jeder Fünfzehn-Tage-Spanne blieben den Steuereintreibern fünf Tage Zeit, um Säumige aufzuspüren, denen sie in den darauffolgenden fünf Tagen ihre Bestrafung aufzuerlegen hatten.

Ein System dieser Art konnte nur mit Hilfe eines dichten Geflechts gegenseitiger Verantwortung und Überwachung funktionieren. Der Kreis Tancheng war in vier Bezirke aufgeteilt, von denen sich jeder wiederum in acht Gemeinden aufgliederte. An der Spitze der zweiunddreißig Gemeinden Tanchengs stand jeweils ein Gemeindevorsteher, der vom Magistrat für ein Jahr oder länger ernannt wurde und in dessen Verantwortung es lag, daß die kleineren Einheiten seines Amtsbereichs – der sich in Dörfer, Gruppen von fünf Haushalten und einzelne Haushalte untergliederte – ihren Zahlungsverpflichtungen rechtzeitig nachkamen.

In der Anfangszeit der Ming-Dynastie, im 14. und 15. Jahrhundert, entstammten diese örtlichen Steuerbeauftragten oft einflußreichen Großgrundbesitzerfamilien und waren durchaus in der Lage, pflichtvergessene Haushalte unter starken Druck zu setzen. Ihr Posten galt als Ehrenamt, und seine Inhaber wurden vom Kaiser gelegentlich sogar zu Massenaudienzen empfangen. In den sechziger Jahren des 17. Jahrhunderts, während der Gründungsphase der Qing-Dynastie, hatte er seine Attraktivität zwar erheblich eingebüßt und vermittelte nicht mehr das frühere Maß von Ansehen und Ehre, doch gab es in Tancheng noch Gemeindevorsteher, die hohen Respekt genossen und über glänzende Beziehungen verfügten. Yu Shun z.B., der Sohn eines Lizentiaten und einer der erfolgreichen Verteidiger Tanchengs in den Kämpfen von 1641, führte die Steuererhebungen in der düsteren Zeit nach der Eroberung durch die Mandschu 1644 fort und war dabei so erfolgreich, daß er für seinen Eifer öffentlich vom Magistrat gelobt wurde (zwei seiner Verwandten waren ebenfalls Gemeindevorsteher; vielleicht eignete sich die Familie Yu besonders für diese Tätigkeit oder verfügte über außergewöhnlich gute Beziehungen). 1671 war er mit neunzig Jahren noch immer am Leben, und Huang Liuhong veranstaltete ihm zu Ehren ein Bankett.

Für viele aber war diese Aufgabe zu mühsam, und es bürgerte sich die Ernennung von zwei Leuten ein, die sich ihren Posten in einer Gemeinde teilten, und denen man einen Yamenbediensteten zuwies, der ihnen bei der Übergabe des eingesammelten Geldes assistierte.

Die Gesamtbevölkerung Tanchengs betrug 1670 etwa 60 000 Menschen. Wenn ungefähr 15 000 in jedem der vier Distrikte lebten, so entfielen auf jede Gemeinde rund 1850 Menschen, die sich auf ein Dutzend Dörfer oder mehr zerstreuten. Etwa einer von sechs war als männlicher Erwachsener *(ding)* im Alter von sechzehn bis sechzig registriert und zur Ableistung von Arbeitsdiensten oder zu ihrer Ablösung in Geld verpflichtet.

Da die Herrscher des Qing-Staates eine umfassende Kontrolle der unterworfenen Bevölkerung anstrebten, wurde das steuerliche Registrierungssystem – zumindest theoretisch – durch ein weiteres, bekannt als *Baojia*, ergänzt. Es deckte sich zum Teil mit dem Besteuerungssystem, diente aber besonderen polizeilichen und paramilitärischen Zwecken.

Die gesamte Bevölkerung Tanchengs war in aufsteigenden Kreisen zusammengefaßt: Vom Einzelhaushalt über Gruppen zu zehn Haushalten, zehn Zehnergruppen usw. bis zu jedem Distrikt im Kreis. In abgewandelter Form galt dasselbe System für die Bezirke der beiden urbanen Mittelpunkte, die Kreisstadt Tancheng und die Marktstadt Matou und ihr dicht besiedeltes Umland; eine weitere modifizierte Fassung fand für kleine oder isolierte Dorfgemeinschaften Anwendung, die weniger als hundert Haushalte zählten. Die Kreisstadt Tancheng und die Marktstadt Matou waren damals die einzigen städtischen Zentren des Kreises, obwohl zweiundzwanzig Gebiete als Markt bezeichnet wurden und sich mit den zweiunddreißig Gemeinden überlappten, in die der Kreis aufgeteilt war.

Man erwartete von jedem gewöhnlichen Haushalt, daß er alle Familienangehörigen mit Angaben zu Geschlecht, Verwandtschaftsverhältnis und Alter sowie über Bedienstete und Hilfsarbeiter meldete. Daraus wurden die sogenannten Baojia-Register erstellt, die im Falle eines Verbrechens auf Fragen nach Bürgschaft und Verantwortlichkeit Auskunft gaben. Die Namen der oberen Gentry, der Anwärter auf akademische Titel und der buddhistischen und taoistischen Mönche und Nonnen mußten in separaten Listen ebenfalls aufgeführt werden, obwohl sie nicht in die Baojia-Tabellen aufgenommen wurden. Von etwa zwei Fünfteln der Haushalte verlangte man die Abstellung eines Milizionärs für Notsituationen. Bei den anderen fand sich unter den Familienangehörigen entweder ein Inhaber eines akademischen Titels oder jemand, der im *Yamen* oder irgendwo in der Lokalverwaltung Dienst tat, oder der Haushaltsvorstand war Witwer oder ohne Nachkommen, und die Familie aus diesem Grund befreit.

Alle diese Maßnahmen und Verordnungen kamen angeblich auch in Tancheng zur Anwendung, zeigten aber bei der Eintreibung der Steuern kaum Wirkung: 1670 befand sich der Kreis seit dreizehn Jahren ununterbrochen im Zahlungsrückstand.

Zumindest auf dem Papier nahmen sich die Grundsteuersätze nicht exzessiv aus. Die *Ding*-Steuer auf registrierte männliche Personen betrug 120 Kupferkäsch pro Jahr (0,12 Taels)[*], war 9498 Personen auferlegt und ergab 1140 Taels pro Jahr (242 Mitglieder der Gentry und Träger akademischer Titel waren von dieser Zahlung ausgenommen). Die einfache Bodensteuer lag bei einem Satz von 15,7 Kupferkäsch pro Mu (ein Mu entsprach einem Fünfzehntel Hektar) und trug bei 828223 Mu registrierten Bodens mehr als 13 000 Taels pro Jahr ein. Mit diesen Einkünften ließen sich die Grundausgaben leicht bestreiten: Etwas mehr als 7300 Taels mußten an das Finanzministerium in Peking abgeführt werden, 1125 entfielen auf die Gehälter des Magistrats, seiner Boten und Träger, Torwächter und Sänftenträger sowie des Polizeichefs und seines Personals. Kleinere Ausgaben entfielen auf rituelle Opfer, Belohnungen für Prüfungskandidaten, Kontrolleure der Poststationen und die Instandhaltung der Gefängnisse, und auf den ersten Blick schien es, als könnten sie durch eine geringfügige Erhöhung der bestehenden Steuern gedeckt werden, besonders weil für die Kosten der regulären Militärgarnison provinzielle Fonds aufkamen, und Tancheng traditionell wenig Arbeitsdienste für Flußbegradigungsarbeiten zu übernehmen hatte.

Die wichtigste Ursache für die fortwährende finanzielle Krise lag in Tanchengs geographischer Lage an der östlichen der beiden nach Süden führenden Hauptstraßen. Diese bedeutende strategische Route führte durch Zhejiang hindurch bis zur Basis des südlichen Vasallen Geng Jingzhong. Sie war eine Verbindungslinie für militärischen Nachschub und für Nachrichten, die – ob dringend oder alltäglich – mit dem Kuriersystem der Regierung befördert wurden. Dies hatte zur Folge, daß die Menschen in Tancheng ständig zu Straßeninstandhaltungsarbeiten oder Transportdiensten herangezogen wurden und zusätzliche Kosten für durchreisende Beamte und ihr Gefolge zu tragen hatten, wobei die relative Armut des ganzen Gebiets und der Mangel an Pferden und Poststationen erschwerend hinzu kam. Die Stationen des Kreises mußten die sechzig Straßenkilometer im Norden nach Yizhou abdecken, mehr als fünfzig Kilometer im Süden nach Suwu und nicht nur hundert Kilometer im Westen nach Yixian, sondern noch vierzig Kilometer darüber hinaus, da Yixian über keine eigenen Pferde verfügte. Die Re-

[*] Ein Tael entsprach einer Unze Silber und war offiziell gleichwertig mit 1000 Kupferkäsch

*»Pferdekauf« Kopie nach einem Rollbild von Zhao Mengfu, 13. Jh.
Tusche und Farben auf Seide*

gierung zweigte 3360 Taels von Tanchengs Steuergeldern ab für Futter, die
Löhne von Stallknechten und Kurieren, Ausrüstung und Stallungskosten,
aber das entsprach weder den Aufwendungen für diese Rechnungsposten
noch deckte es Veterinärkosten und die Anschaffung weiterer Pferde. Dadurch gerieten die Beamten in Tancheng, wie Feng Kecan in der *Lokalgeschichte* schreibt, entweder mit den regulären Steuerabgaben in Rückstand
oder mußten die unter ihrer Obhut stehenden Pferde vernachlässigen. (Feng
wußte, wovon er sprach, hatte er doch aus eben solchen Gründen seine Stellung verloren.) Die Versuchung zu Schiebereien war groß, denn Futter war
teuer und der jährliche Zuschuß für ein Pferd betrug etwas mehr als zweiunddreißig Taels; wenn man Ausgaben für Pferde geltend machte, die in den
Verzeichnissen auftauchten, ohne tatsächlich im Einsatz zu sein, ließ sich eine
Menge Geld einstreichen, mehr als durch das Frisieren der Gehaltslisten von
Stallknechten, die 12.4 Taels pro Jahr verdienten, oder von Soldaten, die
sechs pro Jahr erhielten.

Durch eine Reihe von Reformen waren seit dem Ausgang des 16. Jahrhunderts viele der alten Fron- und Arbeitsdienste in Silberzahlungen umgewan-
delt worden. 1670 zahlten die Bewohner Tanchengs die meisten Steuern in

Silber, aber verschiedene Dienstleistungssteuern verblieben: Das Sammeln einer großen Menge von Weidenzweigen z. B., die zusammengebunden und zum Abstützen der Deiche am Gelben Fluß und am Kaiserkanal verwendet wurden; Führerdienste bei der Überstellung von Militärpferden in ihre Zielgarnisonen; die Begleitung von Maultierkarawanen, die Nachschub transportierten und die Lieferung einer besonderen Holzart für Palastbauten ans Ministerium für öffentliche Arbeiten – dieser Artikel mußte über die ganze Distanz von tausend Kilometern nach Peking gebracht werden. Wegen der Armut des Kreises und seiner Entfernung von den Hauptwasserwegen pflegte man keine Arbeiter aus Tancheng für Arbeitsdienste am Gelben Fluß und am Kaiserkanal anzufordern, doch in den frühen fünfziger Jahren, 1666 wieder und noch einmal 1670 wurde diese Regelung durchbrochen, um das riesige Grabungs- und Eindeichungsprojekt am Ema-See zu bewältigen. Huang Liuhong schreibt, daß die in Tancheng ausgehobenen Arbeiter, unversorgt mit Nahrung und Unterkünften, zur Arbeit an diesem Millionen-Taels-Projekt fast 150 Kilometer weit weg beordert wurden. »Zu welchem Nutzen«, fragte er, »wenn sie umkamen oder flohen? Und wie sollte das verwahrloste Land in ihrem eigenen Kreis je wieder erschlossen werden?«

Gewiß hatte die Regierung in den Jahren vor dem Erdbeben recht großzügig reagiert, als sie die grundlegenden Steuersätze dem Ausmaß der Katastrophen entsprechend herabsetzte. So war Tancheng in der späten Ming-Zeit mit 40 002 physisch gesunden Männern zum Arbeitseinsatz veran-

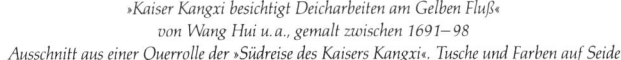

»Kaiser Kangxi besichtigt Deicharbeiten am Gelben Fluß«
von Wang Hui u. a., gemalt zwischen 1691–98
Ausschnitt aus einer Querrolle der »Südreise des Kaisers Kangxi«. Tusche und Farben auf Seide

schlagt; diese Ziffer sank um 3540 wegen Tod oder Flucht in der Hungersnot 1640, fiel um weitere 2734 Männer, die 1641 bei der Zerstörung Matous und anderer nahe gelegener Marktflecken von den Banditen umgebracht wurden, und verminderte sich um 790 im Laufe desselben Jahres – um die Zahl der Todesopfer der auf die Überfälle folgenden Epidemien. Damit verbliebe bis zum Angriff der Mandschu eine Gesamtzahl von 32 938 Arbeitsdienstpflichtigen. Nach dem Bericht der *Lokalgeschichte* war das Massaker von 1643 so schrecklich, daß »nur drei oder vier von zehn am Leben blieben«. Wenn wir diese Behauptung wörtlich als Überlebensrate von dreißig Prozent verstehen, so ergäbe sich daraus eine Restzahl von 9881, die durchaus mit der Quote von 9927 übereinstimmt, die die Regierung 1646 für den Kreis neu festlegte. Nach anfänglicher Neubesiedlung des Gebiets wurde diese Zahl wegen des Erdbebens 1668 sogar noch weiter bis auf 9498 im Jahr 1670 reduziert (obgleich, wie wir sahen, die örtlichen Beamten diese Anpassung nicht als ausreichend empfanden). Zugleich schrumpfte die Anzahl der offiziell verzeichneten Gemeinden von fünfundachtzig auf zweiunddreißig, und die zu Steuerzwecken erfaßte Bodenfläche verminderte sich im selben Zeitraum um fast ein Drittel.

Der Rückgang des registrierten Grund und Bodens legt zweierlei nahe: Entweder herrschte ein solcher Arbeitskräftemangel, daß ein hoher Prozentsatz des Bodens in Tancheng aufgegeben wurde, oder es gelang den Grundherren aufgrund der allgemeinen Wirren und Konfusion, ihr Land aus den Steuerregistern verschwinden zu lassen und zu verhindern, daß es dort wieder auftauchte. Falls letzteres zutrifft, dann waren die großen, einflußreichen Grundeigentümer darin wahrscheinlich erfolgreicher als die kleinen Landbesitzer. Der daraus erwachsende Steuervorteil war unter Umständen sogar größer als es den Anschein hat, da das registrierte ›Fiskalland‹ aus etwa einem Hektar schlechten Bodens bestehen mochte, der nicht mehr abwarf als 0,4 Hektar fruchtbaren Bodens. Das nach einer Neun-Punkte-Skala eingestufte Land schlechtester Qualität war nahezu unbrauchbar, behauptet die *Lokalgeschichte*: Es war Überflutungen der Flüsse Yi und Shu oder ihrer Nebenflüsse ausgesetzt und den ganzen Sommer über von Wasser bedeckt. Von solchem Grund und Boden eine regelmäßige Ernte zu erwarten, kam der Hoffnung »auf Erträge aus einem Felsenmeer« gleich, und im günstigsten Fall durfte man auf »eine gute Ernte in zehn Jahren hoffen«. Die *Lokalgeschichte* vermerkt jedoch weder, wieviele Leute Land in diese Kategorie eintragen lassen wollten, noch ob Grundbesitzerfamilien, die über die Mittel verfügten, derartiges Land erfolgreich zu entwässern, jemals in eine höhere Steuerstufe umklassifiziert wurden.

54

Zuweilen überlagerten sich die verschiedenen Formen der Mühsal, wie im Gebiet der Gemeinde Fengshan am Yi-Fluß an der Grenze der Gerichts-bezirke von Yizhou und Tancheng. Die Steuerprobleme waren hier im Lauf der Zeit so unübersichtlich geworden, daß sich Huang Liuhong und der Magistrat von Yizhou mitten im Winter dorthin begaben, um zu untersuchen, was vor sich ging. Als sie im Schnee durch die Gemeinde ritten und die Bewohner befragten, stellten sie fest, daß die zwölf kleinen, über ein halbes Dutzend Meilen verstreuten Dörfer während der letzten beiden Jahrzehnte ständig von Flutschäden unterschiedlichen Ausmaßes getroffen worden waren und sich in einer hoffnungslosen Situation befanden. Etwa die Hälfte der 300 Haushalte, die hier einst das Land bestellten, waren geflohen oder ausgestorben. Große Ländereien waren von ihren Besitzern verlassen worden, und das Land war nicht mehr zu Steuerzwecken registriert. Etwa 600 Hektar, als »sandiger Boden« eingestuft, hatten früher sogar bei leichten Überflutungen etwas abgeworfen und fünfundzwanzig Jahre lang, betonten die Bauern, hätten sie Steuern abgeführt, da es ihnen zumindest besser ging als in den Jahren 1640-1643. Doch die schwere Flut nach dem Erdbeben von 1668 hatte neuen Schwemmsand auf die Felder gespült, so daß sich die Menschen außerstande sahen, auch nur das geringste zu entbehren. In solchen Fällen waren anhaltende Hilferufe der Bauern – in Verbindung mit einem Appell des Magistrats an den Präfekten – nötig, um das Land formell aus den Steuerlisten streichen zu lassen.

Selbst wenn die Bauern noch Überschußgetreide oder Geld besaßen, um die Steuern zu zahlen, waren ihre Schwierigkeiten damit nicht endgültig behoben. Da gab es das Problem der Münzprüfer, die für den Wechsel der Kupfermünzen der Bauern in Silber – worin die Steuerzahlung zu leisten war – das Monopol besaßen: Einige Münzprüfer betrogen bei der Feststellung der Reinheit des Metalls, einige verbargen Bruchstücke des Silbers beim Formen der Barren, einige verlangten hohe Preisaufschläge für das Anbringen der Siegel, die die Güte des Silbers garantierten, einige forderten mehr für ein schnelleres Arbeitstempo, da sie wußten, daß auf die Bauern die zusätzlichen Kosten einer Übernachtung zukamen, wenn sie langsam arbeiteten – und manche befleißigten sich solch extrem dreister Betrugsmethoden, wie den Schmelztiegel umzustoßen, bevor das Silber richtig ausgewogen war. Bei anderen Gelegenheiten, wenn die Bauersleute ihr Korn persönlich zur Stadt brachten, trafen sie auf ›hilfsbereite‹ Städter, die sich erboten, für sie ihre Geschäfte zu tätigen, während sie sich ausruhten; diese Leute nahmen das Getreide an sich (angeblich um es zum Steuerdepot zu bringen) und waren nicht

»Schmelzofen mit Blasebalg«
Tusche auf Papier

mehr gesehen. Aus diesem und anderen Gründen mehr, meinte Huang Liu-hong, betrachtete das Landvolk »die Stadt als Hölle und die Schreiber als böse Geister«. Teilziel der Dezentralisierung auf die zweiunddreißig Ge-meindevorsteher war die Einrichtung örtlicher Steuersammelstellen, so daß den Bauern der Weg in die Kreisstadt erspart blieb. Statt dessen wurden große Steuersammelkisten an geeigneten Orten aufgestellt und die in diese Kisten eingezahlten Geldsummen wurden (wenigstens theoretisch) sorgfäl-tig auf einer Tagesliste eingetragen und ordentliche Quittungen in dreifa-cher Anfertigung ausgestellt: Eine für den Einzahler, eine für den Einkassie-rer und eine für die Akten des Magistrats.

In Tancheng wurden nicht nur Steuern auf den Boden und die landwirt-schaftliche Produktion erhoben. Es gab Steuern in Form von Gegenständen oder Erzeugnissen, die nach Peking geschickt werden mußten, und ver-

開井口 蜀省井鹽

schleierte Steuern in Form von Produkten, die die Regierung von den Einheimischen weit unter ihrem Gestehungspreis kaufte. Es lag eine Steuer auf
Schilfbetten, die zur Bedachung und Beheizung eingesammelt werden konnten, es gab Steuern für Fischer, Straßenhändler und es waren Steuern (die
von den Kaufleuten im voraus gezahlt wurden) für jede Unze verkauftes Salz
zu entrichten. Es gab Steuern für jedes von amtlich zugelassenen Maklern
getätigte Geschäft in Liegenschaften und Landverkauf. Es lag eine Steuer
von fünf Taels pro Jahr auf jedem konzessionierten Pfandhaus, obwohl für
Transaktionen, in denen verzweifelte Bauern ihre Werkzeuge gegen Getreide verpfändeten, Ausnahmen gewährt wurden. Es lagen Steuern auf allen Maklergeschäften in Vieh und Tabak, Baumwollwaren, Wein und Getreide zur Schnapsdestillation. Es gab eine ›Schmelzsteuer‹ für die Umwand-
lung von Steuergeldern aus Kupfer in Silber von festgelegtem Gütegrad.

Die Eintreibung dieser Sondersteuern konnte für Zahler und Steuereinnehmer gleichermaßen zum Alptraum werden, wie Pu Songling in den An-
fangszeilen seiner sarkastischen Erzählung »Die Kampfgrille« ausführt:
»Am Hof machte man sich ein großes Vergnügen daraus, mit Kampfgrillen
zu spielen und forderte vom Volk eine jährliche Abgabe dieser Tierchen. Die
Insekten wurden im westlichen Teil des Landes nicht gezüchtet, bis der Magistrat von Huayin, um sich bei seinem Vorgesetzten anzubiedern, ihm eine
zum Geschenk machte, die eine geschickte Kämpferin war. Von nun an verlangte sein Vorgesetzter eine regelmäßige Lieferung, und der Beamte leitete
diese Anordnung an die Gemeindevorsteher weiter. Das Ergebnis war, daß
ein paar Tagediebe in der Stadt sich nach geeigneten Grillen umsahen und
sie sorgfältig aufzogen. Der Preis der Insekten stieg höher und höher, und
sie wurden allmählich wie Kostbarkeiten behandelt. Die rauhen Untergebenen des Vorstehers benutzten das als Argument bei der Eintreibung der
Steuern, und die Besorgung einer einzigen Grille konnte den Ruin mehrerer
Haushalte bedeuten.

Draußen auf dem Land lebte ein Mann namens Zheng, der ständig bei den
niederen Prüfungen durchfiel. Da er geistig ziemlich beschränkt war, emp-
fahlen ihn ein paar durchtriebene Schlauköpfe für die Stellung eines Vorstehers. Zheng versuchte alles, um darum herumzukommen, mußte aber den
Posten schließlich doch annehmen. Bevor ein Jahr um war, waren seine finanziellen Mittel dahingeschmolzen. Als die Zeit kam, die Grillen abzuliefern,
wagte er nicht, seine Nachbarn unter Druck zu setzen, konnte andererseits
aber die Geldmenge auch nicht selbst aufbringen und wollte sich in seinem
Kummer das Leben nehmen...«

Man war in Tancheng an Pressionen, Beschlagnahmen und Ultimaten ge-
wöhnt, wie Huang Liuhong wußte. Er hätte gerne durch verstärkte Besteuerung der Städter die Last der Landbevölkerung verringert, denn er war überzeugt, daß die Steuern auf Handelsgeschäfte mehr einbringen konnten als es
bislang der Fall war. Vermutlich wurden nur zwanzig Prozent aller zu ver-
steuernden Transaktionen gemeldet, und sogar in der Marktstadt Matou
nahm er nur knapp 500 Taels ein: 230 von den Katen der Gemüsehändler am
Fluß Yi und um die 250 von den Maklern, die die Fernverschiffungen von
Stoff, Nahrungsmitteln, Wein und Tabak organisierten. Huang vermochte
diesem Mißstand jedoch nicht abzuhelfen. Zum einen war die städtische Bevölkerung nicht leicht zu kontrollieren, und wenn es Grund zu wirtschaftlichen Klagen gab, war mit Krawallen zu rechnen. Zum anderen waren die
reicheren Kaufleute nicht aus Tancheng gebürtig: Die Mehrheit kam aus

Shanxi im Nordwesten, und viele andere stammten aus Jiangxi. Sie waren in der Lage, Verwaltungsangehörige, die ebenfalls aus ihren Heimatprovinzen kamen, unter Druck zu setzen. Die zwei Marktvorsteher von Matou waren damals beide in Gerichtsfälle verwickelt, in denen ihre heikle Position offenbar wurde: Cheng Yu war vom Anführer der örtlichen Schnapsbrennergilde mit einer Korruptionsklage überzogen worden, und Zhang Maode stahlen zwei Soldaten sein Getreidedeputat. Als er sich bei ihren Vorgesetzten beschwerte, kehrten sie mit Verstärkung zurück und schlugen ihn brutal zusammen. »Sein Körper war mit Wunden übersät wie Schuppen einen Fisch bedecken«, berichtete der Polizist, der das Opfer nach dem Vorfall untersuchte.

Die Soldaten bildeten ohnehin ein unüberwindliches Hindernis einer fairen und korrekten Besteuerung; sie waren eine Plage, die in keinem Verhältnis zu ihrer Anzahl stand. Nicht nur befehdeten sie sich mit den Stallknechten und der übrigen Belegschaft der Poststationen, sie wurden auch gegen das Personal des Magistrats gewalttätig: Der Zugführer Zhang, der seine Frau das Getreide anderer Leute ernten ließ, hetzte einige seiner Männer auf den Polizisten, der ihm dafür die Steuer abverlangte. Ein anderer Soldat sah tatenlos zu, wie sein Sohn mit einer Keule auf das Gesicht eines Yamenboten einprügelte. Noch ein anderer drang in das Haus des Polizisten Zhao ein, nahm sich etwas zu trinken und vergewaltigte Zhaos Frau. Andere Soldaten, wie z. B. Sang Si von der Garnison in Yizhou, brachten es fertig, Landbesitz von über fünfundzwanzig Hektar anzuhäufen, ohne dafür Steuern zu zahlen – Sang Si verprügelte den Boten, der die Steuer einforderte. In anderen Fällen waren die Einzelheiten der Bodenbesitzverhältnisse so unübersichtlich, daß es faktisch unmöglich war, den rechtmäßigen Eigentümer festzustellen. Sich überschneidende Ansprüche reichten bis in die Ming-Zeit zurück, Verträge in den fünfziger Jahren des 17. Jahrhunderts wurden geschlossen und ungültig gemacht, und unter den streitenden Parteien waren manche unverfroren genug, zu ihren Gunsten gefälschte, vordatierte Ermittlungsprotokolle unter die Akten des Magistrats im *Yamen* zu schmuggeln.

In Tancheng, fand Huang Liuhong heraus, wendeten die Großgrundbesitzer vor allem sechs Methoden der Irreführung an, um eine niedrige Bodensteuereinstufung zu erreichen. Sie stellten unter falschem Namen Verwalter an, die das Land bewirtschafteten, konnten selbst aber nicht aufgespürt und zur Rechenschaft gezogen werden. Sie gaben vor, ihr Land sei in Wahrheit im Besitz von Familien aus anderen Gerichtsbezirken. Sie übergaben ihre Steuerzahlung in bar oder in Getreide als Teil des Steuerbetrags einer Nachbarfamilie – wenn die Familie einen niedrigeren Satz zu zahlen hatte. Sie verstanden es, die Qualität ihres Landes falsch zu deklarieren: z. B. Land mittlerer Güte, das mit dreißig Prozent besteuert wurde, als von schlechtester Qualität (zwanzig Prozent) oder solches von bester Qualität (fünfzig Prozent) als mittelmäßig auszugeben. Es gelang ihnen, die steuerliche Erfassung ihres Grundbesitzes überhaupt zu vereiteln, und schließlich behaupteten sie, daß von ihnen geerntetes Getreide von anderen Feldern stamme. Diese Probleme wurden noch dadurch verschärft, daß eine große Menge Grundbesitz zu billigen Preisen an Eigentümer übergegangen war, die in Yizhou und damit außerhalb der Zuständigkeit des örtlichen Magistrats lebten.

Diese Schiebereien betrieben die Großgrundbesitzer einzig und allein im eigenen Interesse: »Sie wollten«, wie Huang Liuhong es sah, »einen großen Getreideertrag klein erscheinen lassen, um einer schweren Steuerlast zu entgehen.« Noch komplexer war das als *Baolan* bekannte Schutz- und Stellvertretersystem, innerhalb dessen gewisse Großgrundbesitzer die Steuerverpflichtungen anderer übernahmen. Dieses System wurde insbesondere zur Umgehung der Arbeitsdienste genutzt, die jeder registrierte männliche Erwachsene abzuleisten hatte. Da Großgrundbesitzer mit Prüfungstiteln von den meisten Dienstleistungssteuern befreit waren, pflegten arme Verwandte, Freunde oder auch reiche Nachbarn ihr Land auf derart privilegierte Familien zu übertragen, damit sie geringere Steuern entrichteten sowie in den Genuß weiterer Vorrechte gelangten, wie etwa einer niedrigeren ›Schmelzgebühr‹ oder der Benutzung von Steuersammelstellen in der Stadt, wo für die Gentry einige Zusatzgebühren entfielen. Die Armen bemühten sich aktiv um derartige Stellvertreterbeziehungen, sowohl um der Steuervorteile willen als auch wegen der Protektion, die ihnen ein reicher Haushalt gegenüber den Magistratsbediensteten bieten konnte. Umgekehrt gewannen die Großgrundbesitzer Prestige und eine loyale Klientel. Angehörige der oberen Gentry vertraten bis zu mehrere Dutzend solcher Quasihöriger, die man als ›verpfändete Erwachsene‹ bezeichnete, und selbst Inhaber eines unteren akademischen Grades konnten es auf zehn oder mehr bringen. Die Folge war, daß die für die Zuteilung der Arbeitsdienste und die Neuregistrierung gesunder Männer verantwortlichen Gemeindevorsteher von den ›verpfändeten Erwachsenen‹ keine Notiz nahmen, denjenigen ohne derartige Rückendeckung hingegen noch schwerere Lasten aufbürdeten, so daß die jährliche Ablösesumme, die etwa bei einem Zehntel Tael hätte liegen müssen, auf ein oder zwei Taels pro Jahr stieg, einen Betrag, der für die Armen unerschwinglich war.

Im Spätfrühling 1671 schlüpften in den Feldern Heuschrecken aus im Vorjahr gelegten Eiern. Mit einem eigens verfaßten Gedicht an den Stadtgott Tanchengs – die wichtigste Lokalgottheit, die direkt für das Wohlergehen der Bevölkerung verantwortlich war – versuchte Huang, mit einer Mischung von Vernunft und Gefühl, die Gottheit günstig zu stimmen, um zu verhindern, daß ein weiteres Unglück auf all die vorangegangenen folgte. Erinnerungen an die furchtbare Heuschreckenplage und Hungersnot von 1640 verliehen seinem Gebet besondere Dringlichkeit:

O Stadtgott. Jeder von uns hat in diesem Kreis seine Pflicht zu tun. Wir stellen uns Katastrophen entgegen, wenn sie eintreten, und gewähren Schutz in Zeiten der Not. Das obliegt der außerirdischen Herrschaft des Stadtgotts und ist die Schuldigkeit des Beamten. Dieses Jahr, als das Korn noch niedrig stand, schlüpften Heuschrecken aus den Eiern des Vorjahres und vertilgten fast die Hälfte der Weizensaat. Während der letzten zehn Tage kamen Heuschrecken aus dem südwestlichen Nachbarkreis hinzu.[*] Ihre schwirrenden Flügel vereinigen sich zu unendlichen Linien, ihre Leiber füllen die Ackerfurchen und bedecken die Raine der Felder. Die Menschen hasten umher und wehklagen, als sei das Ende der Welt nahe.

Volkstümliche Gottheit in
Beamtentracht der Ming-Zeit
Lackierte Holzskulptur

[*] d.h. aus dem Kreis Pei

Wir beteten zum Stadtgott, doch er vernichtete die Heuschrecken nicht. Vielleicht war es ihm zu mühsam, uns vor dem Unglück zu erretten. Vielleicht war das Qingming-Fest* bereits zu nahe? Vielleicht waren die Beamten ihrer Pflicht nicht nachgekommen, und es mangelte ihnen an Aufrichtigkeit, um bei der Unterwelt Gehör zu finden? Die einfachen Menschen können sich des Unheils nicht erwehren und wenden sich an uns Beamte. Wir Beamten können ihm ebensowenig Einhalt gebieten. So beten wir zum Stadtgott, er möge in seiner erhabenen Hoheit den Herrn des Himmels die Gebete der einfachen Leute und der Beamten wissen lassen und Fürbitte für uns einlegen.

Die Menschen befürchten die Unausweichlichkeit der Katastrophe. Die Heuschrecken überfliegen im Nu 1000 Li, wie ließen sie sich da von Tancheng aus, diesem winzigen Flecken, davonjagen? Die Menschen fühlen ihre Ohnmacht. Es bleibt nur die Hoffnung auf den Stadtgott, daß er von seinem Thron aus die Bedrängnis der einfachen Leute und der Beamten erkenne und Anteil an ihrem Leiden nehme.

O Gott! Verjage sie schnell! Laß sie nicht unsere Ernte zugrunde richten! Laß sie nicht ihre Eier in unsere Felder legen! Dann wird den Menschen die Herbsternte bleiben. Gewähre uns deine Gunst, Gott. Erhöre unsere Bitten.

Pu Songling glaubte nicht, daß die örtlichen Beamten die Probleme der Steuereintreibung und Naturkatastrophen besser bewältigen konnten als das der örtlichen Banditen; seine diesbezügliche Skepsis war eher noch größer. Und entsprechend fällt auf, daß seiner bemerkenswerten Protagonistin Xiaoer, die besser als alle anderen seiner Figuren eine Gemeinschaft vor dem wirtschaftlichen Zusammenbruch zu bewahren versteht, mehr als den meisten anderen seiner Figuren direkte Quellen himmlischer Hilfe zu Gebote stehen.

Zhao Wang und seine Frau, die im Kreis Tancheng lebten, waren gläubige Buddhisten. Sie aßen weder Fleisch noch andere verbotene Nahrung und waren in ihrem Kreis hoch geachtet. Sie waren recht wohlhabend und hatten eine Tochter, Xiaoer, die ungewöhnlich intelligent und schön war. Zhao liebte sie wie seinen Augapfel.

Als sie fünf Jahre alt war, wurde sie wie ihr älterer Bruder Changchun zu einem Lehrer geschickt und beherrschte nach fünf Jahren die fünf Klassiker. In ihrer Klasse war ein Junge namens Ding Zimo, drei Jahre älter als sie und von guter Erziehung. Die beiden verliebten sich ineinander und Ding offen-

* am fünften Tag des vierten Monats nach dem Mondkalender

barte sich seiner Mutter, die ihrerseits die Zhaos fragte, ob ihnen ihr Sohn genehm sei. Diese aber versprachen sich die Einheirat in eine reiche Familie und verweigerten ihre Zustimmung.

Kurz darauf bekehrte sich Zhao zur Weißen-Lotos-Sekte, und als Xu Hongju rebellierte, wurden alle Familienangehörigen zu Aufständischen. Xiaoer, von guter Bildung und schneller Auffassungsgabe, vermochte auf Anhieb die magischen Fertigkeiten zu begreifen, mit denen man Papier in Soldaten und Bohnen in Pferde verwandelte. Sie war bei weitem das beste der sechs Mädchen, die Xu für ein spezielles Training ausgesucht hatte, und er führte sie in alle seine magischen Techniken ein. Aufgrund ihrer Befähigung erhielt auch ihr Vater einen wichtigen Posten.

Als Ding siebzehn Jahre alt war, bestand er die Lizentiaten-Prüfung in Teng, dachte aber nicht daran zu heiraten, da ihm Xiaoer nie aus dem Sinn gekommen war. Er lief davon und schloß sich den Truppen Xus an. Xiaoer war entzückt, ihn zu sehen, und ließ ihn ihre Geneigtheit weit über das gewöhnliche Maß spüren. Da sie Xus Schülerin war, und Xu sie mit der Regelung militärischer Angelegenheiten betraut hatte, war sie überaus beschäftigt und ging in seinen Amtsräumen Tag und Nacht ein und aus. Nicht einmal für ihre Eltern konnte sie einen Augenblick erübrigen. Doch sobald Ding sie abends

›Wei furen‹ (Das Bild illustriert eine Episode aus dem
›Jinshu‹, es zeigt das bekannte Frauenvorbild,
die Adlige Shuo Maoyi, Meisterin der Kalligraphie.)
Tuschezeichnung von Wu Jiayou, um 1860

besuchte, entließ sie ihre Diener, und sie blieben bis in die frühen Morgenstunden zusammen. Eines Nachts fragte er sie leise: »Kennst du den wahren Grund, warum ich zu dir kam?« Sie schüttelte den Kopf. »Ich hänge keinen verrückten Träumen von Ehre und Ruhm nach«, sagte Ding. »Der einzige Grund für mein Kommen warst du. Auf diesem sündhaften Weg gibt es keinen Erfolg, er wird ins Verderben führen. Du bist eine kluge Frau. Erkennst du das nicht? Wenn du von hier flüchtest, kannst du dich mir voll und ganz anvertrauen.« Xiaoer schien eine Weile bedrückt, dann sagte sie, wie aus einem Traum erwachend: »Es wäre nicht recht, ohne ein Wort zu gehen und meine Eltern zurückzulassen. Laß mich es ihnen bitte sagen.«

So gingen sie zusammen zu Xiaoers Eltern und erzählten von ihren Hoffnungen und Befürchtungen, aber Zhao konnte nicht begreifen, was sie sagten: »Mein Lehrer ist ein Gott«, hielt er ihnen vor, »wie kann er da Fehler begehen?« Xiaoer erkannte, daß es vergebens war, weiter in sie zu dringen, und verwandelte ihren Kinderschopf in die hochgesteckte Frisur einer verheirateten Frau.

Sie nahm zwei Drachen, und sie und Ding setzten sich rittlings auf sie. Die Drachen spreizten majestätisch ihre Flügel wie zwei große Qian-Vögel und flogen mit ihnen davon. Im Morgengrauen erreichten sie die Grenze des Kreises Laiwu. Das Mädchen drückte auf den Nacken ihres Drachen und sofort landeten beide auf der Erde und wurden zu zwei Eseln, auf denen das Pärchen zum Dorf Shanyinli trabte. Dort behaupteten sie, vor den damaligen Unruhen geflüchtet zu sein, mieteten sich eine Hütte und ließen sich dort nieder. Die beiden waren in großer Hast aufgebrochen und hatten ihren ganzen Besitz und ihr Geld zurückgelassen. Ding machte sich deswegen große Sorgen und versuchte, bei den Nachbarn ein wenig Reis zu borgen, aber niemand war bereit, ihm auch nur das mindeste zu überlassen. Xiaoer hingegen schien keineswegs niedergeschlagen und verpfändete ihre Haarnadeln und Ohrringe.

Oft setzte sie sich still bei verschlossener Tür Ding gegenüber, und sie spielten im Lampenlicht Ratespiele oder probierten aus, wer sich besser an die Bücher erinnern konnte, die sie früher gelesen hatten; der Verlierer mußte seine Finger bis zum Handgelenk herunterbiegen.

Westlich von ihrem Haus wohnte ein Nachbar namens Weng, eine Größe der eingesessenen Unterwelt. Als dieser eines Tages von einem Raubzug zurückkehrte, sagte Xiaoer zu Ding: »Bei solch einem reichen Nachbarn gibt es eigentlich keinen Grund zur Beunruhigung mehr. Vielleicht leiht er uns für kurze Zeit 1000 Taels.« Ding glaubte nicht, daß damit zu rechnen sei, aber sie

erwiderte: »Ich werde es so arrangieren, daß er hoch erfreut sein wird, uns helfen zu dürfen.« Sie schnitt aus einem Blatt Papier die Silhouette des Richters der Unterwelt, legte sie auf den Boden und stellte einen Hühnerkäfig darüber. Dann nahm sie Ding bei der Hand, stieg aufs Bett und wärmte etwas Wein. Mit den *Riten der Zhou-Dynastie* begann sie ein neues Spiel: Jeder nannte einen Band, eine Seite und eine Textzeile, und für jedes Schriftzeichen, das das für Wasser oder Essen stehende Element enthielt, mußte der Betreffende, anstatt ein Pfand zu geben, ein Gläschen leeren; tauchte das

Wein-Element auf, gab es das Doppelte. Als Xiaoer zufällig auf das Zeichen für Wein stieß, ließ Ding sie eine ganze Schale Wein trinken, und sie erklärte im Gegenzug feierlich:»Wenn wir das Geld bekommen sollen, mußt du ein Zeichen für Trinken erwischen.« Ding traf seine Wahl und kam auf das Schriftzeichen für Schildkröte. Xiaoer schrie vor Lachen:»Das heißt soviel wie geschafft!«, füllte für Ding einen Becher bis zum Rand, und als er protestierte, sagte sie:»Zu deinem Schriftzeichen gehört ›Wasser‹, und deshalb mußt du trinken wie eine Schildkröte.« Während sie sich noch über die Entscheidung stritten, hörten sie ein dumpfes Klirren im Käfig, und Xiaoer stand auf und rief:»Es ist soweit!« Sie hob den Käfig hoch, schaute hinein und sah eine Tasche voller Goldstücke. Ding war außer sich vor Freude und Überraschung.

Einige Zeit später kam eine von Wengs Mägden, einen Säugling auf dem Rücken, zu ihnen, um sich ein wenig die Zeit zu vertreiben, und erzählte: »Als mein Herr nach Hause kam, zündete er die Lampe an und setzte sich nieder, als sich plötzlich ein abgrundtiefer Schlund in der Erde öffnete und einer der Richter der Unterwelt erschien und ihm sagte: ›Ich bin der Abgesandte von Unten. Der Herr des Taishan versammelte uns alle, um ein Verzeichnis der Übeltaten aller Verbrecher anzulegen. Ich muß tausend Silberlampen von je zehn Unzen Gewicht besorgen; wenn du mir hundert Lampen stiftest, entsühne ich dich von deinen Verbrechen.‹ Mein Herr verbrannte in großer Furcht Räucherstäbchen, warf sich zum Gebet zu Boden und spendete tausend Taels. Daraufhin verschwand der Richter der Unterwelt langsam in der Erde, die sich hinter ihm schloß.« Die beiden konnten sich beim Anhören der Geschichte gerade noch in eine gespielte Überraschung retten.

Danach begann das Paar, Vieh und Pferde zu kaufen, Diener und Mägde ins Haus zu nehmen, und baute sich einen Wohnsitz. Ihr Reichtum zog jedoch die Aufmerksamkeit eines Taugenichts der Gegend auf sich. Er sammelte einen Haufen von Schurken und brach in ihr Heim ein. Ding und seine Frau, aus ihren Träumen gerissen, zündeten eine Fackel an und sahen ihr ganzes Haus voller Diebe. Zwei der Einbrecher ergriffen Ding, während ein Dritter seine Hände über Xiaoers Brüste gleiten ließ. Sie setzte sich auf und schrie:»Halt! Halt!« Mit einem Schlag standen die dreizehn Diebe mit vorgestreckten Zungen, wie Idioten da, unfähig, sich zu rühren, als seien sie aus Holz. Xiaoer zog sich an und stieg aus dem Bett. Sie rief ihre Diener zu sich und ließ sie die Hände eines jeden der Eindringlinge auf den Rücken fesseln. Während sie jeden sein Verbrechen gestehen ließ, machte sie ihnen Vorwürfe:»Wir kamen von weit her, um in euren Bergen Zuflucht zu finden. Wir erwarteten Hilfe von euch, ihr aber benehmt euch so gefühllos. Im Leben eines jeden von uns gibt es gute und schlechte Zeiten. Die sich in Not befanden, hätten uns davon wissen lassen sollen, wir sind nicht vom Schlag derjenigen, die nur an sich denken. Ihr habt euch wie Wölfe verhalten und verdientet zu sterben, doch weil ich euch bemitleide, lasse ich euch laufen – aber nicht beim nächsten Mal!« Sich zu Boden werfend, dankten ihr die Diebe und gingen davon.

Einige Zeit später wurde der Führer der Weißen-Lotos-Sekte, Xu Hongju, gefangengenommen und Xiaoers Eltern, Herr und Frau Zhao, wurden zusammen mit ihrem Sohn und ihrer Schwiegertochter hingerichtet. Ding zog mit etwas Geld los und löste den kleinen, drei Jahre alten Sohn von Xiaoers Bruder Chang Chun aus. Sie zogen ihn als eigenen Sohn groß und gaben ihm den Familiennamen Ding und den Vornamen Chengtiao (Sohn zweier Ahnentempel). Allmählich fanden die Dorfbewohner heraus, daß die beiden mit Mitgliedern der Weißen-Lotos-Sekte verwandt waren. Zu jener Zeit zerstörten Heuschrecken die Ernte. Xiaoer bastelte Hunderte von Papierdrachen, die über ihren Feldern patrouillierten, und die Heuschrecken ließen ihre Felder in Frieden und wandten sich woanders hin. Die neidisch gewordenen Dorfbewohner aber denunzierten das Paar bei den Behörden als Überlebende von Xu Hongjus Sekte. Der zuständige Mandarin hatte ebenfalls ein Auge auf ihren Reichtum geworfen und betrachtete ihren Besitz als fette Beute. Er ließ Ding verhaften, und nachdem dieser sich mit einer enormen Bestechungssumme die Freiheit zurückgekauft hatte, sagte Xiaoer: »Da wir unseren Reichtum auf ungehörige Weise gewonnen haben, wird er unvermeidlich dahingehen. Wir sollten nicht länger in dieser Gegend der Schlangen und Skorpione bleiben.« So verkauften sie billig ihre Habe und wanderten fort.

Sie zogen in die westlichen Vororte der Kreisstadt. Xiaoer war außerordentlich klug, wußte gut mit Geld umzugehen und konnte besser als jeder Mann ein Geschäft führen. Sie eröffnete eine Glaswarenwerkstatt und lernte alle Arbeiter, die bei ihr eine Anstellung fanden, selbst an. Die dort gefertigten Lampen waren von höchst eigenartiger Form und zauberhafter Farbe, und kein anderer Hersteller konnte es damit aufnehmen. Sie verkaufte sie mühelos zu hohen Preisen, und nach ein paar Jahren waren sie reicher als je zuvor.

Xiaoer führte über ihre Diener und Mägde ein strenges Regiment und jedem, der bei ihr in Brot und Arbeit stand, war eine besondere Aufgabe zugewiesen. In ihren Mußestunden tranken Ding und sie Tee und spielten Schach oder ihre Fragespiele mit den Klassikern und Geschichtsbüchern. Alle fünf Tage überprüfte sie die Rechnungsbücher, die Ein- und Ausgänge an Geld und Getreide, und wie das Personal seine Aufgaben erfüllt hatte. Während Ding die Namensliste durchging und die Menge der geleisteten Arbeit feststellte, teilte ihnen Xiaoer ihr Entgelt zu: Die Fleißigen erhielten Belohnungen, die Faulen aber wurden ausgepeitscht und mußten lange kniend auf dem Boden verharren. An manchen Tagen gewährte sie einen freien Tag und verlangte keine Arbeit in den Abendstunden; sie und ihr Mann stellten dann Essen und Wein bereit und luden die Bediensteten ein, ihre Volkslieder zu singen und sich mit ihnen zu vergnügen.

Xiaoer war klarsichtig wie ein Gott, und niemand ließ sich auch nur den Versuch einfallen, sie zu betrügen. Zudem gab sie höheren Lohn als üblich war, und so ging alles ohne Schwierigkeiten seinen Gang. In ihrem Dorf lebten mehr als zweihundert Familien, und allen Armen gab sie ein wenig Arbeitskapital, so daß es in ihrem Bezirk keine ziellosen Müßiggänger gab. In Dürrezeiten ließ sie die Bauern einen Altar draußen in den Feldern errichten und sich selbst nachts hinaustragen. Nachdem sie die ›Riten der Schritte des Kaisers Yu‹ vollzogen hatte, fiel erfrischender Regen, der für alle im Umkreis von fünf Li ausreichte. Mit der Zeit galt sie dem einfachen Volk als Gott.

Wenn sie durch die Gegend streifte, kümmerte es sie nicht, daß alle Leute ihr unbedecktes Gesicht sahen. Manchmal standen die jungen Männer des Dorfes zusammen und sprachen verstohlen von ihrer Schönheit, doch bei ihrem Erscheinen verstummte ihr Gerede und sie wagten nicht einmal, den Blick zu heben und sie anzusehen.

Jeden Herbst gab sie den Dorfkindern, die für die Feldarbeit noch zu klein waren, etwas Geld und schickte sie Saudisteln stechen. Nach zwanzig Jahren waren ganze Gebäude damit gefüllt. Die Leute hielten das für albern und verspotteten sie insgeheim, aber als in Shandong eine große Hungersnot ausbrach und die Menschen begannen, sich gegenseitig aufzuessen, mischte Xiaoer die Blätter, die sie gehortet hatte, mit Getreide und gab sie den Sterbenden. Auf diese Weise blieben die Bewohner der nahe gelegenen Dörfer am Leben und waren nicht zur Flucht oder zum Sterben verdammt.

Pu Songling muß durch die damalige, tatsächlich produzierende Glaswerkstatt im Kreis Boshan, südlich seiner Heimatstadt Zichuan, auf die Idee gekommen sein, eine Glaslaternenwerkstatt als Erwerbsquelle eines ganzen Gemeinwesens darzustellen. Einen solchen Industriezweig gab es in Tancheng allerdings nicht, und Huang Liuhong verfügte weder über auswärtige

Einkommensquellen noch über irgendwelche Zauberformeln, um der Gentry Tanchengs – ob verbrecherisch oder respektabel – ihr Geld abzujagen. Er wußte aus Erfahrung, daß man sie nicht wie das einfache Volk behandeln konnte, sobald es um die Eintreibung der Steuern ging. Das einfache Volk zahlte aus Furcht, wenn man es hart genug bedrängte, aber bei der Gentry kam es immer zu Verschleppungen, und setzte man jemandem übermäßig zu, verlor er möglicherweise das Gesicht, und das konnte Feindschaften und auch Beschwerden über den Kopf des Magistrats hinweg bei anderen Beamten nach sich ziehen oder brachte Ärger für das Personal des Magistrats.

Huang entschloß sich dennoch, gegen einen bestimmten Großgrundbesitzer vorzugehen, gegen Liu Tingyuan aus der Gemeinde Xinwang, die zehn Kilometer westlich der Stadt Tancheng bei Matou lag. Xinwang war eine der vier Gemeinden, die im Kreis für Stellvertreterschiebereien berüchtigt waren; die anderen waren Zhulu und Zhonggou im Nordwesten des Kreises und Xingshu im Süden. Die meisten dieser Gemeinden waren eben-

Illustration zur 2. Auflage der »Geschichten der Dynastien Sui und Tang«, Chanzhou 1696 Holzschnitt, Ausschnitt

falls für ihren schon lange andauernden Zahlungsrückstand bekannt, und Huang Liuhong hatte versucht, die Zahlungsmoral zu heben, indem er pünktlichen Zahlern Opferwein, Girlanden, zeremonielle Kleidung und sein Geleit bis zum Haupttor des *Yamen* versprach. In Xinwang hatte das nichts gefruchtet; dort hatte sich mehr als die Hälfte der Bewohner in ein Pseudo-Verwandtschaftsverhältnis zu diesem oder jenem Großgrundbesitzer begeben, während diejenigen ohne eine solche Protektion in zunehmender Zahl flohen und die Zahlungen für die Zurückbleibenden nur noch höher werden ließen.

1671 waren Hu Jiming und sein Kollege, ebenfalls namens Hu, die zwei Vorsteher in Xinwang. Im Spätfrühling verzweifelten sie über ihr Unvermögen, der im Teufelskreis von Hinterziehung, Pseudo-Verwandtschaft und Flucht gefangenen Gemeinde irgendwelche Steuern zu entlocken. In ihrer Hoffnungslosigkeit stimmten sie zu, gegen den Grundherren Liu Tingyuan als Zeugen aufzutreten, dessen persönlicher Wohnsitz sich in der Gemeinde Gaoce befand, also nahe der Kreisstadt, obgleich sein Landbesitz in Xinwang lag. Die Lius waren eines der beiden Geschlechter, die Gaoce beherrschten, und sie konnten dort jedem Flüchtigen eine sichere Zuflucht bieten. Obwohl sich die beiden Hus entschieden hatten, vor dem Gericht des Magistrats gegen Liu auszusagen, baten sie um eine Fristverlängerung bis zum Ende der Winterweizenernte, in der Hoffnung, von den Bauern (die inzwischen mehr verkauft haben würden) wenigstens das Geld für die ersten Steuerraten beschaffen zu können.

Liu Tingyuan nutzte diese Pause sofort zu seinem Vorteil. Er postierte einen bezahlten Schläger vor dem Gerichtsgebäude, um etwaige Zeugen, die gegen die Familie Liu auftreten wollten, einzuschüchtern. Mit einer Bande anderer Spitzbuben spürte er die beiden Hus auf, schlug sie brutal zusammen und brach ihnen die Beine. Damit noch nicht zufrieden, ließ er Hu Jimings böse zugerichteten Körper an einer Tragstange baumelnd über die Kreisgrenze nach Yizhou bringen, um die Ermittlungen noch mehr zu verzögern. Liu selbst floh aus Tancheng und versteckte sich irgendwo. Es konnten keine weiteren Zeugen ausfindig gemacht werden, die auszusagen bereit gewesen wären, und das Verfahren wurde eingestellt.

Frau Pengs Mann, Chen Taizhen, starb 1669 an einer Krankheit. Er war nicht wohlhabend gewesen, hinterließ ihr aber ein wenig Geld, etwas Land in der Nähe der Kreisstadt, ein Haus und einen Ochsen. Sie hatten ein Kind, einen Jungen namens Lian, und die Witwe trug nun die Verantwortung, ihn so großzuziehen, daß das Geschlecht seines Vaters würdig in ihm fortbestand.

Die *Lokalgeschichte* enthält zahlreiche Lebensbeschreibungen, die demonstrieren sollen, wie eine Witwe – mit Entschlossenheit und unbeirrbarer Charakterfestigkeit – überleben, ihr Auskommen finden und ihre Kinder zu geachteten Gelehrten oder ihrerseits treuen Ehefrauen erziehen konnte. Eine Frau mit drei Söhnen war mit einundzwanzig Jahren verwitwet; sie zog sie alle erfolgreich auf und lebte bis zu ihrem vierundachtzigsten Lebensjahr.

»Im Unterrichtsgarten«
Zeichnung von Cao Hu
im »Malbuch nach neuer Art« (Huapu caixin)
Lithographie der Halle Shejing, Shanghai, 1885

Frau Li, eine Witwe mit zwei Söhnen, bestimmte einen zur Bestellung des Landes und konnte mit Spinnen Geld für das Studium des anderen auf die Seite legen, der zunächst die örtlichen Prüfungen und danach die auf Provinzebene zum *Juren* bestand. (Er war einer von fünf aus Tancheng, die in einem ganzen Jahrhundert überhaupt diese Ehre erlangten). 1670 waren diese beiden Frauen bereits tot, aber es lebten noch viele andere, die dieses Ideal verkörperten: Frau Du, deren Mann und Schwäger die Mandschu 1643 alle umbrachten, hatte ihre beiden Söhne sowie drei verwaiste Neffen und zwei Nichten aufgezogen, sie war fünfundfünfzig. Frau Liu, mit fünfundzwanzig verwitwet und kinderlos, hatte einen Sohn des Onkels ihres Mannes adoptiert, der sein Geschlecht fortführen und sein gesetzmäßiger Erbe werden sollte; sie war sechsundvierzig. Frau Tian war sechsundfünfzig und hatte, nachdem sie mit neunzehn während ihrer Schwangerschaft Witwe geworden war, ihren Sohn bis ins Mannesalter großgezogen. Das Vorbild aller war Frau Fan aus der Gemeinde Lengcun. Sie war mit einundachtzig Jahren noch am Leben, und die unter ihrer Obhut aufgewachsenen Kinder, ihr eigener Sohn, die zwei Söhne der ersten Frau ihres Mannes und ihr eigener elternloser Enkel, hatten alle erfolgreich die örtlichen Prüfungen abgelegt.

Pu Songlings Haltung solchen Berichten gegenüber war zwiespältig, und er machte sich gelegentlich über die vorgebliche Rechtschaffenheit der Witwen lustig, die mit ihrem Spinnen so beschäftigt schienen:

Eine alte Witwe saß eines Abends beim Spinnen, als ein junges Mädchen die Tür aufstieß und lachend sagte: »Alte Frau, seid Ihr nicht müde?« Das Mädchen schien achtzehn oder neunzehn Jahre alt, ihr Gesicht war schön und ihre Kleider waren von strahlender Eleganz. Die alte Frau fragte sie verwirrt, woher sie komme, worauf das Mädchen erwiderte: »Mich dauerte Euer einsames Dasein, und so wollte ich Euch ein wenig Gesellschaft leisten.« Die Alte argwöhnte, sie sei aus einem reichen Haus davongelaufen, und fuhr fort, sie eindringlich auszufragen. Das Mädchen aber sagte: »Alte Frau, habt keine Furcht. Ich bin ebenso allein auf der Welt wie Ihr. Aus Bewunderung für die Reinheit Eures Lebens kam ich zu Euch. Bleiben wir zusammen und vertreiben wir die Einsamkeit – ist das nicht das allerbeste?« Der Alten kam der Verdacht, sie könnte eine Fuchsfee sein, und ratlos verstummte sie. Das Mädchen jedoch stieg, ohne sich um sie zu kümmern, aufs Bett, wo das Spinnrad aufgestellt war, und begann an ihrer Statt zu spinnen. »Macht Euch keine Sorgen«, sagte es, »damit kann ich mir gut meinen Lebensunterhalt verdienen. Ich werde Euch nicht zur Last fallen.« Ihre Hilfsbereitschaft und Freundlichkeit ließ die Alte ihr Mißtrauen vergessen, und allmählich beruhigte sie sich wieder.

Als es bereits tief in der Nacht war, sagte das Mädchen: »Meine Decken und Kissen, die ich dabei hatte, liegen noch vor Eurer Tür. Wenn Ihr Euch erleichtern geht, so bringt sie mir doch bitte mit.« Die Alte ging hinaus und kehrte mit einer Tasche voller Kleider zurück. Das Mädchen öffnete sie und breitete auf dem Bett ihre Gewänder aus, wundervoll duftende, erlesene Brokatgewebe. Die Alte legte ihre eigene Baumwolldecke zurecht und legte sich mit dem Mädchen auf dem Bett nieder. Kaum hatte das Mädchen sein seidenes Kleid abgestreift, erfüllte ein merkwürdiger Wohlgeruch den Raum. Welch ein Jammer, neben einer solchen Schönheit zu liegen und nicht den Körper eines Mannes zu besitzen, dachte sich die Alte im Stillen. Das Mädchen lächelte von seinem Kissen auf und sagte: »Ihr seid eine alte Frau von siebzig Jahren und hängt noch immer Wunschträumen nach!« Die Alte leugnete, aber das Mädchen fuhr fort: »Wenn es nicht so ist, warum wünschtet Ihr Euch dann, ein Mann zu sein?« Jetzt war die Alte sicher, es mit einer Fuchsfee zu tun zu haben, und ängstigte sich, woraufhin das Mädchen wiederum lächelte und sagte: »Ihr möchtet doch ein Mann sein, wie könnt Ihr Euch da vor mir fürchten?«

Pu Songling verspottete auch die Gentry wegen ihrer dekadenten Verderbtheit und Lüsternheit, während die Verfasser der »Lebensbeschreibungen der Ehren- und Tugendhaften«, die zu ihr zählten, andere mit verschwenderischem Lob überhäuften, gerade weil sie von diesen Eigenschaften frei waren. Frauen wurden aus oft fragwürdigen Beweggründen in die Listen der ›Tugendhaften‹ aufgenommen, gibt Pu zu verstehen, und sein Verdacht läßt sich an Beispielen aus Tancheng zumindest in einer Hinsicht erhärten: Feng Kecan erwähnt, daß er sich das Material für seine Biographien der »Ehren- und Tugendhaften« in seiner *Lokalgeschichte* bei der Gentry beschaffte. Diese Kapitel widerspiegeln zweifellos Wertvorstellungen der Gentry bzw. ihre idealisierte Version; ebenso läßt sich sagen, daß die Gentry eine Art historiographischer Vetternwirtschaft betrieb. So verstanden es vier der örtlichen Verfasser, drei ihrer Mütter und zwei ihrer Schwägerinnen unter den ausgewählten sechsundfünfzig Personen unterzubringen.

Im allgemeinen aber scheint sich Pu den herrschenden Ansichten über die moralische Beständigkeit der Witwen anzuschließen. So gibt in einer seiner Erzählungen ein im Sterben liegender Ehemann seiner Witwe die ausdrückliche Erlaubnis, sich wieder zu verheiraten, doch als sie sich gegen Sitte und Anstand vor Abschluß der Trauerzeremonien einen Geliebten nimmt, übt der tote Ehemann seine gottgewollte Rache an ihr und ihrer Familie aus: Ihr nackter Körper wird im Garten des Hauses ihres Vaters, das in Flammen steht, von Pfeilen durchbohrt aufgefunden. Pu unterscheidet sich von seinen Zeitgenossen allerdings insofern, als seine fiktiven Witwen über eine reiche Kenntnis der Gesetze verfügen und, vertraut auch mit den Kniffligkeiten der Yamenpolitik, durchaus fähig sind, die Männer zu überlisten, die es auf ihr Land abgesehen haben oder ihren guten Ruf gefährden. Besonders fesselten

ihn Probleme, denen sich Witwen bei der Erziehung ihrer Söhne gegenübersahen, und in einer seiner ernsteren Erzählungen, »Xiliu«, spitzt er die Not-
lage der Hauptfigur dadurch zu, daß seine Heldin nicht nur zuerst nicht heiraten will, sondern dann auch mit einem Stiefsohn zurückbleibt, den sie
neben ihrem eigenen Sohn aufzuziehen hat:

Xiliu war die Tochter eines Gelehrten in Zhongdu. Ihre Taille war schlank
und zart, und man nannte sie deshalb scherzhaft die »zierliche Weide«. Xiliu
war ein hochbegabtes Kind und erwarb sich schnell ein umfangreiches litera-
risches Wissen. Besonderen Gefallen fand sie an physiognomischen Bü-
chern. Von klein auf war sie wenig gesprächig und pflegte sich nicht über den
Charakter anderer auszulassen, allein wenn jemand als ihr Freier auftrat, bestand sie darauf, ihn selbst in Augenschein zu nehmen, und hatte an allen, die
sich vorstellten, etwas auszusetzen. Als sie bereits neunzehn war, verloren
ihre Eltern die Geduld. »Niemand auf der Welt ist dir als Mann gut genug.
Willst du bis zu deinem Tod mit Mädchenzöpfen herumlaufen?«, schimpften
sie. Xiliu erwiderte: »Ich wollte mich lange Zeit der himmlischen Ordnung
widersetzen, aber es war mir vorbestimmt zu scheitern. Von jetzt an wünsche ich nichts mehr, als dem Geheiß meiner Eltern zu folgen.«
Ein Gelehrter und bekannter Literat namens Gao, der aus einer hohen Beamtenfamilie stammte, hörte zu jener Zeit von Xilius Ruf und betraute einen
Ehevermittler, Verlobungsgeschenke zu überbringen und um ihre Hand an-
zuhalten. Die beiden heirateten und entwickelten ein tiefes Gefühl füreinan-
der. Gaos Sohn aus einer früheren Ehe, der Changfu hieß und damals fünf
Jahre alt war, wurde von Xiliu so liebevoll umsorgt, daß er ihr jämmerlich
klagend nachlief, wann immer sie ihr Elternhaus besuchte. Er ließ sich nicht
von ihrer Seite locken, und alles Schelten und Schreien hielt ihn nicht zurück.
Nach mehr als einem Jahr gebar Xiliu einen Sohn und nannte ihn Changhu.
Auf Gaos Frage, was der Name zu bedeuten habe, antwortete sie: »Nichts
besonderes. Nur, daß er immer bei seinen Eltern bleiben möge.«
   Xiliu erledigte Näharbeiten flüchtig und war dabei oft unaufmerksam,
doch wenn es darum ging, wo sich ihr Landbesitz befand, wie groß er war
und wieviel Steuern dafür abzuführen waren, vertiefte sie sich in die Haus-
haltsbücher und legte eine pedantische Genauigkeit an den Tag. Nach gerau-

mer Zeit sagte sie zu Gao: »Wie wäre es, wenn du mir unsere Haushaltsfinanzen überließest? Wenn ich sie einmal übernommen habe, wird sich schon herausstellen, ob ich damit umgehen kann oder nicht.« Gao willigte ein und lobte bald ihre hervorragende Arbeit, denn ein halbes Jahr lang mißriet ihr nicht eine einzige Angelegenheit.

Eines Tages aber, als Gao zu einem Bankett im Nachbardorf eingeladen war, erschien ein Yamenbote am Tor und beschimpfte die Gaos als Steuerbetrüger. Es fruchtete nichts, daß Xiliu eine Magd hinausschickte, um ihn zu besänftigen; sie mußte einen Diener losschicken, um Gao herbeizuholen. Nachdem der Bote gegangen war, sagte Gao lachend zu ihr: »Siehst du, selbst der dümmste Mann vermag mehr als die intelligenteste Frau!«

Xiliu brach bei seinen Worten in Tränen aus. Gao nahm sie bestürzt beim Arm und tröstete sie, aber sie wollte sich lange Zeit nicht beruhigen. Er sah mit Unbehagen, wie sie sich mit den Geldproblemen plagte und hätte sie dieser Bürde gerne wieder enthoben, wenn sie es nur zugelassen hätte.

Sie stand früh auf und ging spät zu Bett. Ihre Aufgaben erledigte sie noch gewissenhafter als zuvor. Jedes Jahr legte sie die Steuern für das nächste beiseite, so daß sich nie wieder ein Yamenbote blicken ließ. Ebenso weitsichtig plante sie den Aufwand für Nahrung und Kleidung, und ihre Ausgaben gingen allmählich zurück. Gao neckte sie voller Freude: »Xiliu, was alles ist dir nicht eine Zier – deine Brauen, deine Gestalt, deine Füße und über alle Maßen deine Besorgtheit!« Sie entgegnete: »Dein Name bedeutet ›hoch‹, und dem entsprechen deine Bildung, deine Ideale und Integrität, noch höher aber möge die Zahl deiner Lebensjahre sein!«

Als jemand im Dorf einen schönen Sarg zum Verkauf anbot, schreckte Xiliu nicht vor dem teuren Preis zurück und erwarb ihn, obwohl ihr eigenes Geld nicht ausreichte und sie Verwandte und Freunde um Kredit angehen mußte. Gao hielt den Kauf für überflüssig und versuchte, sie mit aller Entschiedenheit davon abzubringen, aber sie beharrte darauf und fügte sich ihm nicht. Über ein Jahr danach gab es in einer reichen Familie einen Todesfall, und man bot Xiliu den doppelten Preis dafür. Gao sah die Möglichkeit eines lukrativen Geschäfts, doch als er mit Xiliu darüber sprach, lehnte sie rundweg ab. Auf seine Frage nach ihrem Grund gab sie keine Antwort und als er die Frage wiederholte, standen ihr Tränen in den Augen. Gao schien das sehr sonderbar, aber er wollte ihrem Wunsch nicht direkt zuwiderhandeln und ließ die Sache auf sich beruhen.

Wieder verging ein Jahr, und Gao war inzwischen fünfundzwanzig Jahre alt. Xiliu sträubte sich dagegen, daß er größere Entfernungen zurücklegte.

Wenn er sich mit der Heimkehr verspätete, schickte sie Diener aus, ihn abzu-holen und zurückzubegleiten, und seine Freunde machten sich mit abschätzi-gen Worten über sie lustig.

Eines Tages, als Gao bei Freunden zum Wein geladen war, fühlte er sich unwohl, verabschiedete sich und ritt nach Hause. Auf halbem Weg fiel er vom Pferd und starb. Es herrschte gerade eine drückende Sommerschwüle, doch glücklicherweise lagen die Totenkleider schon bereit, und die Leute im Dorf bewunderten Xilius Voraussicht.

Changfu war nun zehn Jahre alt und hatte begonnen, die klassischen Bü-cher zu studieren. Nach dem Tod des Vaters verlor er allen Gefallen daran, wurde faul und bequem, und lief davon, wenn sich die Gelegenheit bot, um mit den Hirtenjungen zu spielen. Die Mutter ermahnte ihn, schalt ihn aus und ließ ihn sogar die Rute spüren, doch seine Pflichtvergessenheit besserte sich nicht im mindesten. Schließlich sah sie keinen Ausweg mehr und erklärte ihm: »Du hast nicht die geringste Lust zu lernen, und ich kann dich nicht dazu zwingen. Nur sind wir nicht so reich, daß wir uns Müßiggänger leisten kön-nen. Ab sofort wirst du andere Kleider tragen und als Hirtenjunge arbeiten. Wenn du nicht willst, setzt es Prügel, und alle Reue kommt dann zu spät!«

Sie nahm ihm seine Kleider ab und steckte ihn in eine abgetragene, löch-rige Baumwollkluft. Von nun an hütete Changfu Schweine, und wenn er nach der Arbeit heimkehrte, nahm er sich wie die anderen Hirten seine irdene Schale und füllte sie mit Reisbrei. Schon nach wenigen Tagen hielt er es nicht mehr aus, kniete sich weinend vor die Haupthalle und flehte darum, wieder studieren zu dürfen. Die Mutter aber sah durch ihn hindurch, als sei er Luft für sie, und tat, als hörte sie ihn nicht. Es blieb ihm nichts anderes übrig, als sei-nen Hirtenstock aufzunehmen und zu seiner Schweineherde zurückzugehen.

Der kalte Herbst näherte sich seinem Ende, und Changfu besaß keine war-men Kleider und keine Schuhe. Mit hängendem Kopf ging er umher wie ein Bettler. Die Dorfbewohner bemitleideten ihn, und alle mit Kindern aus einer früheren Ehe ließen sich Xilius Beispiel eine warnende Lehre sein. Hinter ih-rem Rücken ließ man kein gutes Haar an ihr, doch die Verleumdungen, die Xi-liu allmählich zu Ohren kamen, berührten sie nicht.

Schließlich ertrug Changfu die Strapazen nicht länger. Er ließ seine Schweineherde im Stich und lief davon. Xiliu griff nicht ein; weder ließ sie nach ihm suchen, noch erkundigte sie sich nach ihm. Nach Ablauf einiger Monate stand Changfu keine Tür mehr offen, an der er sich etwas hätte er-betteln können, und spindeldürr, nur noch Haut und Knochen, kehrte er zu-rück. Er fand nicht den Mut, allein sein Zuhause zu betreten und beschwor eine alte Nachbarin, zu seiner Mutter zu gehen und Fürsprache für ihn einzulegen. Xiliu sagte zu ihr: »Wenn er hundert Schläge auf sich nimmt,darf er eintreten, wenn nicht, soll er auf der Stelle verschwinden.«

Als Changfu das vernahm, stürzte er herein, warf sich auf die Knie und verlangte bitterlich weinend, die Strafe zu vollziehen. Xiliu sagte: »Wirst du dich jetzt bessern und bereust?« Er antwortete: »Ich bereue.« Sie fuhr fort: »Wenn du einsichtig bist, bedarf es keiner Schläge. Du kannst zu den Schweinen zurückgehen und wirst sie brav hüten, wie es dir zukommt. Läßt du dir nochmals etwas zuschulden kommen, wird es keine Nachsicht mehr geben.« Changfu erwiderte unter Tränen: »Ich würde gerne die hundert Schläge ertragen, wenn ich nur wieder studieren dürfte.«

Xiliu wollte nicht darauf hören, aber die alte Frau, die Changfu begleitet hatte, drang ebenfalls in sie, bis sie endlich nachgab. Sie hieß ihn ein Bad nehmen, kleidete ihn neu ein und schickte ihn zusammen mit seinem Bruder Changhu zu dessen Lehrer. Changfu schien wie verwandelt, er zeigte sich lernbegierig und hochintelligent und legte im dritten Jahr erfolgreich die Kreisprüfungen ab. Der Provinzgouverneur, der seine Aufsätze zu Gesicht bekam, hielt große Stücke auf ihn und stattete ihn mit einem kleinen Stipendium aus.

Changhu hingegen erwies sich als ungeheuer unverständig. Noch nach einigen Jahren beherrschte er nicht einmal die Schriftzeichen seines eigenen Namens. Seine Mutter befahl ihm, das Studium abzubrechen, und teilte ihn zur Feldbestellung ein, ihm aber behagte das Faulenzen mehr als die harte Arbeit. Seine Mutter ließ ihm eine Tracht Prügel verabreichen und schimpfte ihn aus: »Jeder anständige Mensch geht einem Beruf nach, du aber willst weder studieren noch auf dem Feld arbeiten. Du möchtest wohl im Elend enden!? Nicht einmal ein Stück Land für deine Beerdigung wird dir bleiben!« Sie befahl ihm, jeden Morgen mit den Knechten aufs Feld zu gehen, und wenn er verschlief, weckte sie ihn mit einer Schimpftirade. Die guten Kleider und Speisen ließ sie dem älteren Bruder zukommen, und Changhu spürte die Zurücksetzung, obwohl er nicht zu protestieren wagte.

Als die Erntezeit vorüber war, gab ihm die Mutter etwas Geld, damit er lernte, Handel zu treiben. Er verließ das Haus und kehrte erst wieder zurück, nachdem er es bei Huren und beim Glücksspiel durchgebracht hatte. Seiner Mutter log er vor, er sei von Wegelagerern ausgeraubt worden. Als der Schwindel aufflog, befahl Xiliu, ihn zu schlagen bis er halbtot war. Um Erbarmen flehend kniete Changfu neben seinem Bruder nieder, erst das besänftigte ihren Zorn.

Seitdem ließ sie Changhu überwachen, sobald er zur Tür hinausging. Nun hielt er sein zügelloses Verhalten einigermaßen in Zaum, jedoch nur gezwungenermaßen und nicht aus eigenem Antrieb. Eines Tages bat er seine Mutter, sie möge ihn mit ein paar Kaufleuten nach Luoyang ziehen lassen, um Geschäfte zu machen. In Wahrheit sann er auf eine Gelegenheit, seinen frivolen Begierden zu frönen, und das Herz schlug ihm bis zum Hals, aus Furcht, sein Ansinnen könnte zurückgewiesen werden. Xiliu hörte sich seine Bitte an und überreichte ihm, ohne eine Spur von Argwohn zu zeigen, dreißig Taels Silber für die Zusammenstellung des Reisegepäcks. Dazu gab sie ihm einen Goldbarren und sagte: »Dies hier stammt aus der Hinterlassenschaft deiner Ahnen. Du darfst damit nicht leichtfertig umgehen. Spare es dir für den Notfall auf. Du gehst auf eine weite beschwerliche Reise und versuchst dich zum ersten Mal als Kaufmann. Ich erwarte von dir nicht, daß du viel verdienst, und wäre bereits zufrieden, wenn du die dreißig Taels nicht verschwendest.« Bei seiner Abreise schärfte sie ihm dies nochmals ein. Changhu versprach es und machte sich frohgemut und zufrieden mit sich selbst auf den Weg.

In Luoyang angelangt, sagte er seinen Reisegenossen mit freundlichen Worten Lebewohl und stieg im Bordell der berühmten Kurtisane Li ab. Nachdem er dort etwa zwei Wochen zugebracht hatte, waren seine dreißig Taels dahingeschmolzen, was ihn jedoch, da er den Goldbarren noch in Reserve hatte, gleichgültig ließ. Als er ihn aber anbrechen mußte, entdeckte er, daß er aus falschem Gold war. Vor Schrecken wich ihm die Farbe aus dem Gesicht. Er war tief beunruhigt; seine Börse war leer, und er konnte sich an niemanden um Hilfe wenden. Die Bordellwirtin, die von seiner mißlichen Lage erfuhr, überschüttete ihn mit beißendem Hohn. Seine einzige Hoffnung war, daß die nächtlichen Freuden der vergangenen zwei Wochen die Kurtisane Li für ihn eingenommen hatten und sie ihn nicht sogleich hinauswerfen würde.

Kurz darauf aber drangen zwei Männer mit Stricken in sein Zimmer ein und trieben ihn gefesselt hinaus. Voller Angst verlangte er den Grund zu wissen und erfuhr, daß Fräulein Li das Falschgold entwendet und ihn ohne zu zögern bei den Behörden angezeigt hatte. Vor den Magistrat gebracht, ließ ihn dieser, ohne seine Erklärungen abzuwarten, fast zu Tode prügeln. Dann warf man ihn ins Gefängnis, wo er, da er kein Geld besaß, von den Aufsehern weiter schwer mißhandelt wurde und nur noch mit letzter Kraft, bei seinen Mitgefangenen um Essen bettelnd, den Tod hinauszögerte.

Kurz nachdem Changhu abgereist war, sagte seine Mutter zu Changfu: »Merke dir, ich muß dich in zwanzig Tagen nach Luoyang schicken. Ich habe

*»Bordellszene« Holzplattendruck (Xylographie) aus
den Lienü zhuan der Ming-Dynastie*

zur Zeit sehr viel zu tun und könnte so unachtsam sein, es zu vergessen.« Changfu fragte sie, was er in Luoyang tun solle, aber als er sie anblickte, wirkte sie so schmerzerfüllt und verzweifelt, daß er es nicht über sich brachte, weiter in sie zu dringen. Erst nach zwanzig Tagen fragte er sie erneut. Sie antwortete: »Dein Bruder benimmt sich so leichtsinnig und liederlich wie du einst, als du das Studium aufgabst. Wo wärst du heute, wenn ich die üble Nachrede der anderen gescheut hätte? Sie halten mich für unbarmherzig, aber wer weiß schon, wie oft ich nachts die Kissen naß weine«, und die Tränen liefen ihr über das Gesicht. Changfu stand ehrerbietig neben ihr und hielt seine Fragen zurück. Als sie sich wieder gefaßt hatte, sagte sie zu ihm: »Dein Bruder wollte sich nicht bessern. Ich gab ihm absichtlich einen Barren Falschgold mit, um ihm eine Lehre zu erteilen, und ich glaube, daß er jetzt bereits im Gefängnis sitzt. Der Gouverneur hält viel von dir. Bitte ihn um den Gefallen, deinen Bruder vor dem Tode zu retten, damit er endlich seine Schande begreift und in sich geht.«

Changfu brach auf, ohne zu säumen. Am dritten Tag von Changhus Einkerkerung traf er in Luoyang ein und begab sich sofort zu seinem Bruder ins Gefängnis. Changhu war dem Tode nahe, und sein Gesicht war fahl wie das eines Gespenstes. Als er seinen Bruder erblickte, brach er in Tränen aus und vermochte nicht mehr den Kopf zu heben. Auch Changfu begann zu weinen. Da bekannt war, daß er in der besonderen Gunst des Gouverneurs stand, und der Magistrat hörte, daß Changhu sein Bruder war, ließ er ihn frei.

Changhu hatte große Angst vor dem Zorn der Mutter. Bei der Ankunft sank er auf die Knie und rutschte zu ihr hin. Xiliu musterte ihn und fragte: »Haben sich deine Wünsche nun erfüllt?« Changhu weinte und brachte kein einziges Wort über die Lippen. Erst als sich Changfu neben ihn hinkniete, beschimpfte sie ihn und hieß beide aufstehen.

Von diesem Tag an änderte sich Changhu von Grund auf. Er verwaltete sorgfältig die Haushaltsgelder, und wenn er versehentlich etwas nachlässig war, zankte Xiliu ihn nicht aus und kümmerte sich nicht darum. Es vergingen einige Monate, in denen er niemandem von seinem Wunsch erzählte, Kaufmann zu werden. Er wollte ihn seiner Mutter selbst vortragen, brachte aber den Mut doch nicht auf und wandte sich an seinen Bruder. Als Xiliu davon erfuhr, war sie hocherfreut, verpfändete einige ihrer Habseligkeiten und gab ihm das Geld. Nach einem halben Jahr hatte er es verdoppelt, und sein Bruder bestand im Herbst desselben Jahres die Provinzprüfungen. Drei Jahre später errang er den höchsten akademischen Titel, während Changhu inzwischen ein großes Vermögen angehäuft hatte.

Ein Reisender aus Luoyang bekam Xiliu auf der Durchreise kurz zu Gesicht. Sie stand bereits in den Vierzigern, wirkte aber wie eine Frau von knapp über dreißig. Ihre Kleidung war schlicht, nicht anders als die des einfachen Volks.

Das Geld steht nicht im Mittelpunkt dieser Geschichte, auch wenn es eine wesentliche Rolle für den Fortgang der Handlung spielt. Es geht vielmehr um das vielschichtige Durch- und Nebeneinander von Mitleid, Disziplin und einer fehlgeleiteten, aber machtvollen öffentlichen Meinung. In anderen Erzählungen zeigt Pu Songling jedoch, wie Nachbarn und Verwandte über eine Witwe herfallen und sie bis auf ihren letzten Heller ausplündern konnten. Sie nahmen sich mit Hilfe von Gerichtsverfahren oder physischer Bedrohung ihr Land, verfolgten sie mit zudringlicher Freundlichkeit, verführten ihre Erben zu sexuellen Ausschweifungen oder überredeten sie, ihre Erbschaft zu verspielen.

Auch in Tancheng finden sich Beispiele für den finanziellen Druck, der auf Witwen lastete, obwohl er sich verwirrenderweise oft hinter dem ›guten Rat‹, sich wiederzuverheiraten, verbarg. So enthält die *Lokalgeschichte* in der Kurzbiographie der Witwe Wu, die mit einem einjährigen Säugling zurückblieb, die folgende Passage: »Nachdem auch ihre Schwiegermutter gestorben war, wollte der ältere Bruder ihres früheren Ehegatten, daß sie wieder heiratete. Frau Wu schnitt sich das Haar ab und entstellte ihr Gesicht, übergab schließlich aber ihren ganzen Besitz dem Schwager und zog mit ihrem Sohn zu ihrer Mutter, wo er von der Sippe adoptiert wurde.« Der Tod der Witwe An wird folgendermaßen beschrieben: »Sie war nur ein halbes Jahr verheiratet gewesen, als ihr Mann einer schweren Krankheit zum Opfer fiel. In ihrem Kummer gelobte sie unter Tränen, mit ihm zu sterben, aber niemand glaubte ihr. Am nächsten Tag entfachte sie ein Feuer und verbrannte ihre Aussteuer und ihre anderen Kleider. Ihre Schwiegereltern konnten sie nicht zurückhalten und riefen die anderen Sippenangehörigen zu Hilfe. Frau An schlug sich auf die Brust und rief immer wieder: ›Mein Mann, du bist gestorben, und ich werde dir folgen!‹ Kurz darauf versuchte sie, sich ins Feuer zu stürzen, wurde aber von einer Nachbarin gerettet. Man hielt sie unter scharfer Beobachtung, doch am darauf folgenden Tag verleitete sie ihre Schwiegermutter, aus dem Zimmer zu gehen, verriegelte die Tür und erhängte sich. Sie war achtzehn Jahre alt.«

Schließlich lesen wir im Fall der Witwe Gao, deren Mann bei der Plünderung Tanchengs 1643 erschlagen wurde: »In jener Zeit, als ihre Familie finanziell ruiniert war, Soldaten und Banditen die Gegend unsicher machten und kein Ort Sicherheit und Frieden bot, mußte sie mit ihrem kleinen Sohn die Einsamkeit und das Elend des Witwenstands ertragen. Ihre Sippenverwandtschaft versuchte, sie zu einer Wiederverheiratung zu bewegen, um Frau Gaos Vermögen in ihre Gewalt zu bekommen; sie aber verunstaltete ihr Gesicht und schwor, eher zu sterben, als erneut zu heiraten. Sie trug ihre Sache dem Magistrat vor und gelobte weinend, niemals einem anderen Mann anzugehören. Das Begräbnis ihres Gatten beging sie in tiefer Trauer und nahm sieben Tage lang nichts zu sich. Ihren Sohn lehrte sie lesen, damit er nicht hinter das Beispiel seines Vaters zurückfalle. Sie kämpfte mit tausenderlei Schwierigkeiten und quälte sich fortwährend mit Geldproblemen, aber je größer ihre Mühen waren, desto entschiedener war ihr Verhalten, und das über dreißig Jahre hinweg. Ihr Sohn wuchs wohlerzogen auf und wurde wie sie ein Mensch von aufrechtem Charakter und hohen Grundsätzen.«

Es scheint gewiß, daß der Wendepunkt, der in jedem der Fälle über den Ausgang der Angelegenheit entschied – Vermögensverzicht bei Frau Wu, Selbstmord bei Frau An und Hilferuf an die Behörden bei Frau Gao –, mit einem speziellen Paragraphen in den *Gesetzestexten der Qing* zusammenhing, der sich auf die Rechte der Witwen und die Regelung der Erbschaftsfragen bezog. Das im Namen des Staates veröffentlichte und fortlaufend vom Justizministerium aktualisierte Gesetzbuch behandelte nicht nur eindeutige Verbrechen, sondern bestimmte auch mit Regelwerk und maßgebenden Interpretationen die Rechte und Pflichten der Chinesen für alle Lebensbereiche, wobei das Eheleben nicht ausgenommen war. Der einschlägige Absatz (im wirtschaftlichen Teil der *Gesetzestexte* enthalten) lautete: »Im Falle einer Wiederverheiratung der Witwe geht das Vermögen ihres Mannes mitsamt der in die Ehe eingebrachten Mitgift in die Hände der Familie ihres früheren Mannes über.« Diese Klausel, die ursprünglich eine Witwe zur Treue ihrem verstorbenen Gatten gegenüber anhalten sollte, hatte eine ganz und gar negative Wirkung, wenn dessen Verwandten, weit davon entfernt, die Witwe in ihren Treuegefühlen zu bestärken, sie gegen ihren Willen zu einer neuerlichen Heirat drängten. Sie konnten sich dadurch nicht nur der Unterhaltsverpflichtungen für sie und ihre Kinder entledigen, sondern unter Umständen auch erhebliche Vermögensgewinne einstreichen.

Diese Klausel der *Gesetzestexte* macht verständlich, welchem Druck Frau Peng in Tancheng im Frühling und Frühsommer 1670 ausgesetzt war. Sie erfüllte einen Teil ihrer Verpflichtungen sofort, indem sie ihren Sohn Lian in die Dorfschule einschrieb. Die Schule war klein, und der Lehrer war auf die Er-

gänzung seiner Einkünfte durch die Bestellung seiner Felder angewiesen. Aber für Lian war diese erste Etappe wichtig, wenn er wie sein Vater den Status und das Ansehen eines Gelehrten erreichen wollte. Doch die Verwandten des Ehemannes stellten sich von Anfang an quer und begannen, die Witwe zu drangsalieren. Die Hauptübeltäter waren ihres Sohnes Vettern zweiten Grades, die drei Brüder Chen Guolin, Chen Guoxiang und Chen Guolian. Der jüngste von ihnen nahm sich ihren Ochsen und weigerte sich, ihn zurückzugeben; ein schwerwiegender Vorfall, denn ein Ochse war nicht nur ein lebenswichtiges Arbeitstier für das Pflügen der Äcker, sondern galt auch als hochgeschätzter Beweis für den Status einer Familie, der, sofern nicht bei der Arbeit, für alle sichtbar vor dem Hofeingang angebunden war. Nachdem er sich den Ochsen geholt hatte, erpreßte Chen Guolian drei Taels von Frau Peng. Der mittlere Bruder Chen Guoxiang zog unaufgefordert in ihr Haus und versuchte, sie daraus zu vertreiben. Das Sippenoberhaupt Chen Sanfu kam ihr nicht zu Hilfe, ebensowenig wie der adoptierte Bruder ihres Mannes, Chen Taixiang. Aber so sehr man sie auch zur Aufgabe ihres Heims nötigen und ihr zu ihrem Schutz und dem ihres Sohnes einen Ehemann aufdrängen wollte, sie blieb unbeirrt. Frau Peng gelobte, ihr Heim niemals freiwillig zu verlassen und es kam zu einem heftigen Zusammenstoß mit dem Vetter Chen Guoxiang, der ihr versprach: »Ich werde dafür sorgen, daß dir kein einziger Fetzen mehr bleibt.«

Die *Gesetzestexte* beinhalteten auch die folgende Bestimmung: »Eine Frau, deren Mann stirbt, soll sein Vermögen erben, wenn sie keinen Sohn hat, an den es übergehen kann; in einem solchen Fall aber hat das Sippenoberhaupt unter Berücksichtigung des Verwandtschaftsgrades einen Erben zu bestimmen, der dieses Vermögen erbt.« Aus Chen Guoxiangs Drohung und seinen späteren Handlungen wird ersichtlich, daß ihm zumindest der grobe Inhalt dieser Bestimmung bekannt war und er sie sich zunutze machen wollte. Falls der Knabe Lian starb und das Gesetz befolgt wurde, würden die drei Brüder zu Erben werden, denn der Stammbaum der Familie Chen bot 1670 folgendes Bild:

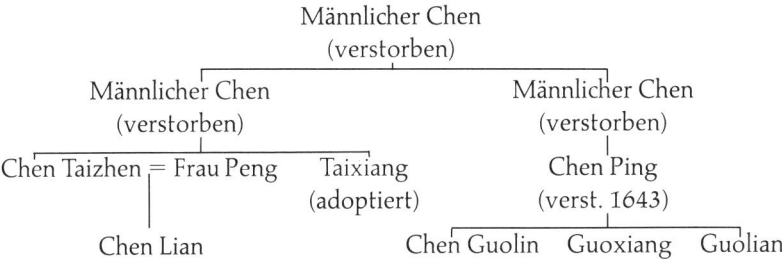

Chen Lians Onkel, Taixiang, schied nach dem Gesetz als Erbe aus, da er einer anderen Abstammungslinie angehörte und von einem Vater adoptiert worden war, der bereits einen natürlichen Sohn besaß. In Fragen der Erbschaft besaß er keinen Vorrang vor anderen männlichen Verwandten, die direkt von den Chen-Vorfahren abstammten. Den drei Brüdern Chen stellte sich nun das Problem, den Knaben Chen Lian um den Preis einer minimalen Strafe zu töten, die dem Genuß des Erbes nicht im Wege stand. Schließlich fand Chen Guoxiang eine Lösung, deren Schlüssigkeit auf den Wirren der Vergangenheit beruhte und die aufs neue eine gewisse Kenntnis der Gesetze voraussetzte. Als die Mandschu 1643 Tancheng plünderten, hatte der Vater der drei Brüder, Chen Ping, wie viele andere sein Leben verloren, aber seine Leiche war nie gefunden worden, und niemand wußte, wie und wo er den Tod gefunden hatte. Chen Guoxiang entschloß sich, eine Geschichte zu erfinden, wonach Chen Lians Vater seinen, Chen Guoxiangs Vater umgebracht habe. Er habe als pflichtbewußter Sohn vor Wut gekocht und schließlich seinen toten Vater gerächt, indem er zwar nicht den Mörder, der mittlerweile tot war, aber seinen engsten Verwandten, den Sohn des Mörders, tötete. Um diesen Akt der Blutrache dreißig Jahre nach dem Tod seines Vater zu erklären, würde er behaupten, daß er vor der Tat schwer getrunken habe.

In den *Gesetzestexten der Qing* existierte tatsächlich eine Klausel, die sich auf die Rache der Söhne für ihre Väter bezog, obwohl die Chens sie nicht im einzelnen kannten. Der genaue Text lautete: »Wird ein Eltern- oder Großelternteil von jemandem angegriffen und der Enkel oder Sohn greift zu dessen Schutz *sofort* ein und attackiert seinerseits den Angreifer, so soll er straffrei ausgehen, sofern er niemanden verletzt. Verletzt er den Angreifer, so soll er in Übereinstimmung mit den gesetzlichen Maßregeln über tätliche Angriffe bestraft werden, wobei ihm mildernde Umstände dritten Grades zuerkannt werden, tötet er ihn, so soll er die Strafe für gewöhnlichen Totschlag erhalten. Wird ein Großeltern- oder Elternteil von einem Angreifer umgebracht und richtet ihn der Sohn oder Enkel auf eigene Faust und tötet ihn, ohne den Vorfall den Behörden anzuzeigen, so soll er sechzig Schläge erhalten, tötet er den Mörder *sofort*, soll er straffrei ausgehen.«

Beamte des Justizministeriums waren auf die Bedeutung des Wortes ›sofort‹ in beiden Absätzen aufmerksam geworden und hatten 1646 eine kurze Ergänzung hinzugefügt: Wenn der Sohn oder Enkel nicht »sofort«, sondern erst »nach einer Weile« handelte, so sollte er gemäß den allgemeinen gesetzlichen Bestimmungen über tätliche Angriffe abgeurteilt bzw., falls er den Mörder seiner Eltern umbrachte, entsprechend den Gesetzen über »die unbefugte Tötung einer hinzurichtenden Person« bestraft werden, d. h. mit einer Prügelstrafe von hundert Schlägen.

Die Gebrüder Chen, die mit den genauen Ausführungen dieses Gesetzes nicht vertraut waren, nahmen an, daß »Söhne, die den Tod des Vaters rächten«, generell auf die Milde der Rechtsprechung hoffen durften. In der Tat traf dies auf frühere Epochen der chinesischen Geschichte zu, doch hatte man die nunmehr gültige Präzisierung gerade zur Eindämmung derartiger Racheakte in die *Gesetzestexte* aufgenommen. Die drei Brüder bedachten nicht, daß vor dem Gesetz weder die verstrichenen siebenundzwanzig Jahre vertretbar waren, noch der Sohn als geeigneter Ersatz für den Mörder selbst anerkannt würde.

Am 6. Juli 1670 ging der mittlere der drei Brüder, Chen Guoxiang, zur Schule in Tancheng, wo der Knabe Chen Lian mit seinen Kameraden die Schulbank drückte. Er trug eine Art Paddel mit sich, hölzern und schwer, wie man es zum Schlagen der Wäsche benutzte. Der Lehrer war nicht da. Chen Guoxiang setzte sich ans Pult und fragte die Kinder, wo der Lehrer sei. Sie antworteten, daß er draußen auf seinen Feldern arbeitete. Daraufhin griff sich Chen Guoxiang den kleinen Lian und zerrte ihn aus dem Schulzimmer, das am Rand einer Tempelanlage lag. Vor dem Schrein Guanyins, der Göttin der Barmherzigkeit, erschlug er den Knaben.

Am nächsten Morgen stellte sich Chen Guoxiang den Behörden. Er gab den Mord zu, behauptete aber, aus Pietät zu seinem Vater und unter Alko-

Kopf einer Guanyin
Holzskulptur der Tang-Zeit

holeinfluß gehandelt zu haben. Er sagte aus, er habe Chen Lian zufällig im Tempel getroffen, und diese Begegnung habe den Racheakt ausgelöst. Seine Rechtfertigung brach schnell zusammen, als die Schulkinder bezeugten, daß er nüchtern ins Schulzimmer gekommen war und vor ihren Augen Chen Lian zu schlagen begonnen hatte. Die drei Brüder verwickelten sich obendrein in widersprüchliche Aussagen über den Ort, wo ihr Vater so viele Jahre zuvor von Chen Taizhen angeblich ermordet worden war, und konnten niemanden beibringen, der sie vor dem Sommer 1670 jemals von Rache hatte sprechen hören. Es stellte sich heraus, daß sie mit dem angeblichen Mörder ihres Vaters nahezu dreißig Jahre lang in gutem Einvernehmen gelebt hatten. Chen Taizhen war, wie der Magistrat sarkastisch bemerkte, das große Glück widerfahren, während dieser ausgedehnten Zeitspanne niemals seinem Neffen zu begegnen, wenn dieser betrunken war.

Chen Guoxiang wurde daher nicht, wie er hoffte, nach dem Paragraphen zur Rache aus Pietätsgründen abgeurteilt, sondern nach Maßgabe gänzlich anderer Strafgesetze, nämlich derjenigen über »tätliche Mißhandlung eines Verwandten zweiten, dritten oder vierten Grades«. Nach Ansicht des Magistrats war angesichts der Verwandtschaftsbeziehungen von Mörder und Opfer Anklage wegen »Totschlags eines Verwandten dritten Grades« zu erheben. Es spielte so keine Rolle, ob Chen Guoxiang älter oder jünger als Lian war, und da er die Tat vorsätzlich begangen hatte, wurde er zum Tod durch Erdrosseln verurteilt.

Frau Peng erhielt weder ihren Ochsen noch ihre drei Taels zurück, denn der jüngste der drei Brüder, der sie ihr weggenommen hatte, floh aus Tancheng über die Kreisgrenze und tauchte unter. Da ihr Sohn tot war und sie keinen männlichen Verwandten mehr hatte, der direkt von ihrem Ehemann abstammte, oblag es dem Sippenoberhaupt, ein Mitglied eines anderen Zweigs der Familie Chen zu ihrem Erben zu benennen.

Die Fehde

Pu Songling kannte sich in Familienstreitigkeiten aus. Sein frühes Eheleben beschrieb er so:

Ich war der dritte Sohn meines Vaters und über zehn Jahre alt, als ich verlobt wurde. Meine Eltern erfuhren, daß ein gewisser Herr Liu bereit war, seine Tochter zu verheiraten, und begannen durch einen Ehevermittler mit ihm zu verhandeln. Als andere Leute gegen meinen Vater seiner Armut wegen Einwände vorbrachten, erwiderte Herr Liu: »Ich habe gehört, daß er den Unsterblichen gleicht, die auf Erden gedemütigt wurden; er lehrt seine Söhne lesen und müht sich trotz seiner Armut unablässig mit ihrer Erziehung ab. Sein Verhalten gibt mir die Gewißheit, daß sie nicht vom rechten Weg abkommen werden. Was macht es also aus, daß er arm ist?« Nachdem der Vertrag geschlossen war, kamen 1655 Gerüchte auf, daß der Kaiserhof unter den Töchtern guter Familien Konkubinen für den Kaiser aussuchen werde, und jedermann geriet darüber in große Besorgnis. Zunächst glaubte Herr Liu nicht daran, aber da er nicht starrsinnig sein mochte, schloß er sich dem allgemeinen Beispiel an und brachte seine Tochter im Haus seines angehenden Schwiegersohnes in Sicherheit. Damals war sie zwölf Jahre alt und schlief im selben Zimmer wie ihre künftige Schwiegermutter, Frau Dong. Als die Gerüchte sich verflüchtigten, kehrte sie nach Hause zurück.

Wir heirateten zwei Jahre später. Sie war eine liebevolle Frau, von schmuckloser Ausdrucksweise und nicht geschwätzig, und wenn sie nicht so aufgeweckt war wie ihre Schwägerinnen, so verhielt sie sich auch nicht so ungehörig zu ihrer Schwiegermutter wie jene. Meine Mutter sagte über sie, sie habe das Herz eines Neugeborenen. Sie war entzückt von ihr, gewann sie am meisten von allen lieb und stellte sie vor allen Besuchern heraus. Das brachte die Frau meines ältesten Bruders gewaltig gegen sie auf. Sie tat sich mit den anderen Schwägerinnen gegen meine Frau zusammen, warf meiner Mutter Günstlingswirtschaft vor und mäkelte ständig an ihr herum. Meine Mutter aber verhielt sich nach wie vor ehrenhaft und gerecht; sie schützte meine Frau mit ihrer Zuneigung als sei sie ihr eigenes Kind, wie sie es auch mit dem Sohn der Konkubine gehalten hatte, und gab zu keinerlei Klagen Anlaß.

Dennoch bedienten sich die anderen Schwiegertöchter der billigsten Vorwände, um an meiner Mutter herumzunörgeln. Ihre Zungen standen niemals still, und sie hielten damit die ganze Familie in einem fort in Atem. Schließlich wurde es meinem Vater zu bunt, und er teilte seine zweieinhalb Hektar Land unter seine Söhne auf. Es war ein schlechtes Jahr, und wir ernteten nur fünf Maß Buchweizen und drei Maß Hirse. Die anderen weigerten sich, beschädigtes Werkzeug zu übernehmen und zankten sich um das brauchbarste, aber meine Frau schwieg dazu, als sei sie stumm. Zuletzt zogen meine Brüder in getrennte Wohnungen im Hauptgebäude, die mit einer Küche und einem gut eingerichteten Wohnzimmer ausgestattet waren. Ich mußte als einziger ausziehen und landete in einer heruntergekommenen Bauernhütte mit drei Zimmern, in denen keine Wand mehr unversehrt war. Sie war von kleinen Bäumen eng umstanden, und alles war bedeckt von einem Gestrüpp aus Unkraut und Dornen.

Vor dem Hintergrund dieser Erfahrungen entstanden einige von Pu Songlings grausamsten Erzählungen. In einer von ihnen entzweien sich die Brüder und Stiefbrüder einer großen Familie – ein jeder nach einer untadeligen konfuzianischen Tugend benannt – in einer Serie immer heftigerer Zusammenstöße. Ausgehend von seiner Kenntnis lokaler Banden und den weitverbreiteten Geschichten und Legenden, zeichnet er das schonungslose Bild einer Schrecken und Terror ausgesetzten Gemeinschaft und zeigt, wie Elend und Armut zu Rücksichtslosigkeit und plötzlicher, blinder Gewalt führten, die kaum unter Kontrolle zu bringen waren. Pu Songling setzte wenig Vertrauen in das Vermögen der Beamten, Gefahren dieser Art Herr zu werden, und die Moral der folgenden Erzählung über Cui Meng ist ganz einfach die, daß derartige Ausbrüche von Gewalt in letzter Instanz vom Willen des Individuums gezügelt werden müßten; geschahen sie zum Nutzen der Gemeinschaft, so bestand die Hoffnung, daß sie letztlich die Nachlässigkeit der Beamten wettmachen und den einfachen Leute dazu verhelfen konnten, sich selbst zu schützen.

Cui Meng, »Cui der Gewalttätige«, der den Beinamen »Wumeng«, der »Gewaltlose«, trug, war der Sohn einer angesehenen Familie in Jianchang. Er kannte keine Furcht und war von gnadenloser Strenge. Bereits als Kind antwortete er auf die geringsten Kränkungen durch seine Schulkameraden mit wütenden Schlägen, und sein Lehrer, der ihn mehrfach erfolglos verwarnte, gab ihm den Namen wie auch den Beinamen.

Mit sechzehn oder siebzehn Jahren war Cui Meng ein willensstarker und unerschrockener Bursche, der die Kampfkunst beherrschte wie kein zweiter und sich mit einem langen Stab auf die Dächer hoher Häuser schwang, aber auch entschlossen Ungerechtigkeiten entgegentrat. Man bewunderte ihn im ganzen Kreis, und diejenigen, denen ein Unrecht widerfahren war, drängten sich auf seinen Treppen und füllten seine Wohnräume. Er half den Schwachen und wies die Reichen in ihre Schranken, und es war ihm einerlei, wenn er dabei ihren Haß auf sich zog. Trat ihm jemand in den Weg, attackierte er ihn mit Steinen oder Knüppeln und richtete ihn böse zu. Wenn er in Zorn geriet, wagte niemand, sich ihm entgegenzustellen. Allein seiner Mutter bewies er grenzenlosen Respekt, und sobald sie erschien, bezähmte er sich augenblicklich. Ihren Zurechtweisungen widersprach er nie, doch kaum war sie zur Tür hinaus, waren alle ihre Vorhaltungen vergessen.

Im Nachbarhaus lebte eine bösartige Frau, die ihre Schwiegermutter grausam mißhandelte. Als diese schon dem Hungertod nahe war, gab ihr Sohn ihr heimlich zu essen. Die Schwiegertochter, die ihn dabei ertappte, begann zu zetern und zu toben, und der Lärm ihres Geschreis war in der ganzen Nachbarschaft zu hören. Cui Meng kletterte in kalter Wut über die Mauer und drang in das Haus ein. Er schnitt ihr Nase, Ohren, Lippen und Zunge ab, und sie verblutete.

Cui Mengs Mutter war tief erschüttert. Sie ließ den Nachbarn zu sich rufen und versuchte alles, um ihn zu trösten. Zuletzt gab sie ihm eine junge Dienerin zur Frau, und die Sache war damit beigelegt. Der Vorfall hatte sie jedoch so getroffen, daß sie nicht aufhörte zu weinen und kein Essen mehr zu sich nahm. Nun geriet Cui Meng in Sorge. Zerknirscht kniete er vor sie hin, verlangte, geschlagen zu werden und versicherte sie seiner Reue, aber sie fuhr fort zu weinen und beachtete ihn nicht. Auch Zhou, Cuis Frau, warf sich an seiner Seite nieder. Schließlich stand die Mutter auf und schlug Cui Meng. Mit einer Nadel punktierte sie ein Kreuz in seinen Arm und rieb rote Farbe in die Wunde, damit die Narbe immer sichtbar blieb. Cui Meng ertrug es ohne zu klagen, und seine Mutter nahm wieder Nahrung zu sich.

Oft kamen buddhistische und taoistische Bettelmönche zu Cuis Mutter, die sie gerne bewirtete, und aßen sich nach Herzenslust satt. Eines Tages begegnete Cui im Torweg einem taoistischen Mönch, der ihn betrachtete und sagte: »Euer Ehren haben eine wilde und anmaßende Natur, die sich schlecht mit der Wohltätigkeit dieses Hauses verträgt. Es wird schwer sein, Euch vor einem unnatürlichen Tod zu bewahren.«

Cui war soeben von seiner Mutter bestraft worden und antwortete mit allem Respekt: »Ich bin mir dessen bewußt. Doch wann immer ich von einer Ungerechtigkeit erfahre, habe ich mich nicht mehr in der Hand. Werde ich mein Schicksal ändern können, wenn ich mich mit aller Kraft dazu zwinge?«

»Laßt das Schicksal vorerst außer acht«, erwiderte der Mönch. »Fragt euch lieber, ob Ihr Euch ändern könnt oder nicht. Ihr werdet Euch mächtig anstrengen müssen! Ich werde Euch meine Hilfe nicht vorenthalten, wenn ich nur die geringste Rettungschance sehe.« Cui, der nicht glaubte, daß ein Unheil durch Gebete und Beschwörungen abgewendet werden konnte, lachte und schwieg. Der Mönch sprach: »Ich weiß, daß Ihr mich nicht ernst nehmt, doch was ich Euch raten kann, hat mit Hexerei nichts zu tun. Es fordert von Euch nur die höchste Tugend, und schlägt der Versuch fehl, so wird es doch nicht zu Eurem Schaden sein.« Als Cui ihn daraufhin um weitere Aufklärung bat, fuhr er fort: »Genau vor Eurem Tor steht ein Junge, um dessen Freundschaft Ihr Euch bemühen müßt. Er wird Euch retten, wenn Euch die Todesstrafe erwartet.« Er führte Cui hinaus und zeigte ihm, wen er meinte.

Der Knabe hieß Zhao Sengge. Seine Familie stammte aus Nanchang und war auf der Flucht vor einer Hungersnot nach Jianchang gezogen. Cui Meng bewies ihm von jenem Tage an die größte Zuneigung, lud ihn ein, bei sich zu wohnen, und gab ihm alles, was er erübrigen konnte. Zhao Sengge war damals zwölf Jahre alt. Er machte Cuis Mutter seine Aufwartung und wurde in ihrem Haus wie ein jüngerer Bruder Cui Mengs behandelt. Im Jahr darauf, zur Zeit der Frühjahrsaussaat, übersiedelte die Familie Zhao an einen anderen Ort, und der Kontakt zwischen den beiden riß ab.

Seit dem Tod der Nachbarsfrau behielt Cuis Mutter ihren Sohn scharf im Auge. Alle, die bei ihm ihre Klagen vorbringen wollten, scheuchte sie barsch davon. Eines Tages starb ihr jüngerer Bruder, und Cui Meng und sie machten sich auf, ihr Beileid zu bezeigen. Unterwegs trafen sie auf eine Gruppe von Männern, die fluchend und unter Schlägen einen Gefesselten vor sich her trieben. Es hatten sich so viele Zuschauer angesammelt, daß es für die Sänfte der Cuis kein Durchkommen gab. Cui Meng erkundigte sich nach den Hintergründen des Schauspiels, und die ihn erkannten, drängten sich zu ihm und berichteten, was vorgefallen war.

Der Sohn eines reichen Grundherren, der die ganze Gegend tyrannisierte, wollte einem gewissen Li Shen die Frau wegnehmen, deren Schönheit ihn reizte, wußte jedoch nicht wie. Schließlich trug er einem Bediensteten auf, Li zum Glücksspiel zu verleiten. Beim Spiel bot der Mann Li freien Kredit zu hohen Zinsen, und sowie dieser sein Geld verspielt hatte, lieh er ihm immer mehr. Schließlich brachte er Li dazu, seine Frau als Bürgschaft für seine Schulden einzusetzen. Am Ende der Nacht schuldete ihm Li mehrere Tausend Taels. Als nach einem halben Jahr der Schuldenberg durch die Zinslast auf über 30 000 Taels angewachsen war, die Li niemals aufbringen konnte, schickte

»Taoistischer Unsterblicher
Li Tieguai mit der
›eisernen Krücke‹« von
Yan Hui, 13. Jh.
Leichte Farben auf Seide

der Grundherrensohn eine Gruppe Männer los, die Lis Frau gewaltsam davonschleppten. Li suchte ihn weinend auf, dieser aber ließ ihn an einen Baum binden und solange prügeln und mit Pfriemen stechen, bis er eine Verzichtserklärung auf seine Frau unterschrieb.

Cui brachte dieses Unrecht zur Weißglut, er trieb sein Pferd an und wollte sich auf die Peiniger des Gefangenen stürzen. In diesem Moment zog seine Mutter den Vorhang der Sänfte zur Seite und rief: »Was! Du willst schon wieder damit anfangen!?« Cui kehrte um, doch nachdem sie von ihrem Beileidsbesuch heimgekehrt waren, sprach er kein Wort mehr und weigerte sich zu essen. Er saß regungslos da und starrte vor sich hin, als trage er einen bitteren Groll in sich. Auf die Fragen seiner Frau gab er keine Antwort. Er ging zu Bett, ohne die Kleider abzulegen, und wälzte sich bis zum Morgengrauen unruhig hin und her. Dasselbe geschah in der darauffolgenden Nacht. Dann stand er mit einem Ruck auf, ging hinaus und kehrte ebenso plötzlich zurück. So ging es drei, vier Nächte lang. Seine Frau fand nicht den Mut, ihm Fragen zu stellen, und lag lauschend, den Atem anhaltend, wach. Schließlich blieb Cui eines Nachts lange Zeit aus. Bei seiner Rückkehr schloß er die Tür, legte sich nieder und fiel in tiefen Schlaf.

In jener Nacht fiel der Frauenräuber einem Mordanschlag zum Opfer. Man fand ihn auf seinem Bett, aus seinem aufgerissenen Bauch quollen die Eingeweide. Auf dem Boden lag die nackte Leiche von Lis Frau.

Li wurde der Tat verdächtigt, verhaftet und schweren Folterungen unterworfen. Seine Fußknöchel traten bereits aus der Haut hervor, aber er gestand nicht. Nach einem Jahr ertrug er die Qualen nicht mehr, legte ein falsches Geständnis ab und wurde zum Tode verurteilt.

Gerade zu dieser Zeit starb Cui Mengs Mutter. Nach Abschluß der Trauerzeremonien sagte er zu seiner Frau: »In Wahrheit habe ich diesen Verbrecher umgebracht, doch solange meine Mutter lebte, wollte ich dieses Geheimnis nicht preisgeben. Jetzt aber habe ich ihr meinen letzten Dienst erwiesen und werde nicht zulassen, daß ein Unschuldiger gerichtet wird. Ich werde mich stellen und den Tod auf mich nehmen.« Seine Frau versuchte entsetzt, ihn zurückzuhalten, er aber riß sich los und zeigte sich selbst an.

Der verblüffte Magistrat wußte nicht, für welchen Täter er sich entscheiden sollte, und behielt beide in Haft. Lis Verwandte bedrängten und beschworen ihn zu gehen, aber er meinte: »Wäre es mir möglich gewesen, hätte ich geradeso gehandelt wie dieser edle Herr. Er hat an meiner Statt meinen Todfeind umgebracht, und jetzt soll ich zusehen, wie er sein Leben verliert? Ich werde bei meiner Aussage bleiben, als wäre er nie im *Yamen* aufgetaucht!« Er lehnte es ab, sein Geständnis zurückzuziehen und stritt sich mit Cui darüber, bis allen im *Yamen* der wahre Sachverhalt allmählich klar wurde, und Li gewaltsam aus dem Gefängnis geworfen wurde. Cui Meng wurde zum Tode verurteilt.

Kurz vor der Urteilsvollstreckung kam ein Beamter des Justizministeriums namens Zhao nach Jianchang, der die Gerichtsfälle der letzten Zeit auf mögliche Begnadigungsfälle hin überprüfte. Als er auf Cuis Namen stieß, legte er die Unterlagen der anderen Verurteilten beiseite und ließ ihn zu sich rufen. Cui trat in die Halle und erkannte seinen Freund. Freudig und traurig zugleich erzählte er ihm seine Geschichte. Sengge schritt lange auf und ab und ließ ihn wieder ins Gefängnis führen, schärfte den Wärtern aber ein, ihn mit aller Zuvorkommenheit zu behandeln. Entsprechend den Bestimmungen über Straftäter, die sich freiwillig stellten, hob er Cuis Todesurteil auf und verbannte ihn nach Yunnan, wo er als Soldat dienen mußte. Li Shen schloß sich ihm als sein Diener an. Bevor ein Jahr um war, wurde Cui amnestiert und kehrte mit Li zurück. Auch das verdankte er dem Einfluß Zhaos.

Nach seiner Heimkehr blieb Li bei ihm, übernahm die Verwaltung seiner Geldangelegenheiten, ohne eine Bezahlung dafür zu akzeptieren, und begeisterte sich für die Kampfkunst und das Springen mit langen Stäben. Cui bedachte ihn mit großzügigen Beweisen seiner Freundschaft; er kaufte ihm eine Frau und schenkte ihm Land. Er selbst bemühte sich, seine frühere Unbändigkeit abzulegen, und wenn er die Narbe auf seinem Arm betastete, trieb ihm die Erinnerung die Tränen in die Augen. Bei Streitfällen in der Nachbarschaft schritt Li Shen ein und gab sich als sein Bevollmächtigter aus, ohne ihn jedoch davon wissen zu lassen.

Damals trieb ein Angehöriger der kaiserlichen Akademie namens Wang sein Unwesen, dessen Familie reich und rücksichtslos war. Sein Wohnsitz wirkte wie ein Magnet auf lichtscheues Gesindel, das ihm aus allen vier Himmelsrichtungen zuströmte. Die Wohlhabenden des Kreises waren häufigen Überfällen ausgesetzt, und wer sich zur Wehr setzte, wurde von gedungenen Mördern aus dem Weg geräumt. Sein Sohn war wie der Vater grausam und hemmungslos, und beide unterhielten eine inzestuöse Beziehung zur Witwe eines Onkels von Wang. Als Wangs Gattin, Frau Qiu, ihn daran zu hindern suchte, wurde sie von ihrem eigenen Ehemann erwürgt. Die Strafanzeige ihrer Brüder beantwortete Wang mit der Bestechung des Magistrats, und sie hatten sich nun ihrerseits einer Anklage wegen falscher Anschuldigung zu erwehren. In ihrer Verzweiflung wendeten sie sich an Cui, aber Li fing sie ab und schickte sie fort.

Einige Tage darauf kamen Gäste zu Besuch, und da gerade kein Diener in Rufweite war, bat Cui Li, Tee zuzubereiten. Li verließ schweigend den Raum. Vor der Tür sagte er: »Ich bin ein wahrer Freund von Cui Meng, das habe ich bewiesen, schließlich bin ich ihm in die Ferne gefolgt; aber er hat mich nie für meine Arbeit bezahlt und behandelt mich wie einen Knecht. Damit ist es jetzt genug!«, und ging voller Ärger davon. Cui Meng staunte, als man ihm davon berichtete, daß Li seine frühere Charakterfestigkeit so vermissen ließ, reagierte aber nicht darauf.

Unvermutet erstattete Li im *Yamen* Anzeige. Er bezichtigte Cui, er habe ihn drei Jahre lang für sich arbeiten lassen, ohne ihm dafür das mindeste zu bezahlen. Cui Meng fiel aus allen Wolken und begab sich zum *Yamen*, um ihm persönlich vor dem Magistrat gegenüberzutreten. Li Shen überschüttete ihn mit einem Schwall von Vorwürfen und Beschimpfungen, doch der Magistrat schlug die Anklage wegen Geringfügigkeit nieder, tadelte Cui leicht und entließ ihn.

Wenige Tage später brach Li ins Haus der Wangs ein, tötete Wang, seinen Sohn und seine Tante und heftete einen Zettel mit seinem Namen an die Wand. Die Suche nach ihm endete ergebnislos; er war spurlos verschwunden. Die Familie vermutete in Cui Meng den Anstifter zur Tat, fand damit aber beim Magistrat kein Gehör. Jetzt erst verstand Cui den Sinn von Lis Beschuldigungen, die ihn davor bewahrten, in den Mordfall hineingezogen zu werden. Für die Nachbarbezirke und -kreise wurden Haftbefehle ausgestellt, und eine intensive Fahndung hatte soeben begonnen, als Li Zichengs* plündernder Haufen in die Gegend einfiel und die Angelegenheit in Vergessenheit geriet. Nach dem Fall der Ming-Dynastie kehrte Li mit seiner Familie zurück, und die tiefe Freundschaft der beiden begann von neuem.

In jener Zeit machten viele Räuberbanden die Gegend unsicher. Ein Neffe Wangs namens Wang Deren sammelte die früheren Gefolgsleute seines Onkels um sich und überfiel von seinem Schlupfwinkel in den Bergen aus die umliegenden Dörfer. Eines Nachts kam er mit seiner ganzen Schar in das Dorf Cuis, um Rache für seinen Onkel zu nehmen. Cui war zufällig außer Haus, und Li Shen, der die Banditen hörte, als sie das Haupttor aufbrachen, sprang rasch über die Mauer und versteckte sich. Als die Eindringlinge der beiden nicht habhaft werden konnten, nahmen sie sich, was sie an wertvollen Gegenständen fanden, und schleppten auch Cuis Frau mit sich fort.

* Li Zicheng sammelte in den dreißiger Jahren eine Rebellenarmee im Nordwesten Chinas, nahm 1644 Peking ein und beendete die Herrschaft der Ming-Dynastie. Im selben Jahr vertrieben ihn die Mandschu und errichteten die Dynastie der Qing.

Bei seiner Rückkehr fand Li nur noch einen einzigen Diener vor. Von grimmigem Zorn erfüllt, nahm er eine lange Schnur und zerschnitt sie in mehrere Dutzend Teile; die langen behielt er selbst, die kurzen gab er dem Diener. Er trug ihm auf, den Bergabhang hinaufzuklettern, der sich hinter dem Räubernest erhob, die Schnüre ins Gesträuch zu hängen, sie anzuzünden und sich schleunigst wieder auf den Rückweg zu machen. Der Diener versprach es.

Li, der bemerkt hatte, daß die Räuber ein rotes Band um die Taille und rote Turbane trugen, kleidete sich auf dieselbe Art. Vor dem Tor stand eine alte Stute, die kurz zuvor gefohlt hatte und von den Räubern zurückgelassen worden war. Li pflockte das Fohlen an und legte der Stute das Zaumzeug an. Dann stieg er auf und ritt mit ihr zu dem großen Dorf, in dem die Räuber hausten, wo er das Pferd anband und über die Mauer stieg.

Die Räuber hatten sich noch nicht zur Ruhe begeben und die Waffen nicht abgelegt. Durch vorsichtige Erkundigungen fand Li heraus, daß man Cuis Frau in Wangs Haus gefangenhielt. Kurz darauf wurde das Signal zur Nachtruhe gegeben, und die Räuber antworteten mit lautstarkem Gebrüll wie ein Mann. Plötzlich rief jemand, auf dem Berg im Osten des Dorfes sei ein Feuer ausgebrochen. Die Banditen sammelten sich wieder und beobachteten, wie aus ein, zwei leuchtenden Pünktchen immer mehr wurden, bis es schien, als seien sie zahlreich wie die Sterne. Li verstellte sich als atemloser Meldegänger und gab Alarm: Am Ostberg sei Gefahr im Verzug. Wang Deren bekam einen Schrecken, legte seine Kleider an und führte seine Horde aus dem Dorf. Li setzte sich bei der ersten Gelegenheit von dem Haufen ab und schlich sich zu Wangs Haus zurück.

Im Haus Wangs hielten zwei der Räuber Wache. Li meldete ihnen: »General Wang hat sein Schwert vergessen und mir befohlen, es ihm nachzubringen.« Die beiden begannen, danach zu suchen, und als sie ihm den Rücken zukehrten, erschlug Li den ersten Räuber, und köpfte den anderen, als er sich umwandte. Mit Cuis Frau auf dem Rücken überstieg er die Dorfmauer, setzte sie auf die alte Stute und sagte, ihr die Zügel reichend: »Ihr wißt den Weg nicht, aber seid unbesorgt, das Pferd findet ihn von selbst.« Die Stute setzte sich, zu ihrem Fohlen zurückeilend, in Trab, und Li folgte ihnen, bis sie eine enge Bergschlucht erreichten. Dort verteilte er seine Schnüre in den Büschen, zündete sie an und machte sich ebenfalls auf den Heimweg.

Am nächsten Tag kehrte Cui nach Hause zurück. Die Verwüstung seines Hauses erschien ihm als bittere Schmach, und er wäre, hätte Li Shen ihn nicht zur Einsicht gebracht, alleine gegen die Banditen ausgeritten. Um zu einem gemeinsamen Vorgehen zu finden, riefen sie die Dorfbewohner zusammen, doch die meisten waren furchtsam und nicht zum Widerstand bereit. Nach langem Zureden fanden sich immerhin zwanzig Wagemutige, doch zu allem Übel mangelte es ihnen auch an Waffen.

Gerade zu diesem Zeitpunkt wurden im Hause eines von Wangs Verwandten zwei Kundschafter der Räuber entdeckt. Cui wollte sie auf der Stelle töten, aber Li ließ es nicht zu. Er befahl den zwanzig Freiwilligen, sich mit Knüppeln bewaffnet aufzustellen, führte die zwei Spione vor sie hin, schnitt ihnen die Ohren ab und ließ sie laufen. Alle waren ärgerlich und warfen ihm empört vor: »Die Räuber werden erfahren, wie gering unsere Zahl ist und wie armselig unsere Bewaffnung. Sie werden in voller Stärke anrücken, und niemand wird unser Dorf vor dem Untergang retten können!«

Li entgegnete: »Sie sollen nur alle kommen. Das ist es genau, was ich will.« Nun ließ er diejenigen töten, bei denen die beiden Räuber Unterschlupf gefunden hatten. Anschließend schickte er Leute in alle Richtungen aus, um Bogen, Pfeile und Feuerwaffen zu beschaffen, er selbst ging in die Kreisstadt und lieh dort zwei große Kanonen.

Bei Einbruch der Dunkelheit führte er seine Truppe zu der engen Schlucht und stellte die Kanonen dort auf, wo der Hauptangriff der Räuber zu erwarten war. Zwei Leuten befahl er, die Kanonen mit einem versteckten Feuer abzuschießen, sobald der Feind vor ihnen auftauchte. Mit den anderen ging er zum östlichen Ausgang der Schlucht und ließ eine Anzahl Bäume fällen und oben am Hang aufschichten. Danach legten er und Cui Meng sich mit jeweils zehn Leuten zu beiden Seiten des Durchlasses in den Hinterhalt.

Am Ende der ersten Nachtwache hörten sie aus der Ferne das Gewieher von Pferden. Die Räuber rückten tatsächlich mit ihrer ganzen Mannschaft an. Ihr langer Zug schien endlos, als sie in die Schlucht eindrangen. Als sie alle den Eingang passiert hatten, stießen Lis und Cuis Leute die zuvor aufgestapelten Baumstämme hinunter und blockierten damit den Rückweg. Einen Augenblick später donnerten die Schüsse der beiden Kanonen herüber, und das Getöse und das Geschrei der Menschen erfüllte die Dunkelheit. Die Banditen flohen überstürzt in wildem Durcheinander zurück, doch als sie an das Ende der Schlucht kamen, war ihnen der Weg versperrt. Sie fanden weder Raum, um sich neu zu ordnen, noch Schutz vor Pfeilen und Geschossen, die von beiden Seiten auf sie herab regneten und prasselten wie in einem Gewittersturm, und der Boden bedeckte sich mit ihren abgeschlagenen Köpfen und zerschmetterten Gliedern.

Zwanzig von ihnen blieben am Leben und flehten auf den Knien um Gnade. Man brachte sie gebunden ins Dorf zurück, Li und seine Mitstreiter aber drangen, ihren Sieg ausnutzend, zum Hauptquartier der Bande vor. Die dort als Wache Zurückgebliebenen hatten bereits das Weite gesucht, den Troß der Bande aber zurückgelassen, und die Sieger kehrten damit nach Hause zurück.

Cui Meng war überglücklich und bat Li Shen, ihm seinen früheren Feuertrick zu erklären. Li antwortete: »Ich ließ die Schnüre am Ostberg anzünden, um die Banditen von meiner Verfolgung im Westen abzulenken. Die Schnüre waren kurz, denn sie sollten schnell abbrennen, damit ihre Späher nicht entdeckten, daß sich niemand dort aufhielt. Auf dem Rückweg entzündete ich die Schnüre am Eingang zur Schlucht. Er ist so eng, daß ein einziger Mann ihn verteidigen kann, und ich rechnete damit, meine Verfolger durch die Lichter zu erschrecken und zum Stehen zu bringen. Es war eben ein aus der Not geborener Plan.« Die Gefangenen bestätigten bei ihrem Verhör, daß in der Tat alles so abgelaufen sei, und sie sich beim Anblick der Lichter zurückgezogen hätten.

Cui Mengs und Li Shens Ruf verbreitete sich rasch. Von weither schlossen sich ihnen Menschen an, die vor den Wirren der Bürgerkriege flüchteten, und in ihrem Dorf herrschte lebhaftes Treiben wie auf einem geschäftigen Markt. Sie verfügten über eine Streitmacht von mehr als 300 Bewaffneten und kein Bandit erdreistete sich, sie zu bedrohen. Die Menschen vertrauten ihnen und lebten in Frieden.

Im Kreis Tancheng gab es eine Familie Wang, die für die fiktiven Wangs in Pu Songlings Erzählung als Prototyp hätte dienen können. Ihr Oberhaupt war ein gewisser Wang San, der ursprünglich 400 Kilometer nordöstlich im Kreis Qixia gelebt hatte. Er war Unterführer in der Armee des Rebellen Yu Qi gewesen, der 1661 und im Frühjahr 1662 monatelang in den Bergen Shandongs gegen drei Mandschu-Armeen ausgehalten hatte. Als der Widerstand der Aufständischen unter dem Druck der Belagerer und durch die brutalen Repressalien gegen die Dörfer in der Umgebung ihres Stützpunktgebiets erlahmte, gelang es Yu Qi zu entweichen, während viele seiner zurückgebliebenen Untergebenen hingerichtet wurden. Wang San entkam zur selben Zeit und schlug sich bis nach Tancheng durch. Dort kaufte er von dem Geld, das er mitgebracht hatte, ein befestigtes Anwesen im Dorf Wuchang. Das Dorf lag im äußersten Süden des Kreises, so daß er im Notfall den Gerichtsbezirk Shandong verlassen und über die Grenze nach Pei in Jiangsu entwischen konnte. Die Dorfbewohner beobachteten, wie Gruppen von Berittenen, mit Schwert und Bogen bewaffnet, vor seinem Haus abstiegen und die Wangs von ihren Ausritten oft erst nach Tagen zurückkehrten, doch niemand hatte den Mut, die Familie bei den Behörden anzuzeigen.

Wang San hatte einen Sohn namens Wang Kexi, der seinem Vater in nichts nachstand. Dieser hatte die Tochter eines ortsansässigen Grundherrn namens Jiang geheiratet, der ihm nicht nur seine Tochter gegeben, sondern auch fünfundzwanzig Hektar guten Landes auf ihn übertragen hatte. Der Beweggrund Jiangs für beide Transaktionen war, die Protektion der Wangs zu erkaufen, denn jedermann wußte, daß sie so gut Banditen wie Grundherren waren.

Tancheng bot kein Gegenstück zu Pu Songlings fiktivem Helden, dem streitbaren Cui Meng. Vielleicht entsprach ein Bauer namens Li Dongzhen ihm noch am ehesten. Li wohnte fünfundzwanzig Kilometer südwestlich der Stadt Tancheng beim Marktflecken Laotou in einem weitläufigen Gehöft, das aus mehreren Zimmern mit Lehmwänden und nackten Fußböden sowie einem Innenhof bestand und von einer Mauer umgeben war. Trotz seiner Größe war es eine schäbige, primitiv eingerichtete Behausung, in der sechs seiner sieben Söhne mit ihm lebten. Sein ältester Sohn, Li Yuan, war ausgezogen und führte in der Nähe einen eigenen Haushalt.

Der Vater und der älteste Sohn hatten darauf gehofft, die fünfundzwanzig Hektar Land von den Jiangs in Pacht nehmen zu können, da sie an ihren Landbesitz angrenzten. »Sie lechzten und geiferten danach«, wie die Nachbarn es beschrieben, und waren zutiefst empört, als Jiang es im Frühling 1670 der Familie Wang überschrieb. Die Lis zeigten ihre Enttäuschung, indem sie sich nicht darum kümmerten, wohin ihre Tiere streunten, und ihre Esel und Schweine überquerten mehrmals die Grenze zu den neuen Feldern der Wangs.

Eines Tags im Frühsommer, als Wang Kexi mit ein paar Männern zur Feldarbeit ging, entdeckte er ein Schwein Li Yuans, das auf seinem Feld wühlte. Er schlachtete es ab und verfluchte Li Dongzhen, daß er seine Tiere die Felder seiner Familie niedertrampeln ließ. Li Dongzhen, ebenfalls von Wut gepackt, beschimpfte die Wangs als »Anführer einer Bande bewaffneter Verbrecher«. Obwohl das der Wirklichkeit entsprach, beschlossen die Wangs, daß diese Beschuldigung einem öffentlichen Affront gleichkam, der nicht zu entschuldigen war, und am 6. Juli (zufällig am selben Tag, an dem Chen Guoxiang in der Nähe der Stadt den kleinen Chen Lian erschlug) trafen sie sich zu Hause mit drei Freunden und planten die Vergeltung. Sie entschlossen sich, zwei weitere Männer hinzuzuziehen: Den für seine Kampflust bekannten Su Da und den mit allen Wassern gewaschenen Li, den sie ›den Fetten‹ nannten.

»Baumwollbereitung, Wässern und Dämmen«, 1777
Tuscheabklatsch eines Steinschnitts nach
Bildtafeln über die Baumwollbearbeitung mit
Widmungen des Kaisers Qianlong (Yu di mianhua tu)

Einer von ihnen suchte den Wahrsager auf, um für die »Erledigung einer großen Angelegenheit« einen günstigen Tag bestimmen zu lassen. Der Wahrsager empfahl den Tag der ›doppelten Sechs‹, den sechsten Tag des sechsten
Monats nach dem Mondkalender (22. Juli), und die Wangs planten dementsprechend ihren Anschlag für diesen Abend.

Am Nachmittag des zweiundzwanzigsten ritt die ganze Gruppe mit versteckten Waffen zum Hügel hinter Li Dongzhens Haus. Dort stiegen sie von
ihren Eseln und verbargen sich bis zum Einbruch der Dunkelheit im Gesträuch. Insgesamt waren sie acht: Einer blieb zur Bewachung der Esel zurück, Wang San deckte die Straße hinter dem Haus und zwei postierten sich
am Vordereingang. Wang Kexi, der sein Gesicht mit rotem Schlamm be-
schmiert hatte, um sich unkenntlich zu machen, kletterte mit den drei anderen über die Mauer in den Hof der Lis. Die Nacht war heiß, und Li lag mit
zwei Freunden und mehreren seiner Söhne im Hof. Bevor er sich erheben

konnte, stieß ihm Wang Kexi das Schwert in den Bauch, und als er schreiend emportaumelte, traf ihn ein Schwerthieb im Nacken, ein anderer in die Seite, und er brach tot zusammen. Lis fünfter Sohn starb als nächster, dann der siebente. Der sechste Sohn floh zum Tor, wurde aber niedergestreckt. Er starb am darauffolgenden Tag. Die Frauen blieben unversehrt, doch die beiden Gäste wurden verwundet und gezwungen, zu verraten, wo die anderen Söhne waren, als der dritte Sohn, der trotz einer Kopfwunde noch zu laufen imstande war, ein Nachbarhaus erreichte und die Alarmglocke läutete. Als sie die Glocke hörten, sammelten sich die Angreifer und ritten zurück.

Drei Tage lang berieten sich die überlebenden Familienmitglieder, was zu tun sei. Keiner von ihnen, die Nachbarn so wenig wie die verwundeten Gäste, wollte es riskieren, die Wangs direkt anzuklagen. Schließlich entschieden sich die Lis, eine doppelte Anklage wegen »Raubes aus Rache und Ermordung von vier Personen einer Familie« gegen Jiang vorzubringen, den Nachbarn, der den Wangs sein Land gegeben hatte. Die Lis spekulierten darauf, daß Jiang die Wangs schließlich in den Fall hineinziehen würde, um den Verdacht gegen sich auszuräumen. Doch niemand hatte, nachdem die Polizisten des Magistrats Jiang verhaftet und zum Verhör nach Tancheng geschafft hatten, das Ausmaß von Wang Sans Dreistigkeit vorausgeahnt: Wang trat persönlich vor das Gericht und schwor, daß Jiang ein ehrbarer Mann sei, kein Grund für seine Verhaftung bestehe und er, Wang, für Jiangs Verhalten bürge. Sodann geleitete er ihn unter den erstaunten Blicken der Gerichtsdiener hinaus, und niemand hatte den Mut zu protestieren.

Zwei Wochen darauf erstattete Li Yuan eine andere Anzeige, dieses Mal wegen »Mordes an vier Personen«; er unterließ jeden Hinweis auf Rache und Raub und benannte niemanden als Beschuldigten. Huang Liuhong, der gerade sein Amt als Magistrat angetreten hatte, entschloß sich, den wahren Sachverhalt der verschiedenen Anklagen aufzudecken, obwohl er um die damit verbundenen Probleme wußte. Um die öffentliche Sicherheit war es schlecht bestellt, sogar in seinen eigenen Amtsräumen. Ihm waren mindestens vierundzwanzig, über alle vier Bezirke des Kreises verstreute Gewalttäter bekannt, die auf verschiedenen Ebenen Kontakt zum *Yamen* hielten und im Nu, sobald eine Entscheidung fiel, davon Wind bekamen.

Der Magistrat entschied sich für ein indirektes Vorgehen. Zunächst ließ er Li Yuan zu einer privaten nächtlichen Unterredung vorladen. Mit dem Versprechen, seiner Familie bei der Rache an den Mördern zu helfen, entlockte er ihm die Namen der Hauptpersonen des Falls. Nachdem Li die Wangs genannt und ihm Einzelheiten des Tathergangs geschildert hatte, schickte er

ihn nach Hause. Tags darauf rief er Yu Biao zu sich, einen Polizisten, dem er
fest vertraute, und fragte ihn: »Kennst du die Namen der Räuber, die Li
Dongzhen und seine Söhne töteten?«

Yu starrte ihn eine Weile erschrocken an und erwiderte: »Ich habe nicht
den Mut, es zu sagen.«

Huang: »Dann sag mir nur, wie wie sie fassen können.«

Yu: »Es wäre nicht schwierig, sie zu fassen, aber wahrscheinlich wird man
sie vorwarnen.«

Huang: »Fällt dir jemand ein, der sich an diesen Räubern gerne rächen
würde?«

Yu Biao überlegte lange, bis er antwortete: »In unserem Kreis lebt ein
Mann namens Guan Mingyu, dessen Bruder von ihnen umgebracht wurde.
Jedesmal, wenn er davon spricht, bricht er in Tränen aus, weiß aber nicht, wie
er Rache nehmen kann.«

Huang blieb weiterhin vorsichtig. Die bloße Vorladung Guans konnte
diesen Repressalien aussetzen. So ließ er statt dessen Guans Vetter Guan
Mingbao kommen, der in einen Kriminalfall verwickelt war, und ordnete an,
daß Guan Mingyu ihn in seiner Eigenschaft als Dorfvorsteher zu begleiten
habe. Nach der Vernehmung rief er Guan Mingyu zu einem privaten Ge-
spräch zu sich und tastete sich langsam von Frage zu Frage vor.

Huang: »Ist dieser Mingbao dein jüngerer Bruder?«

Guan: »Nein, er ist mein jüngerer Vetter.«

Huang: »Warst du der einzige Sohn ohne jüngeren Bruder?«

Guan: »Ich hatte einen, aber er ist tot.«

Huang: »Woran starb er?«

Guan: »Er wurde von Räubern umgebracht.«

Huang: »Von welchen Räubern?«

Guan: »Wenn Euer Ehren mich so danach fragen, wissen Sie bestimmt, wer
es war. Der Mörder meines Bruders war Wang San. Als mein Bruder dreizehn Jahre alt war, trat er bei der Ernte ohne Absicht über den Feldrain auf
Wang Sans Feld. Wang San fesselte ihn, schleppte ihn auf seinen Hof und erschlug ihn. Seine Leiche begrub er irgendwo hinter seinem Haus. Ich kann Ihnen nicht sagen, wie sehr ich ihn hasse. Der Mörder Li Dongzhens und seiner Söhne war derselbe Wang San. Wenn Euer Ehren irgendeinen Auftrag
für mich hat, würde es mich sehr freuen.«

Huang: »Du wirst Gelegenheit haben, den Tod deines Bruders zu rächen.
Übermorgen werde ich mich wegen Steuerangelegenheiten im östlichen Bezirk aufhalten. Am frühen Morgen wirst du Wang San besuchen und dich

vergewissern, daß er tatsächlich zu Hause ist. Ich werde Yu Biao anweisen, sich hinter der Gartenmauer zu verstecken. Sobald du ihm Bescheid gibst, werde ich da sein. Wenn irgend etwas davon an falsche Ohren kommt, verlierst du dein Leben.«

Er holte sechs Taels Silber, gab drei davon Guan und versprach ihm den Rest nach der Festnahme Wang Sans.

Um seinen Teil der Abmachung zu erfüllen, mußte der Magistrat eine starke Streitmacht versammeln, ohne die Aufmerksamkeit der Wangs auf sein Vorhaben zu lenken. Zumindest auf dem Papier verfügte er über genügend Bewaffnete, um sie zu überwältigen und dingfest zu machen. Im Kreis Tancheng waren drei reguläre militärische Abteilungen stationiert: Die Garnison der Kreisstadt mit 150 Soldaten war mit der Verteidigung der Stadt oder der kleineren Marktflecken auf dem flachen Land betraut; achtzig Soldaten sicherten die Poststation von Honghua fou im Süden des Kreises und einundzwanzig weitere waren für die Bewachung der öffentlichen Gaststätten an den Hauptstraßen verantwortlich. Ungefähr ein Viertel der Truppen galt als Kavallerie, der Rest als Infanterie. Dazu gebot der Magistrat über seine 103 persönliche Untergebenen, die fünfzig Milizsoldaten, sechzehn Boten und acht Polizisten eingerechnet. Wie es scheint, bildeten die Polizisten den verläßlichsten Teil von Huang Liuhongs Personal. Sie wurden mit 17,5 Taels pro Jahr beinahe dreimal so hoch bezahlt wie die Boten und Soldaten, die nur sechs Taels verdienten, und waren loyal und gut ausgebildet. Auf die anderen war jedoch nur bedingt Verlaß. Es gab nicht die Spur von Gemeinschaftsgeist: Die Soldaten und Stallknechte lagen in ständiger Fehde und rauften miteinander auch auf offener Straße, während sie gemeinsam die Schreiber und Boten malträtierten. Die Pferde befanden sich in beklagenswertem Zustand. Ihre Zahl lag weit unter der vorgeschriebenen von 130, und viele, die in den Ställen dahinvegetierten, konnten vor Schwäche nicht mehr geritten werden. Hinzu kam, daß man dem Kommandierenden der Stadtgarnison, Leutnant Zhu Chengming, in diesem Fall nicht trauen durfte, obwohl er ein guter und tapferer Offizier war, denn sein freundschaftliches Verhältnis zu den Wangs war allgemein bekannt.

Um das Problem der Geheimhaltung zu lösen, kündigte der Magistrat einfach an, daß er sich auf einen Inspektionsritt in die Gegend der Marktstadt Matou begeben werde. Am Abend nach seiner Unterhaltung mit Guan Mingyu versammelte er eine Gruppe von knapp vierzig Reitern – die acht Polizisten und dreißig Angehörige seiner Miliz – und brach nach Matou auf. Auf Leutnant Zhus Anerbieten, ihn zu begleiten, ging Huang nicht ein, er

Tang-Magistrat zu Pferd,
nach einer japanischen Kopie des »Foshuo shiwangjing«
Leichte Farben auf Papier

ließ ihn aber wissen, daß sie sich am nächsten Tag bei der Stadt Zhongfang treffen könnten. Um die Glaubwürdigkeit seiner Finte zu untermauern, ritten der Magistrat und seine Männer durch strömenden Regen die sechs Meilen nach Westen bis nach Matou, doch anstatt dort zu bleiben, ritten sie

nach kurzer Rast die Nacht hindurch in Richtung Südwesten nach Zhongfang, das sie kurz nach Anbruch der Morgendämmerung erreichten. Sechs
Meilen von Wangs Haus entfernt frühstückten sie und ruhten sich aus, während sich der Polizist Yu Biao zu seinem Rendezvous mit Guan Mingyu auf
den Weg machte.

Die Gruppe hatte ihre Mahlzeit noch nicht beendet, als Yu Biao zurückga-
loppiert kam und ihnen mitteilte, daß Guan Mingyu wie abgesprochen bei
Wang Sans Haus erschienen sei. Er habe ihm seine Aufwartung gemacht und
zwei Gänse als Geschenk überbracht. Wang San habe ihn hocherfreut herein-
gebeten und ihm zu trinken angeboten. Der Magistrat müsse sich jedoch beeilen, denn Wang wolle später am Vormittag zum Markt von Laokou reiten.
Soeben war Leutnant Zhu mit zwanzig Kavalleristen zu Huang gestoßen,
doch selbst als sie zu Wangs Haus galoppierten, weigerte sich dieser, ihm
das Ziel zu verraten und rief ihm zu: »Sie werden es erfahren, wenn wir an-
kommen!«

Trotz der ausgeklügelten Vorsichtsmaßnahmen jedoch hatte man Wang
San auf irgendeine Weise vorgewarnt. Die Tore waren verriegelt und mit
Wachposten besetzt, die mit Feuerwaffen und Schwertern bewaffnet waren.
Wang San selbst, den einer der Polizisten erkannte, stand direkt vor ihnen
auf der Mauer und schwang eine lange Hellebarde.

Huangs Hauptsorge war, daß sich Wangs Männer in die nahegelegenen
Gaoliangfelder zerstreuen würden. Er wußte aber auch, daß er das Haus nur
nach einem erbitterten Kampf stürmen konnte. Daher reagierte er, als Wang
einen Rückzug in den hinteren Teil des Gehöfts vortäuschte, als sei er der
List aufgesessen, und führte seine Schar zur Rückseite hinüber. Er hoffte,
Wang würde sein Glück in einem Durchbruch nach Pei suchen, sobald er sich
eine Erfolgschance ausrechnete, dann konnte er ihn auf dem ebenen Gelände
an der Grenze stellen. »Wir locken den Tiger vom Berg herunter«, sagte er
seinen Polizisten. Als Wang und zwanzig seiner Leute zum vorderen Tor
hinauspreschten, nahm Huang sofort die Verfolgung auf. Doch als sie am
Grenzfluß anlangten, war Wang ihnen noch immer voraus. Leutnant Zhu
ließ seine Truppen halten und wies darauf hin, es sei widerrechtlich, ihren
Zuständigkeitsbereich zu überschreiten. Huang aber, den Jagdfieber mitriß,
das ihn die übliche Vorsicht des Admistrators vergessen ließ, rief: »Truppen
aus Tan jagen Banditen aus Tan, was kümmern uns da Verordnungen!«, und
trieb seine Männer über den Fluß.

Wang und seine Leute warteten, mit dem Rücken gegen einem Hügel, am
anderen Ufer auf sie. Weshalb sie anhielten, bleibt unklar: Vielleicht waren

Illustration zur 2. Auflage der
»Geschichten der Dynastien Sui und Tang«
Chanzhou 1696
Holzschnitt

ihre Pferde erschöpft, vielleicht meinten sie, ihre Verfolger würden den
Grenzfluß nicht überqueren, vielleicht glaubten sie auch nicht daran, daß die
Truppe des Magistrats Lust hatte zu kämpfen. Letzteres ist am wahrschein-
lichsten, denn Wangs Leute gingen sogleich in die Offensive. Sie holten einen Zugführer Zhus mit ihren Lanzen vom Pferd und trafen einen anderen in
die Brust. Beide erlitten keine schweren Verletzungen, da ihr Oberkörper
gut gepanzert war, aber ihr Beispiel ließ den Vormarsch stocken, bis einer der
Milizionäre einen von Wangs Männern mit einem Pfeil tödlich traf und sie
durch die Ankunft Guan Mingyus mit etwa dreißig bewaffneten Dörflern
weiteren Auftrieb erhielten Die Wangs waren nun mit zwanzig gegen neunzig in der Unterzahl, und es entbrannte ein heftiger Kampf.

Wang Kexi wurde von Guan Mingyu mit einem Prügel niedergeschlagen,
und Wang San, der seinem Sohn zu Hilfe eilte, traf ein Pfeil in die Brust. Drei
weitere von Wangs Leuten wurden getötet oder gefangengenommen, der
Rest entkam. Huang verfolgte sie nicht; die zwei Wangs, an denen ihm am
meisten lag, hatte er gefaßt.

Die beiden wurden in die Kreisstadt zurückgebracht und die Nacht über
verhört. Wang San starb während der Vernehmung an seiner schwärenden
Pfeilwunde, aber nicht, bevor er die Beteiligung an der Ermordung Li
Donghzens gestanden hatte. Wang Kexi gestand ebenfalls. In der Stadt
brach trotz Wang Sans Tod Panik aus. Aus Furcht vor einer allgemeinen Erhebung der Anhänger Wang Sans bereitete sich die Gentry auf die Flucht
vor, und Huang war so besorgt, es könne ein Versuch zur Befreiung Wang

Kexis unternommen werden, daß er ihn in ein stärker gesichertes Gefängnis nach Yizhou im Norden überführen ließ.

Am Tag nach der Festnahme der Wangs flohen mehr als achtzig Haushalte aus den Dörfern im Südosten des Kreises. Man nahm an, daß sie mit Wang Sans Bande in Verbindung standen und nun Vergeltungsmaßnahmen befürchteten, aber von welcher Seite blieb ungeklärt: Ob von anderen Banditen, ob von den Truppen des Magistrats oder von ihren Nachbarn.

Die Bevölkerung Tanchengs erinnerte sich noch lange an Wang San. Sein Tod bewies, daß er kein himmlischer Geist war, wie einige geglaubt hatten, aber unvergessen blieben doch das Ausmaß seiner Raubzüge, der Umfang seiner Bande und sein abschließendes Bravourstück: Als tatsächlicher Mörder persönlich vor Gericht als Bürge für denjenigen aufzutreten, den man fälschlich an seiner Statt beschuldigte.

Die Wangs hatten sich eines Verbrechens schuldig bekannt, das die *Gesetzestexte* als eines der schwersten definierten, nämlich »drei Personen in einer Familie« zu töten. Dazu hieß es: »Alle, die vorsätzlich, überlegt, beim Niederbrennen eines Gebäudes oder während sie einen Raub begehen, drei Personen einer Familie (die keiner Kapitalverbrechen schuldig waren) töten oder eine andere Person zerstückeln, sind mit dem langsamen Tod zu bestrafen. Ihr Eigentum fällt den überlebenden Familienmitgliedern der Umgekommenen zu. Ihre Frauen und Söhne werden für immer in eine Entfernung von mehr als 2000 Li verbannt, ihre Hauptkomplizen sind zu enthaupten.«

Man könnte annehmen, daß Li Dongzhens Witwe und seine vier überlebenden Kinder nach Abwicklung des gesetzlichen Procedere durch Wang Sans Geld, das er über die Jahre hinweg angehäuft hatte, zu reichen Leuten wurden. Aber dies war nicht der Fall. Als Huang Wang Sans Haus in Wuzhang inventarisierte, entdeckte er zu seiner Überraschung, daß es in keinem der drei Gebäude irgend etwas von Wert gab, von ein paar einfachen Möbelstücken abgesehen. In den weitläufigen Stallungen stand der Dung zwar knöcheltief, aber es fanden sich nur ein paar Esel, keine Pferde. Einer von Wangs Pächtern lieferte die Erklärung: Wang benutzte den Kreis Tancheng nur als Stützpunktgebiet. Was wertvoll war, behielt er nicht bei sich, sondern verschob es nach Pei, über die Provinzgrenze nach Jiangsu, wo es sein Blutsbruder, der Träger eines hohen akademischen Titels namens Zhu, für ihn in Verwahrung nahm. Nichts deutet darauf hin, daß der Magistrat jemals das notwendige administrative und juristische Verfahren einleitete, mit dem man zugunsten einer Bauersfamilie in Shandong einem akademischen Titelinhaber in Jiangsu sein Eigentum abspenstig machen konnte.

Die Frau, die davonlief

Die in Tancheng bewahrte Erinnerung, wie sie die biographischen Teile der *Lokalgeschichte* überliefern, hielt die strengsten moralischen Maßstäbe hoch. Das galt für Frauen sogar noch stärker als für Männer, und die Verbreitung dieser Biographien »ehrbarer und tugendhafter Frauen« war eine wichtige Möglichkeit für die lokale Oberschicht, ihre Ansichten über ein korrektes weibliches Verhalten durchzusetzen, wobei sie sich in vollkommener Übereinstimmung mit den von der Regierung propagierten moralischen Werten befand. Im allgemeinen ging es dabei um das Verhalten von Frauen gegenüber ihren Ehemännern. So waren von den sechsundfünfzig Frauen aus Tancheng, deren Biographien 1670 gedruckt wurden, nur drei ledig, und zwei von diesen drei waren bereits verlobt und standen kurz vor der Heirat. Als hochgeschätzte Tugenden galten Keuschheit, Mut, Zuverlässigkeit und die widerspruchslose Unterordnung unter die herrschenden hierarchischen Verhältnisse, nötigenfalls bis zum Tod: fünfzehn der aufgeführten Frauen hatten Selbstmord begangen, und bei dreizehn dieser Selbstmorde war als Motiv angegeben, daß die Frau ihrem verstorbenen Gatten die Treue bewahren oder einer Vergewaltigung zuvorkommen wollte, die nicht nur für sie selbst, sondern auch für den Verstorbenen eine Schande bedeutet hätte. Im Gegensatz zu den Selbstmorden aus Rache oder Wut, die Huang Liuhong so streng kritisiert hatte, wurden diese Freitode (sofern es sich um kinderlose Frauen handelte) als ›korrekt‹ angesehen, da sich in ihnen die tiefe Ehrerbietung einer Frau für ihren Mann erwies. Sie wurden selbst dann gelobt, wenn der Gatte in der Gemeinde kein gutes Ansehen mehr genoß, wie der Fall der Frau Gao erkennen läßt. Diese Frau besuchte ihren schwerkranken Mann im Gefängnis von Tancheng, wo er unter Mordanklage festgehalten wurde. Während sie bei ihm in der Zelle war, versuchte sie, ihn und sich an den Bandagen, mit denen sie gewöhnlich ihre Füße umwickelte, zu erhängen. Ihr Versuch wurde von den Wärtern vereitelt. Nachdem ihr daraufhin weitere Besuche in der Gefängniszelle untersagt wurden, ging sie zum Tempel des Stadtgotts und richtete folgende Worte an ihn: »Wenn mein Mann stirbt, möchte ich auch sterben. Sein Leid ist mein Leid. Wie kann ich allein leben? Meine Absicht steht fest: Eher als am Ende mit ihm zusammen zu sterben, werde ich es sein, die zuerst geht. Nur der Gott versteht meine Lage.« Und sie erhängte sich auf der Veranda des Tempels. Selbstmorde dieser Art kamen nicht nur unter den Mitgliedern gebildeter

Familien der Oberschicht vor, die im Sinne eines konfuzianischen Treue-
ideals erzogen worden waren: Frau Liu, die sich umbrachte, nachdem ihr
Mann einer Krankheit erlegen war, war die Tochter eines Zimmermanns, ihr
Mann Landarbeiter; in einem anderen Fall war die Frau mit einem Trödler
verheiratet, der zwischen den Marktorten Lijiazhuang und Laiwu pendelte.
Das Gebot der weiblichen Gattentreue war so streng, daß es bereits in
Kraft trat, wenn das Paar nicht verheiratet, sondern erst verlobt war. Als der
Verlobte einer anderen Frau Liu, Zhang Shou, starb, bevor die Hochzeitsze-
remonie vollzogen war, und ihre Eltern heimlich die Verlobung mit einem
anderen arrangierten, »schnitt sie sich das Haar ab und entstellte ihr Gesicht«.
Sie schwor, dem Mann, der ihr Ehegatte hätte werden sollen, ewige Treue zu
bewahren, bestand darauf, Zhangs Eltern zu dienen, als wäre sie ihre Schwiegertochter, und verbrachte ihr Leben mit ihnen als enthaltsame Vegetarierin.
Noch eindringlicher ist die Geschichte eines erst dreizehn Jahre alten Mädchens, das in der Familie ihres zukünftigen Mannes lebte, der Familie Liu im
Dorf Wangtian nördlich der Kreisstadt. Derartige Vereinbarungen waren
damals durchaus üblich – das junge Mädchen erhielt Nahrung und Schutz,
während die zukünftige Schwiegermutter mit ein Paar Händen mehr im
Haushalt rechnen konnte. 1651, bevor die Ehe offiziell geschlossen worden
war, wurde Liu jedoch unerlaubter Beziehungen zu seiner verwitweten
Schwägerin bezichtigt und kastrierte sich selbst in einer Überreaktion, um
ihren Namen reinzuwaschen und seine eigene Integrität zu beweisen. Seine
Eltern wie auch die Mutter des jungen Mädchens hielten daraufhin die Hei-
ratsabsprache für gebrochen, da Liu »kein ganzer Mensch mehr war«, und
trafen Vorkehrungen für eine neue Verlobung. Während aber der neue Gatte
schon eingeladen war, riegelte das junge Mädchen unter dem Vorwand, daß
sie sich waschen müsse, bevor sie ihn empfangen könne, die Türe hinter sich
zu und erhängte sich.
Solche Geschichten hielten sich in der Erinnerung der Leute ebenso wie in
den schriftlichen Aufzeichnungen, und 1671 waren noch genug Menschen
am Leben, die der jüngeren Generation von den Opfern der Vergangenheit
berichten konnten: Der Schwiegervater der Frau Wang stand in den Siebzi-
gern, der ehemalige Bezirksvorstand, Yu Shun, war über neunzig, die Witwe
Fan einundachtzig. Ihre Biographie zeigt, daß sie ihren Sohn schon zur Zeit
der großen Hungersnot 1615 geboren hatte, »als Männer ihre Frauen für einige Dutzend Käsch verkauften und Söhne für den Preis von ein paar
Dampfklößen zu haben waren«. Sie war schon seit 1622 Witwe, nachdem die
Rebellen der Weißen-Lotos-Sekte so viele Leute aus Tancheng in ihr Verder-

ben gelockt hatten. Für die meisten der älteren Überlebenden wie für die junge Generation müssen sich die schlimmsten Geschichten um den Einfall der Mandschu in ihre Stadt gerankt haben, Erzählungen, denen einige besonders exemplarische Fälle zu entnehmen sind. Mindestens neun der Frauen, die in den Biographien aus Tancheng erscheinen, verloren in jenem Jahr ihren Mann durch die Mandschu, und von vier Frauen sind Beschreibungen überliefert, wie sie selbst den Tod fanden. Frau Xie und Frau Tian, die in dieselbe Familie eingeheiratet hatten und zusammenwohnten, hängten sich am selben Balken an ihren Schärpen auf, als die Truppen einmarschierten, die eine vierundzwanzig, die andere zwanzig Jahre alt. Frau He, die seit fünf Jahren verwitwet war, wurde von den Soldaten gefangen, als sie mit ihrer sechsjährigen Tochter zu fliehen versuchte; als sie Widerstand leistete, gingen die Soldaten mit dem Schwert auf sie los, aber sie konnte sich losreißen und stürzte sich, das Kind umklammernd, in einen Brunnen. Am nächsten Tag hörten Nachbarn das kleine Mädchen weinen und retteten es, Frau He jedoch war tot. Als die Truppen die vorderen Räume ihres Hauses plünderten, waretete Frau Chen mit ihrem achtjährigen Sohn in der Haupthalle ihrer privaten Gemächer. Ihr Mann war in der Stadt und versuchte mit seinem Bruder, die Mutter in Sicherheit zu bringen. Frau Chen und ihr Sohn weinten beide, als die Soldaten in ihre Räume eindrangen und sie quer über den Hof nach draußen schleppten. Sie wehrte sich, schrie und verfluchte die Soldaten, als diese sie durch das Haupttor auf die Straße zerrten und, als sie sich immer noch wehrte, töteten.

Andere in Tancheng überlebten, doch nur mit knapper Not. Frau Xu wurde von den Truppen gefangengenommen und verletzt, aber es gelang ihr, mit ihrem sechsjährigen Sohn zu entkommen. Frau Yang war im sechsten Monat schwanger, als die Soldaten ihren Mann und die Schwiegermutter ermordeten. Öffentlich vollzog sie die Bestattungsriten für sie, und die Soldaten ließen sie gewähren. (Zwei Monate später, nachdem die Armee abgezogen war, gebar sie einen Sohn). Frau Gao sprang mit ihrem fünf Jahre alten Sohn von der Stadtmauer, nachdem die Truppen ihren Mann und die älteren Kinder getötet hatten. Sie rannte nach Osten und wäre beim Versuch, den Fluß Shu zu überqueren, ertrunken, wenn sie nicht Dorfbewohner gerettet hätten, bei denen sie und der Junge dann Unterschlupf fanden.

Pu Songling huldigte dem Mut solcher Frauen mit der kurzen Geschichte »Herrn Zhangs Gattin«:

Im Jahre 1674, während der ›Rebellion der drei Feudalfürsten‹, schlugen die Truppen, die in den Süden abkommandiert waren, ihr Reiterlager im Gebiet von Yan auf. Kein Hund und kein Huhn blieben von ihnen verschont, nichts stand mehr auf den Feuerstellen, und an den Frauen und Mädchen wurden die größten Frevel begangen.

Es hatte in dieser Jahreszeit viel geregnet, so daß die Felder, in Seen verwandelt, unter Wasser standen. Nirgends konnten sich die Menschen verborgen halten, deshalb bauten sie kleine Flöße und versteckten sich in den hochstehenden Gaoliangfeldern. Als die Soldaten davon erfuhren, rissen sie sich die Kleider vom Leib und ritten nackt hinter ihnen her, spürten sie im Wasser auf und vergewaltigten die Frauen. Nur wenige entkamen.

Nur die Gattin eines gewissen Zhang verbarg sich nicht, sondern blieb ganz offen in ihrem Haus. Zusammen mit ihrem Mann hob sie nachts in der Küche eine Grube aus, die sie locker mit Schilfgras füllte, und tarnte die Öffnung, indem sie Matten darüber legte, so daß es aussah wie eine Lagerstatt. Danach bereitete sie wie gewöhnlich an ihrem Herd das Essen.

Als die Truppen kamen, trat sie, wie um sich anzubieten, aus der Tür ihres Hauses. Zwei mongolische Soldaten ergriffen sie und wollten sie vergewaltigen, sie aber hielt ihnen vor: »Wie kann ich so etwas in der Gegenwart eines Dritten tun?« Glucksend raunte einer dem anderen etwas zu und machte sich davon. Gemeinsam mit dem verbliebenen Soldaten betrat die Frau das Haus und wies auf das Bett, wie um ihm zu bedeuten, daß er sich zuerst niederlassen sollte. Die Tarnauflage brach, und der Soldat stürzte in das Loch. Die Frau deckte es wieder ab, legte eine Bettmatte über die Öffnung und stellte sich direkt daneben, um den anderen Soldaten in die Falle zu locken. Nach kurzer Zeit kam er in die Küche zurück. Er hörte die Schreie aus der Grube, konnte jedoch nicht ausmachen, woher sie kamen. Ihm zulächelnd winkte ihn die Frau heran und sagte: »Hierher.« Der Soldat trat auf die Matte und stürzte ebenfalls in das Loch. Rasch warf die Frau zusätzlich Reisig auf die beiden und legte an den ganzen Haufen Feuer. Die Flammen schlugen so hoch, daß das Haus selbst Feuer fing und sie um Hilfe rufen mußte. Als das Feuer gelöscht war, verbreitete sich ein starker Geruch nach gebratenem Fleisch, und die Leute fragten, woher das käme. Die Frau antwortete: »Ich hatte zwei Schweine, und da ich befürchtete, daß die Truppen sie mir wegnehmen würden, hielt ich sie in dem Loch versteckt.«

»Eine hervorragende Kriegslist«, wertete Pu Songling in einem der kurzen Kommentare, die er seinen Geschichten gern hinzufügte, »ohne daß sich die

Frau den gierigen Soldaten hingeben mußte. Wirklich eine edle und kluge Frau, wert, zu den ›treuen und tugendhaften Gattinnen‹ gerechnet zu werden!«

Diese Geschichte war dem Herausgeber der Werke Pu Songlings offenbar zu unverblümt, so daß er sie nicht in die gedruckte Sammlung der Geschichten aufnahm. Vielleicht kamen während der Qing-Dynastie den Zeitgenossen bei dem Wort »Mongolen« zu leicht die »Mandschu« in den Sinn, so daß die Geschichte geradezu aufrührerisch wirkte. Aber in zahlreichen anderen Erzählungen konfrontierte Pu Songling seine Frauengestalten nicht mit äußeren Wirren und Verwüstungen, sondern mit anderen, komplexeren gesellschaftlichen Herausforderungen:

Ein Gelehrter namens Zong Xiangruo streifte an einem Herbsttag bei der Inspektion seiner Felder durch die Gegend, als er an einer Stelle, an der das reife Getreide besonders dicht stand, Zeichen einer heftigen Bewegung bemerkte. Erstaunt betrat er den Pfad zwischen den Feldern, um der Sache nachzugehen, da entdeckte er, daß sich dort ein Mann und eine Frau vereinigten. Lachend trat er den Rückzug an, doch der Mann band in höchster Verlegenheit rasch seinen Gürtel zu und hastete davon.

Auch die Frau erhob sich. Als er sie musterte, fiel dem Gelehrten auf, wie reizend sie war, und er fühlte sich so zu ihr hingezogen, daß er sie selbst begehrte. Aber der Gedanke, es ihnen im Schmutz mitten auf freiem Lande gleichzutun, erfüllte ihn mit Scham. Sich nähernd, klopfte er ihr die feuchte Erde ab und fragte: »Gefallen dir diese unziemlichen Zusammenkünfte hier draußen in den Feldern?« Die Frau lächelte, antwortete aber nicht.

Zong zog sie an sich und öffnete ihr das Kleid, auf ihrer Haut lag ein weicher Schmelz, und er ließ seine Hand von oben bis unten über ihren Körper gleiten. Die Frau lächelte und sagte: »Du bist ein verdorbener Gelehrter. Du benimmst dich, wie dir gerade der Sinn steht. Warum befühlst du mich so verrückt?« Er fragte sie nach ihrem Namen, und sie antwortete: »Wie ein Windhauch im Frühling streifen wir einmal aneinander vorbei, dann entfernen sich unsere Wege; warum willst du dir die Mühe machen, mehr über mich herauszufinden? Möchtest du dir meinen Namen aufschreiben, damit du meiner Keuschheit eine Ehrentafel errichten kannst?«

Zong entgegnete: »Sich draußen auf dem Land im nassen Gras zu vereinigen, liegt den Schweinehirten aus den Bergdörfern, aber mir nicht. Wenn eine Frau von deiner Schönheit eine Affäre haben will, sollte sie wissen, was gut genug für sie ist. Wozu sich so erniedrigen?« Die Frau schien mit seinen

Worten vollkommen einverstanden, also fuhr er fort: »Meine armselige Unterkunft befindet sich nicht weit von hier. Ich bitte dich inständig, komm zu Besuch und bleib einige Zeit bei mir.«

Die Frau ging auf seinen Vorschlag ein, und noch in derselben Nacht liebten sich die beiden in der Bequemlichkeit seines Hauses.

Die ländliche Gesellschaft war eine unerschöpfliche Quelle der Inspiration für Pu Songling, denn die große Bandbreite der Probleme, die intime Verhältnisse mit sich brachten, faszinierte ihn, an erster Stelle die Geldfrage.

›Danach‹
Farbdruck aus dem erotischen Album Fengliu juechang
Ming-Zeit

Aus verschiedenen seiner Geschichten läßt sich eine Liste erstellen, wie hoch er – mit einigem Spott – die vergleichbaren Kosten für eine Frau schätzte: Eine Nacht mit der edelsten Kurtisane konnte einen Mann fünfzehn Taels kosten; für den ständigen Besitz war eine solche Schönheit einen Tausender wert; für 200 Taels ließ sich ein junges Singmädchen erstehen und für hundert eine passable Konkubine; aber nur zehn Taels benötigte man, um sich eine häßliche, übellaunige Magd, die vordem einer lokalen Gentryfamilie gedient hatte, zur Frau zu kaufen, wobei einem Bauernwitwer jedoch schon drei Taels zum Erwerb einer einfachen Frau ausreichten. (Einer der drei Taels ging an den Schreiber, der den Vertrag aufsetzte, ein paar Kupferlinge an die Vermittlerin und etwas mehr als ein Tael an die Familie der Braut.) Pu war ebenso an den Einzelheiten der verschiedenen Scheidungsarten interessiert, er war gefesselt von innerfamiliären Rachezwisten, von Trennungen aufgrund von Verrat und Enttäuschung, von den Verhältnissen homosexueller

Literaten, von den speziellen Problemen einfacher Frauen. Wie er in der Nachschrift zu seiner Erzählung »Das Land der Wilden« schrieb, »sagt man, daß diese Wilden selten seien. Aber wenn man es bedenkt, sind sie gar nicht so selten; im Bett jedes Haushalts findet sich ein Wilder.« Starke Frauen, die ihre Kinder zur Welt brachten und dann sofort an die Arbeit zurückkehren konnten, interessierten ihn wie Frauen, denen es gelang, illegitime Kinder großzuziehen, Frauen, die entschlossen waren, niemals zu heiraten, sondern ihr Leben nach dem Vorbild der Unsterblichen He Xianggu in Jungfräulichkeit zu verbringen: He Xianggu war ein weiblicher Geist, der im Tempel jener anderen Unsterblichen, Ma Gu, erschienen war und – manchen Berichten zufolge – selbst aus Tancheng stammte. Es amüsierte ihn aber auch, wenn sich ein Mann, durch den Widerstand einer Frau nicht aus der Fassung bringen ließ:

»Als der Mann sie umarmen wollte, sagte die Frau: ›Laß mich für einen Moment los. Es liegen jetzt zwei Wege vor uns, und du mußt dich für einen entscheiden.‹ Er fragte sie, worauf sie hinaus wollte, und sie antwortete: ›Wenn wir in einer Weise befreundet sind, daß wir zusammen Go spielen und trinken, dann werden wir noch dreißig Jahre miteinander verbringen können; aber wenn wir uns den Genüssen des Schlafzimmers hingeben, können wir nur sechs Jahre zusammenbleiben. Was wählst du?‹ Und der Mann antwortete: ›Laß uns in sechs Jahren noch einmal darüber sprechen.‹«

Pu Songling war jedoch ebenso angetan von der Naivität des Gelehrten, der, tief in seine Bücher vergraben, nie begriffen hatte, daß es so etwas wie Sexualität überhaupt gab, bis er, von einer schönen Frau eines Besseren belehrt, durch die Gegend rannte, um es allen Nachbarn zu erzählen. Er schrieb mit der Geschichte der »Frau Yan« eine eigene Variante des traditionellen ›Mulan‹-Themas, der kriegerischen jungen Frau, die sich, als Mann verkleidet, anstelle ihres Vaters mit der Armee in die Grenzkämpfe stürzt. Selbst gebildet, aber mit einem dümmlichen und eingebildeten Gelehrten verheiratet, der immer wieder durch die Prüfungen fällt, wirft sie ihm vor: »Du bist kein richtiger Mann, auch wenn du den Hut eines solchen trägst. Wenn du mich Haar und Kopfbedeckung wie ein Mann tragen ließest, könnte ich diese Examen so leicht bestehen, wie ich eine Senfpflanze aus dem Boden reiße.« Den Mann machen ihre Worte wütend. Mit blitzenden Augen antwortet er ärgerlich: »Ihr Frauen, die ihr noch nie eine Prüfungshalle betreten habt, denkt, daß es so einfach wäre, einen Beamtenrang zu erringen und eine einflußreiche Persönlichkeit zu werden, wie für die Küche Wasser aus dem Brunnen zu schöpfen und Reis zu kochen.« Schließlich jedoch läßt er sich herab, sie den Versuch wagen zu lassen, und sie, die großen Männerschuhe mit Watte ausgestopft, damit sie ihr nicht von den winzigen Füßchen rutschen, besteht die Prüfungen und erhält einen hohen Beamtentitel.

Trotz zeitweiliger Rückzüge in Ironie und Phantasie finden sich bei Pu auch realistische Beschreibungen der mörderischen Konsequenzen sexueller Hörigkeit für den schwächeren Part:

Herr Nan Sanfu, der aus einer angesehenen Beamtenfamilie stammte, besaß gut fünf Kilometer von seinem Wohnsitz entfernt ein Landhaus, das er täglich bei seinem Ausritt besuchte. Eines Tages geriet er dabei in einen heftigen Regen, und da sich auf halber Strecke ein kleines Dorf befand, stellte er sich im Eingang eines Bauernhauses unter, das etwas geräumiger als die anderen erschien. Die Bauern der umliegenden Dörfer hatten seit jeher sehr viel Achtung vor Nan Sanfu; es dauerte daher nicht lange, bis der Hausherr heraustrat, um ihn unterwürfigst in die Stube zu bitten. Der Raum war winzig, und nachdem der Wirt seinem Gast einen Platz angeboten hatte, beeilte er sich, das Zimmer zu sprengen und auszufegen. Danach reichte er seinem Gast heißen Tee mit Honig, und erst als dieser ihn drängte, sich zu setzen, wagte er Platz zu nehmen. Nan erkundigte sich nach seinem Namen, er hieß Dou Yanzhang. Ein Weilchen später wurde Nan Sanfu höchst zuvorkommend zu Wein und einem Hühnergericht eingeladen, das die Tochter Dous, ein junges Mädchen, servierte. Sie selbst blieb, nicht ganz außer Sichtweite, im Nebenraum. Sie mochte fünfzehn oder sechzehn Jahre alt sein und war unvergleichlich hübsch; Nan begehrte sie auf den ersten Blick.

Nachdem der Regen aufgehört hatte und Nan Sanfu wieder zu Hause war, mußte er ständig an das Mädchen denken, sie ging ihm nicht aus dem Sinn. Deshalb ließ er am nächsten Tag Stoffe, Wein und Speisen zusammenstellen und stattete seinem Gastgeber einen Dankesbesuch ab – gleichzeitig hoffte er, bei dieser Gelegenheit auch mit dem Mädchen besser bekannt zu werden. In der Folge wurden seine Besuche in der Familie Dou immer häufiger. Oft saß er mit Dou Yanzhang beim Wein und den Gerichten, die er jedes Mal mitbrachte, und nur ungern brach er auf. Auch die Tochter des Hauses verlor mit der Zeit alle Scheu und bewegte sich ganz unbefangen in seiner Gegenwart. Wenn er seine Augen nicht von ihr losreißen konnte, senkte sie lächelnd den Kopf. Er verliebte sich immer mehr in sie und ließ keine drei Tage verstreichen, ohne sie zu sehen.

Dann geschah es einmal, daß er Dou Yanzhang nicht zu Hause antraf. Er blieb so lange sitzen, bis das Mädchen herauskam, um ihn zu bewirten.

Gleich ergriff er ihren Arm und zog sie an sich, in der Absicht, sie zu verführen, aber sie, vor Scham und Ärger über und über rot, widersetzte sich streng: »Ich mag arm sein, und vielleicht wäre ich gern Ihre Frau, wie aber können Sie, der Angesehene und Reiche, mich so beleidigen?« Nan, der seine Frau kurze Zeit zuvor verloren hatte, verbeugte sich förmlich und sagte: »Wenn du mir deine Gunst schenkst, werde ich ganz bestimmt keine andere Frau heiraten.« Das Mädchen verlangte, daß er das beschwöre, und mit erhobener Hand schwor er bei Sonne und Himmel, ihr für immer treu zu sein. Da gab sie sich ihm hin.

Von diesem Tag an paßte er es immer ab, daß Dou Yanzhang aus dem Haus ging, um mit ihr zusammen zu sein. Doch das Mädchen drängte ihn: »Es kann nicht lange gutgehen, wenn wir uns so heimlich treffen. Wenn du mich zur Frau nähmest, wäre es eine große Ehre für meine Eltern, und niemand hätte etwas dagegen, daß wir uns täglich sehen. Du solltest rasch etwas unternehmen!« Nan versprach es, bei sich überlegte er jedoch, wie ein Bauernmädchen als Gattin zu ihm passen sollte. Unter allen möglichen Vorwänden schob er deshalb die Angelegenheit immer wieder hinaus. Zufälligerweise schlug ihm zur selben Zeit ein Heiratsvermittler eine Partie mit der

»Ankunft der Braut«
Holzplattendruck (Xylographie)

Tochter eines hohen Beamten vor, und wenn er auch zunächst noch zögerte, stimmte er entschlossen zu, als er erfuhr, daß sie nicht nur schön, sondern auch reich war.

Das Mädchen Dou war inzwischen schwanger und bedrängte ihn umso mehr, doch er schränkte seine Besuche bei ihr ein und brach die Beziehung schließlich ganz ab. Einige Monate später kam sie mit einem Sohn nieder. Ihr Vater war sehr zornig und prügelte sie so lange, bis sie alles gestand, dabei aber auch betonte, daß Nan ihr die Ehe versprochen habe. Erst da ließ Dou Yanzhang seine Tochter gehen und schickte jemanden zu Nan Sanfu. Der aber stritt alles ab und wies jegliche Schuld weit von sich. Daraufhin setzte Dou das Baby aus und prügelte seine Tochter nur noch mehr. In ihrem Kummer bat sie heimlich eine Nachbarin, Nan von ihrem Leid zu erzählen, er aber blieb ungerührt.

In dieser Nacht lief das Mädchen davon. Sie fand ihr Baby, das noch lebte, und eilte mit dem Kind im Arm zu Nans Haus. Sie klopfte ans Tor und beschwor den Pförtner: »Laß mich nur ein Wort mit deinem Herrn reden, dann muß ich nicht sterben. Wenn er auch an mich keinen Gedanken verschwenden wird, so kann ihm doch sein Sohn nicht ganz gleichgültig sein.« Der Torhüter berichtete Nan Sanfu davon, doch der verbot ihm, sie einzulassen. An das Tor von Nan Sanfus Anwesen gelehnt, weinte das Mädchen bitterlich. Erst gegen drei Uhr morgens war ihr Schluchzen nicht mehr zu hören, und als es hell wurde, sah man sie: Das Kind umarmend, saß sie auf dem Boden, tot in sich zusammengesunken.

Pu Songling hegte keine Illusion in bezug auf die Ehe, auch wenn er mit seiner eigenen zufrieden war. Er wußte, daß sie sich für viele Frauen als eine freudlose Falle entpuppte. Manchmal hielt er für diese Frauen eine Fluchtvision bereit, wie in der finsteren Geschichte »Yun Cuixian«:

Liang Youcai stammte aus der Provinz Shanxi, aber er war lange durch die Lande gezogen, ehe er zuletzt als Straßenhändler in Jinan lebte. Er hatte weder Frau noch Kinder, auch keinen Landbesitz.

Jedes Jahr im April pilgerten die Leute aus dem umliegenden Land scharenweise auf den Berg Taishan, um zu opfern und Weihrauch zu verbrennen, und einmal schloß sich Liang Youcai ihnen an. In Gruppen von hundert und mehr führten buddhistische Nonnen und Mönche die Menschen auf den Berg, wo sie inmitten eines großen Durcheinanders vor den Heiligenstatuen

niedersanken und sich erst wieder erhoben, wenn ihre Räucherstäbchen ab-
gebrannt waren. Diese Zeremonie wurde das ›Rauchopferknien‹ genannt.

In einer der Gruppen fiel Liang Youcai ein besonders hübsches, siebzehn-
oder achtzehnjähriges Mädchen auf, in das er sich auf der Stelle verliebte.
Unter dem Vorwand, auch an der Zeremonie teilnehmen zu wollen, kniete
er dicht neben ihr nieder. Als hätte er große Schmerzen und keine rechte
Kraft in den Knien, stützte er sich beim Aufstehen am Boden ab, dabei legte
er die Hand auf den Fuß seiner Nachbarin. Sie wandte den Kopf nach ihm um
und rückte, offensichtlich verärgert, von ihm ab. Noch immer auf den Knien,
drängte sich Cai wieder an sie heran, und wenig später drückte er erneut ihren Fuß. Das Mädchen begriff, daß er nichts Gutes im Schilde führte, und
stand hastig auf. Sie ging hinaus, ohne das Ende der Zeremonie abzuwarten.

»Hausierer« von Li Song, 1210, aus dem Album »Mingxian miaoji«
Tusche und leichte Farben auf Seide

Auch er erhob sich und folgte ihr vor den Tempel, doch wo immer er sie auch
suchte, er konnte nirgends mehr eine Spur von ihr entdecken, sie blieb verschwunden. Enttäuscht und niedergeschlagen machte er sich auf den Heimweg, als er auf der Straße vor sich das junge Mädchen zusammen mit einer
älteren Frau gehen sah. Die Ältere schien ihre Mutter zu sein, denn nachdem
er rasch zu ihnen aufgeschlossen hatte, hörte er, wie sich die zwei Frauen vor
ihm im Gehen unterhielten und die ältere gerade sagte: »Du magst zu dieser
Göttin beten, das ist eine sehr gute Sache. Du mußt dich ja nicht um kleine
Geschwister kümmern, also bitte nur die Göttin um ihren Segen für die Un-

119

terwelt und daß sie dir zu einem guten Bräutigam verhilft. Es reicht, wenn du mir deine Liebe und Verehrung beweist, dein Mann braucht weder reich noch aus besonders guter Familie zu sein.«

Liang freute sich insgeheim sehr, als er das hörte, und während er sich ihnen anschloß, begann er die alte Frau auszufragen. Sie erzählte ihm, daß sie Yun hießen, ihre Tochter mit Vornamen Cuixian, und daß sie in Shanxi, mehr als zwanzig Kilometer entfernt, zu Hause seien. Liang Youcai sagte: »Auf diesen gewundenen Bergstraßen kommen Sie mit Ihren kleinen Schritten und Ihre zarte Tochter doch nur sehr schlecht voran, wollen Sie wirklich umgehend nach Shanxi zurück?« Die alte Dame antwortete: »Wir sind schon so spät dran, daß wir heute bei meinem Bruder übernachten werden.« Daraufhin sagte Liang Youcai: »Ich habe eben gehört, daß es Ihnen nicht darauf ankommt, wenn Ihr Schwiegersohn arm und von niederer Herkunft ist. Ich bin noch nicht verheiratet. Vielleicht könnte ich Ihren Vorstellungen entsprechen?« Die alte Frau fragte ihre Tochter, was sie dazu meinte, aber diese gab keine Antwort. Erst als sie sie nachhaltig drängte, erwiderte das Mädchen: »Er ist nicht nur bettelarm, sondern auch frivol und frech, er benimmt sich ungebührlich und hat eine unstete Gesinnung. Ich wollte nicht die Frau eines so gemeinen Kerls sein!« Liang Youcai aber schwor bei seinen Ahnen, was für ein ehrlicher, anständiger Mensch er sei, als er das vernahm. Gleich war die alte Frau wieder gut gestimmt und willigte ein, ihm die Tochter zur Frau zu geben. Cuixian war alles andere als glücklich darüber und warf ihm böse Blicke zu, was ihr jedoch lediglich die Püffe und Schelte ihrer Mutter eintrug, die entschlossen war, sie mit Liang zu vermählen.

Um besonders höflich und aufmerksam zu erscheinen, holte Liang Youcai aus seiner Brusttasche etwas Geld und winkte für die alte Dame und ihre Tochter zwei kleine Sänften herbei. Er selbst lief wie ein Dienstbote hinterher. Wenn sie eine besonders enge oder steile Stelle zu passieren hatten, rief er den Trägern zu, sie sollten ja nicht stolpern und die Sänften nicht rütteln, und tat höchst umsichtig und besorgt. Nachdem sie kurze Zeit so gegangen waren, erreichten sie das Dorf, in dem Cuixians Onkel lebte, und auch Liang wurde eingeladen, die Nacht dort zu verbringen. Der Bruder der Frau, der zu ihrer Begrüßung vors Haus trat, war hochbetagt, und auch seine Frau war keinesfalls mehr jung zu nennen. Die Mutter begrüßte sie als »älterer Bruder« und »ältere Schwester« und sagte: »Dies hier ist Liang Youcai, mein zukünftiger Schwiegersohn. Da heute ein glückverheißender Tag ist, brauchen wir keinen anderen auszuwählen und können heute abend Vermählung feiern.« Hoch erfreut brachte der Onkel zur Bewirtung Liang Youcais Wein und

Speisen herbei. Nachdem man gegessen hatte, führte die alte Frau ihre festlich gekleidete Tochter herein, bereitete das Bett und drängte das Brautpaar, sich bald zur Ruhe zu begeben. Nachdem die Mutter gegangen war, sagte Cuixian zu ihrem Gemahl: »Ich weiß, daß du ein unehrlicher Mensch bist, aber da meine Mutter mir befohlen hat, dich zu heiraten, muß ich mich demütigen. Wenn du dich menschlich beträgst, sollte uns das Zusammenleben nicht allzu schwer fallen.« Schweigend nahm Liang es hin.

Nachdem sie früh am nächsten Morgen aufgestanden waren, sagte die alte Frau zu Liang: »Am besten gehst du voraus, meine Tochter und ich kommen nach.« Liang Youcai kehrte in sein Heim zurück und säuberte es. Dann geleitete die alte Frau ihre Tochter ins Haus. Als sie sah, wie ärmlich und kahl es dort war, sagte sie: »Wie könnt ihr in solcher Armut leben! Laßt mich rasch zu Hause einiges besorgen, um es euch ein bißchen leichter zu machen.« Sie brach auf, und am nächsten Tag kam eine ganze Schar von Männern und Frauen, die alle etwas herbeitrugen: Kleider, Essen, Möbel und andere Gerätschaften, und schnell war das kleine Haus damit angefüllt. Sie luden ihre Last ab und gingen wieder, ohne auch nur eine Mahlzeit zu sich zu nehmen. Nur eine Dienstmagd blieb zurück.

Von da an saß Liang Youcai warm gekleidet und wohlgenährt zu Hause und lud jeden Tag seine Kumpane aus dem Dorf ein, mit ihm zu trinken und zu spielen. Da er Geld für das Glücksspiel benötigte, begann er Cuixians Haarnadeln und Ohrringe zu verkaufen. Wenn sie sich beschwerte, ignorierte er sie, und als sie es nicht länger dulden wollte, mußte sie ihre Kästen und die Schmuckschatulle wie vor Räubern hüten.

Eines Abends klopfte einer der Spieler an die Tür, um seinen Freund Liang zu besuchen. Dabei erhaschte er einen Blick auf Cuixian und sagte erstaunt: »Du bist so ein reicher Mann und beklagst dich noch dauernd über deine Armut?« Liang Youcai fragte ihn, woher sein Reichtum denn kommen sollte. Der Freund antwortete: »Ich habe deine Frau gesehen, sie ist schön wie eine Fee. Sie hat dich zwar geheiratet, aber sie kommt aus einer völlig anderen Schicht. Wenn du sie jemandem als Nebenfrau verkaufst, bringt sie dir über hundert Taels ein, aber du sie als Hure in ein Freudenhaus gibst, bekommst du tausend. Wenn du erst tausend Taels im Hause hast, kannst du trinken und spielen, wann und wie es dir beliebt, was brauchst du dir dann noch Sorgen um dein Kapital zu machen?« Liang Youcai ging nicht darauf ein, aber insgeheim stimmte er zu.

Von jenem Tag an machte er es sich zur Gewohnheit, in Gegenwart seiner Frau plötzlich aufzuseufzen oder seine unerträgliche Armut zu beklagen.

Wenn Cuixian ihn nicht beachtete, schlug er mir der Faust auf den Tisch oder warf die Stäbchen hin, schalt die Dienstmagd und führte sich höchst albern und unwürdig auf. Eines Abends hatte Cuixian für sich und ihren Mann Wein besorgt. Als sie zusammen tranken, sagte sie auf einmal: »Du grämst dich jeden Tag wegen deiner Armut. Auch ich kann nichts dagegen unternehmen, daß wir so vieles entbehren müssen. Ich teile dein Unglück, und wie sollte ich mich nicht dafür schämen. Ich habe nichts von Wert, was wir verkaufen könnten, außer dieser Magd. Mit dem Erlös für sie könntest du einen bescheidenen Handel aufbauen. Liang Youcai schüttelte den Kopf und sagte: »Was bekommt man schon für eine kleine Magd!« Sie tranken weiter, als Cuixian nach einer Weile sagte: »Was würde ich nicht für meinen Gemahl ertragen! Nur reicht leider meine Kraft nicht aus. Mir scheint unsere Armut inzwischen so groß, als könnten wir nie mehr aus diesem Elend herausfinden, und wenn wir bis zum Tode beisammen blieben. Seien es auch mehr als hundert Jahre, ich sehe keine Chance, daß sich unser Geschick zum Guten wendet. Wäre es nicht für uns beide von Vorteil, mich in einen reichen Haushalt zu verkaufen? Vielleicht bekommst du ja für mich mehr Geld als für die Dienstmagd.«

Scheinbar entsetzt erwiderte Liang Youcai: »Wie könnte ich so etwas je tun?« Doch Cuixian bestand mit großem Ernst auf ihrem Vorschlag, und Liang, der innerlich frohlockte, meinte scheinheilig: »Gestatte mir, erst noch einmal alles ganz genau durchzurechnen.«

Mit einem einflußreichen Eunuchen vereinbarte Liang, Cuixian als Prostituierte zu verkaufen. Der Eunuch, der persönlich gekommen war, um Cuixian in Augenschein zu nehmen, war höchst angetan, und aus Furcht, die Schöne könnte ihm entgehen, schrieb er auf der Stelle einen Schuldschein über 800 Tael aus. Als die Sache kurz vor dem Abschluß stand, sagte Cuixian:

»Meine Mutter hat sich die Armut ihres Schwiegersohnes immer sehr zu Herzen genommen. Jetzt, nachdem wir nicht mehr miteinander verbunden sind, möchte ich sie kurz besuchen. Außerdem muß ich ihr schließlich mitteilen, daß die ehelichen Bande zwischen uns zerrissen sind.«

Liang Youcai befürchtete, daß ihre Mutter versuchen könnte, den Handel zu vereiteln, aber Cuixian beruhigte ihn: »Es war mein eigener Wunsch, ich versichere dir, daß nichts von dem Geld, das du für mich erhältst, dadurch verlorengehen wird.« Also begleitete Liang sie zu ihrer Mutter zurück.

Es war schon fast Mitternacht, als die beiden das Haus von Cuixians Mutter erreichten. Sie klopften an das äußere Tor und kamen in ein prächtiges

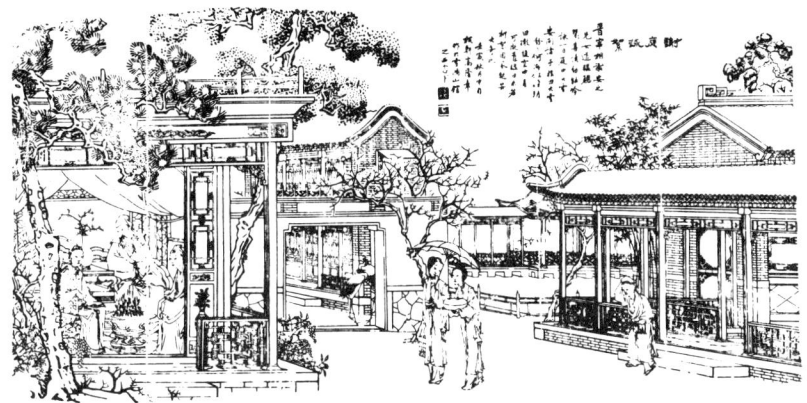

»Die literarisch begabte Tochter des Würdenträgers Xie An«, Neujahrsbild
Schwarzweißer Holzschnitt,
Neudruck von alten Tafeln, Yangliuqing, Ende 19. Jh.

Anwesen. Zahlreiche Diener und Mägde huschten über den Hof. In den eineinhalb Jahren, die Liang mit Cuixian verheiratet gewesen war, hatte er sie immer wieder gedrängt, ihn im Hause ihrer Mutter einzuführen, aber Cuixian hatte sich immer geweigert. So kam es, daß er das Haus seiner Schwiegermutter in all der Zeit nie besucht hatte. Angesichts von so viel Wohlstand erschrak er und fürchtete, daß es so hochgestellte Leute sehr empören würde zu erfahren, daß ihre Tochter als Prostituierte verkauft worden sei. Cuixian beachtete ihn nicht weiter, sondern führte ihn direkt ins Obergeschoß, wo die alte Dame sie sehr erstaunt willkommen hieß und fragte, was sie denn zu ihr führte. Zornig antwortete Cuixian: »Ich habe von Anfang an gesagt, daß das ein gemeiner, unehrlicher Kerl ist, und jetzt hat es sich wirklich deutlich erwiesen!« Dann holte sie aus ihrem Gewand zwei Goldbarren hervor, legte sie auf den Tisch und sagte: »Glücklicherweise hat dieser Lump das Gold nicht gestohlen, so daß ich es dir, Mutter, heute zurückgeben kann.« Verblüfft fragte die alte Dame, aus welchem Grund sie ihr die zwei Barren zurückbrachte. Cuixian antwortete: »Er wollte mich verkaufen, also habe ich für diese Barren, die ich versteckt hatte, keine Verwendung mehr. Dann wies sie auf Liang und beschimpfte ihn: »Du niederträchtige Ratte! Früher hast du Lasten geschleppt, das Gesicht voller Staub, schwarz wie ein Teufel. Als du dich mir zum ersten Mal nähertest, hat mich dein Schweißgeruch fast erstickt; du warst so dreckig, daß du Flecken im Bett hinterlassen hast, und die riesigen Geschwüre an deinen Händen und Füßen haben mich die ganze

Nacht über bald zum Erbrechen gebracht. Nachdem ich dich heiratete und dir in dein Heim folgte, hast du herumgesessen und dich sattgegessen, ohne etwas dafür zu tun, aber schließlich ist deine satanische Natur doch zum Vorschein gekommen. Wie könnte ich dich sonst im Angesicht meiner eigenen Mutter verteufeln?« Liang Youcai ließ den Kopf hängen und wagte kaum zu atmen. Cuixian sprach weiter: »Ich weiß, daß ich keine weithin gerühmte Schönheit bin und zu einem richtigen Edelmann nicht gepaßt hätte, aber für einen Mann wie dich war ich allemal eine gute Partie. Was fehlte mir denn, daß du mir niemals die Gefühle bezeigtest, wie sie ein Mann seiner Frau normalerweise entgegenbringt? Wenn ich gewollt hätte, hätte ich ein weitläufiges Haus und ertragreiche Felder für uns erwerben können. Aber ich sah, daß du bis in die Knochen liederlich bist, ein betrügerischer Bettler. So einer ist kein guter Gefährte fürs Alter!« Während sie noch sprach, krempelten die Dienstboten und Cuixians Mutter die Ärmel auf und umringten Liang. Als sie ihre Anschuldigungen gehört hatten, begannen sie auf ihn zu spucken, beschimpften ihn und riefen: »Tötet ihn, was lohnt bei einem solchen Kerl noch das viele Reden!« Liang Youcai erschrak zu Tode und warf sich zu Boden, reuemütig gestand er alle Schuld ein.

Cuixian wurde immer wütender und schrie: »Daß du deine Frau verkaufen wolltest, ist schon ein Verbrechen, aber das ist noch nicht einmal das Schlimmste: Wie konntest du die Frau, mit der du das Bett geteilt hast, als gewöhnliche Prostituierte verkaufen!« Sie hatte noch nicht ausgeredet, da stachen schon alle, die um Liang Youcai herumstanden, wie die Furien mit spitzen Haarnadeln, Scheren oder Messern auf ihn ein. Liang schrie erbärmlich um sein Leben, bis Cuixian die Dienstboten aufhören hieß: »Laßt ihn für jetzt liegen. Ich kann es nicht ertragen, ihn so vor Furcht zittern zu sehen, auch wenn er sich so niederträchtig benommen hat.« Mit diesen Worten führte sie die ganze Gruppe ins untere Stockwerk.

Liang blieb am Boden liegen, wartete, bis die Stimmen langsam erstarben, und hoffte auf eine Fluchtmöglichkeit. Als er aufsah, blickte er mit einem Mal in die Sterne, und am Osthimmel zog bereits die Morgendämmerung herauf. Er befand sich im Freien, nach und nach erloschen auch die letzten Lichter; es gab überhaupt kein Haus, keine Höfe, keine Pavillons, und als er um sich blickte, stellte er fest, daß er am Rand eines steilen Abgrunds saß. Als er sich vorbeugte, sah er unendlich weit in die Tiefe, er konnte den Grund nicht ausmachen, und schreckliche Furcht abzustürzen befiel ihn. Bei seiner ersten vorsichtigen Bewegung löste sich krachend der Felsen unter ihm, und er stürzte mit den Gesteinsbrocken in den Abgrund. Auf halbem Weg in die

Tiefe ragte ein toter Baum auf, der Liang in seinem Sturz auffing und ihn davor bewahrte, am Grund zu zerschellen: Er blieb mit dem Oberkörper hängen, doch seine Hände und Füße fanden nirgends Halt. Wenn er nach unten blickte, sah er in eine große Leere, ohne einen Anhaltspunkt, wie weit es noch in die Tiefe ging. Er wagte nicht sich zu rühren, nicht einmal, den Kopf zu wenden, schrie nur in seiner Angst, bis ihm die Stimme versagte. Nach und nach schwollen seine Gliedmaßen an, alles verschwamm ihm vor den Augen, und die Ohren waren wie taub; er roch nichts mehr, und selbst die Zunge gehorchte ihm nicht, alle Kraft hatte ihn verlassen.

Die Sonne war schon hoch empor gestiegen, als ein Holzfäller des Wegs kam und Liang Youcai hängen sah. Mit einem Seil zog er ihn auf einen Felsvorsprung herauf. Da Liang halbtot schien und mühsam nach Luft rang, trug er ihn zu seinem Haus zurück. Die Tür stand offen, und das Innere des Hauses war öde und leer wie ein verlassener Tempel, das Bett, die Kasten und Truhen, die ganze Ausstattung war spurlos verschwunden, und nur seine alte, kaputte Lagerstatt und ein wackeliger Tisch, die er vor seiner Heirat schon besessen hatte, standen noch unordentlich im Raum. Stöhnend sank Liang auf sein Lager. Hinfort erbettelte er sich alle Tage, wenn er Hunger hatte, bei den Nachbarn etwas zu essen. Mit der Zeit entzündeten sich die Schwielen an seinem Körper zu einem eiternden Aussatz. Die früheren Freunde und Bekannten im Dorf verabscheuten ihn für das, was er getan hatte, und spuckten auf ihn. In letzter Not verkaufte er sein Haus und lebte fortan in einer Höhle, tagsüber am Wegrand um Essen bettelnd.

Er führte stets ein Messer mit sich, und wenn ihn jemand drängte, es gegen etwas Eßbares einzutauschen, weigerte er sich mit der Begründung: »Ich lebe in der Wildnis und muß mich gegen Tiger und Wölfe verteidigen. Ich brauche das Messer zu meinem Schutz.«

Einige Zeit später begegnete er auf der Straße dem ehemaligen Freund, der ihm geraten hatte, seine Frau zu verkaufen. Er ging auf ihn zu und begann laut sein Unglück zu beklagen. Als niemand darauf achtete, zog er sein Messer und erstach den Mann. Er wurde festgenommen und eingesperrt, doch der Beamte, der den Fall untersuchte, brachte es nicht über sich, die Todesstrafe zu verhängen, nachdem er alle Umstände des Falles erfahren hatte. Unterernährt und krank starb Liang Youcai nach kurzer Zeit im Gefängnis.

Was aber geschah mit den Frauen in Tancheng, die nicht auf Magie oder Geld zurückgreifen konnten? Was geschah mit jener Frau namens Wang, die einen gewissen Ren geheiratet hatte?

Es ist nicht genau festzustellen, wann sie heirateten, es muß jedoch irgendwann in den späten sechziger Jahren des Jahrhunderts gewesen sein.
Auch ihre Vornamen sind unbekannt. Wir wissen nicht einmal, wie sich Ren
eine Frau leisten konnte, denn es gab in Tancheng viel weniger Frauen als
Männer, das Ergebnis des Zusammenspiels einer Reihe von Faktoren: die
häufigen Morde an weiblichen Neugeborenen, die schlechtere Ernährung
für Mädchen, die Anwesenheit von stets mehreren Frauen in den Haushalten
bessergestellter Männer. Möglicherweise mußte Ren kein Geld und nicht
einmal die üblichen Geschenke aufbringen, um die Wang als Frau heimzu-
führen, denn sie scheint eine Waise gewesen zu sein – zumindest scheinen
keine Verwandten in der Nähe gelebt zu haben. Da Rens eigener Vater ein
siebzigjähriger Witwer war, war sie vielleicht schon als Kindsmagd ins Haus
genommen und, als sie alt genug war, mit Ren verheiratet worden, wie es
mit jungen Mädchen auf dem Land häufig geschah.

Bekannt ist dies: Anfang 1671 war das Paar verheiratet und lebte in einem
kleinen Dorf außerhalb der Marktstadt Guichang, dreizehn Kilometer südwestlich von Tancheng. Sie waren arm, ihren Lebensunterhalt verdiente Ren,
indem er sich zur Arbeit auf den Feldern anderer Leute verdingte. Ihr Haus
bestand aus einem Raum mit einer Kochstelle, einer Lampe, einer gewobe-
nen Schlafmatte und einer Strohmatratze. Fest steht auch, daß Frau Wang in
den ersten sechs Monaten nach ihrer Heirat mit ihrem Mann und dem sieb-
zigjährigen Schwiegervater zusammenlebte, der alte Mann jedoch schließlich in ein anderthalb Kilometer entferntes Haus umzog, da er nur schlecht
mit ihr zurechtkam. Und wir wissen, daß Frau Wang einen Großteil des Tages allein war, gebundene Füße hatte und kinderlos blieb, daß jedoch nebe-
nan ein kleines Mädchen wohnte, das sie ›Tante‹ nannte. Überliefert ist auch,
daß ihr Haus an einen kleinen Wald grenzte – und daß sie irgendwann und
aus irgendeinem Grund im Verlauf des Jahres 1671 davonlief.

Sie lief zusammen mit einem anderen Mann weg, aber es ist nicht bekannt,
wie er hieß oder wohin die beiden fliehen wollten. Die Karte zeigt, daß ihnen
zunächst drei Möglichkeiten zur Wahl standen: Sie konnten sich nach Südwesten wenden und die Grenze nach Pei überschreiten; sie konnten die dreizehn Kilometer nordöstlich bis zur Kreisstadt Tancheng zurücklegen und
von dort aus auf der Poststraße entweder südlich nach Huanghua fou, hinein
in die Provinz Jiangsu, oder nördlich nach Yizhou bis nach Zentralshandong
weiterziehen; oder sie gingen die dreizehn Kilometer nordwestlich bis nach
Matou und hielten sich von Matou aus westlich, indem sie der Straße folgten, die zum Marktort Zhangcheng und weiter in die Kreise Teng und Zou

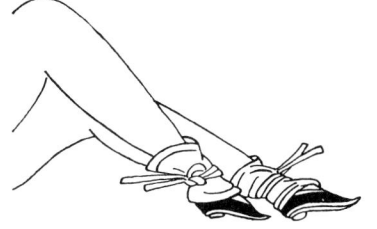

Bein- und Fußbekleidung, kleiner Schuh für gebundene Füße

führte. Welche Strecke sie auch wählten, wegen Frau Wangs gebundener Füße mußten sie sich in jedem Falle langsam fortbewegen, es sei denn, sie konnten sich Träger oder einen Wagen leisten.

Wenn ihnen daran lag, der Verfolgung zu entgehen, wäre Pei keine schlechte Wahl gewesen. Der Weg dahin führte zwar durch hügeliges Gelände, aber die Gegend hatte schon seit Jahren Banditen und Flüchtlingen Zuflucht geboten, die den Wechsel der Rechtshoheit von einer Provinz zur anderen zu ihrem Vorteil ausnutzten. Im Sommer und im Herbst, wenn das Wasser hoch stand, konnte sogar ein Teil des Weges mit dem Schiff zurückgelegt werden, und es war unwahrscheinlich, daß sich die Behörden in Pei um ein Flüchtlingspaar mehr oder weniger kümmerten. Pei war von ebenso schlimmen Katastrophen heimgesucht worden wie Tancheng: von Hungersnöten, Heuschrecken und Krieg, periodisch abwechselnden Dürren und Überschwemmungen. Auch Pei hatte unter dem Erdbeben von 1668 gelitten, weniger als Tancheng allerdings, aber da es am Gelben Fluß lag, drohten Flutkatastrophen, was in Tancheng mit seinen kleineren Nebenflüssen nicht der Fall war, und einen Monat nach dem Erdbeben hatten starke Winde und die angeschwollenen Gewässer so lange an den Uferbefestigungen genagt, bis die Dämme brachen und ein Großteil der Stadt Pei den Fluten zum Opfer fiel. Nur ein- oder zweihundert Familien kamen mit dem Leben davon, und zu einem Zeitpunkt, als Tancheng sich allmählich erholte, sank in Pei die Bevölkerung um ein weiteres Drittel.

Die Kreisstadt Tancheng war in mancher Hinsicht ein naheliegendes Ziel, aber die Nachteile waren offensichtlich. Als Sitz des Magistrats und Zentrum der Kreisverwaltung waren die Sicherheitsvorkehrungen strenger als an anderen Orten. Bestimmungen, die im Rest des Kreises nur auf dem Papier existierten, fanden hier noch Anwendung. Regelmäßig patrouillierten

»Südreise des Kaisers Kangxi« von Wang Hui u. a.,
gemalt zwischen 1691—98
Ausschnitt aus einer Querrolle, Tusche und Farben auf Seide

Wachen vor der Stadt, und an den heranführenden Straßen gab es Kontroll-
stationen, an denen die Reisenden zur Befragung angehalten und gezwungen werden konnten, die Gründe anzugeben, warum sie die Stadt betreten
wollten; wenn sie keine Verwandten dort hatten, konnte ihnen der Zugang
sogar verwehrt werden. Die Herbergen standen in schlechtem Ruf: Viele
wurden von betrügerischen Wirten betrieben, die ahnungslose Reisende mit
dem Angebot zur Schau gestellter billiger Speisen und Weine hereinlockten,
aber sobald sich das Landvolk eingemietet hatte, kletterten die Kosten in die
Höhe, da Schmarotzer und anders Gesindel ihre Zeche auf die Rechnung der

nichtsahnenden Gäste setzen ließen. Versuchten die Gäste, in andere Unterkünfte umzuziehen, wurde das von Schlägern vereitelt, die die Herbergseigner angeheuert hatten, um die Wirte der anderen in Frage kommenden Quartiere zu bedrohen. Selbst wenn die Wirte redlich waren, hatten innerhalb der Stadtmauern alle die Auflage, täglich über sämtliche Übernachtungsgäste Buch zu führen, gleichgültig, ob es sich um Gruppen oder Einzelreisende handelte; dazu mußten sie auch ihre Herkunft und den Zielort festhalten, die Waren, die sie eventuell verkaufen wollten, ihre Wagen und Zugtiere oder – falls sie welche mit sich führten – ihre Waffen. Bewaffneten

Reitern ohne Gepäck oder Waren war es verboten, Pferdeknechte anzuheuern oder über Nacht in der Stadt zu bleiben. Selbst Reisende, die allein zu Fuß unterwegs waren, konnten gezwungen werden weiterzuwandern, wenn sie kein Gepäck und niemanden in der Stadt hatten, der für sie bürgte – ob bewaffnet oder nicht. Nach Einbruch der Dunkelheit war es untersagt, in der Stadt herumzulaufen, allerdings war es den Leuten, deren Häuser weder über Hallen noch Höfe verfügten, in den heißesten Sommermonaten gestat-

»Straßenszene in einer Stadt der Song-Zeit«
Ausschnitte aus einer Bildrolle der Song-Zeit, Kopie aus der Ming-Zeit,
Tusche und Farben auf Seide

tet, ihre Türen einen Spalt zu öffnen und, auf den Stufen sitzend, die abendliche Kühle zu genießen. Aber selbst die Holztore, die von den Gassen auf die größeren Straßen führten, waren nachts geschlossen und bewacht; und allein, wer in dringenden Fällen die Hebamme oder einen Arzt holen mußte, durfte passieren, jedoch nur, wenn er eine behördlich autorisierte ›Nachtreiseerlaubnis‹ vorweisen konnte und seine Identität sowie die Angaben zum Wohnort überprüft waren.

»Straßenszene in einer Stadt der Song-Zeit«
Ausschnitte aus einer Bildrolle der Song-Zeit, Kopie aus der Ming-Zeit,
Tusche und Farben auf Seide

Sicherlich besaß die Marktstadt Matou für ein Paar, das untertauchen wollte, mehr Anziehungskraft. Trotz ihrer Größe waren nur wenige Garnisonstruppen dort stationiert und kein höherer Beamter vertreten. Matou war zweimal, 1641 und 1648, von Banditen überfallen worden, hatte es aber rasch wieder zu einigem Wohlstand gebracht, worauf eine Reihe von Anzeichen schließen lassen. Die Märkte – die größeren fanden am dritten und am achten Tag statt – die kleineren am fünften und zehnten – bestimmten die

Wirtschaftsperioden für die umliegende Region. Matou war die einzige Stadt, wo zu Wasser wie zu Land ein bedeutender Teil des Handels abgewikkelt wurde, der die Besteuerung lohnte. Es gab eine beträchtliche städtische Arbeiterschaft, starke Zünfte, mehr Tempel als in den anderen Städten, mehr Gärten und größere religiöse Feste. Es war die einzige Stadt im Kreis, die einer bekannten Arztfamilie ein Auskommen bot.

Das Paar mußte sich verborgen halten, denn allein durch die Tatsache, daß sie ihrem Mann davongelaufen war, war Frau Wang vor dem Gesetz zur Verbrecherin geworden. Nur wenn eine Frau von ihrem Mann ernsthaft verletzt oder mißhandelt wurde oder wenn er sie zu sexuellen Handlungen mit anderen zwang, war es ihr erlaubt, ihn zu verlassen. Ein Beispiel für einen Ehemann, dessen Verhalten die Grenzen des im Rahmen der Ehe Erlaubten überschritt, bietet ein Fall im nordwestlich von Tancheng gelegenen Ningyang (in der Präfektur Yan), der von Juristen der Regierungsepoche Kangxi zitiert wird: Von einem Ehemann, der seine Frau als Prostituierte verkaufte und in der Folge, nachdem er vom Magistrat gezwungen worden war, sie zurückzunehmen, einem Verhältnis mit dem Vermieter ihres Quartiers Vorschub leistete, wurde angenommen, daß er »das Band der Ehe durchtrennt« habe. Aber abgesehen von derartigen Handlungsweisen des Mannes galt eine Frau, die weglief, in jedem Fall als flüchtig und unterlag einer Strafe von hundert Stockschlägen. Jedem, der ihr half oder ihr Obdach gewährte, konnte — sofern er nicht beweisen konnte, daß er von ihrer Flucht nichts wußte — die gleiche Bestrafung zugemessen werden wie jemandem, der flüchtige Rechtsbrecher oder Frauen und Töchter von Deserteuren beherbergte.

Weiterhin hatten sich Frau Wang und ihr Liebhaber auch durch den Umstand des Ehebruchs in hohem Maße strafbar gemacht. Die *Gesetzestexte* schrieben vor, daß illegitimer Verkehr mit achtzig Stockschlägen, und wenn die Frau verheiratet war, mit neunzig Schlägen zu bestrafen war; wenn sie ihr geheimes Liebesverhältnis außerhalb des Hauses der Frau stattfinden ließen, sogar mit hundert, gleichgültig ob die Frau verheiratet war oder nicht. Mann und Frau erhielten die gleiche Strafe. Wenn eine Frau als Folge des illegitimen Geschlechtsverkehrs ein Kind gebar, hatte der natürliche Vater die Kosten für seine Erziehung zu tragen. Der Ehemann durfte seine untreue Frau nach Belieben verkaufen; wenn er sie allerdings an den Mann verkaufte, mit dem sie den Betrug begangen hatte, wurden beide, der Ehemann wie der Ehebrecher, mit achtzig Stockschlägen bestraft, die Frau zwangsgeschieden und zu ihrer Familie zurückgeschickt. Das Geld, das ursprünglich für sie entrichtet worden war, wurde vom Staat gepfändet.

Die Strafe konnte jedoch noch härter ausfallen, da es als rechtens angesehen wurde, wenn der Ehemann seine Frau, den Ehebrecher oder beide tötete, falls er sie in flagranti antraf und im Affekt erschlug. Wie im Falle des Totschlags, um Vater oder Mutter zu rächen, mußte der Ehemann ohne zu zögern handeln, und wahrscheinlich um der Blutrache oder ausschweifenden Rachegelüsten Schranken zu setzen, war dem Gesetz 1646 eine Zusatzklausel hinzugefügt worden, die besagte, daß der Ehemann nicht das Recht hatte, die Ehebrecher zu töten, wenn sie lediglich miteinander tändelten und noch nicht beim eigentlichen sexuellen Akt waren, wenn sie sich ihm freiwillig stellten oder »wenn er sie an einem anderen Ort als dort, wo der Ehebruch begangen wurde«, antraf. Daß Frau Wang Raus Haus verließ, ohne ertappt worden zu sein, bedeutete daher für sie und ihren Liebhaber rechtlich mehr Sicherheit.

Nicht daß das Leben auf der Straße trotz des lebhaften Treibens besonders sicher war. Die Liste von Leuten, die formal der Aufsicht des »Inspektors für einfache Berufe« unterstanden umfaßte wandernde Spezialisten wie Wahrsager, Wünschelrutengänger, Physiognomiker und Graphologen, Gaukler, Zauberkünstler, Schauspieler, Spaßmacher und Straßenringkämpfer, Geschichtenerzähler und buddhistische oder taoistische Wanderprediger, Zahnärztinnen und Hebammen, die Anführer der Bettlergilden, Pfeifer, Trommler, Flötenspieler, Hersteller von Feuerwerkskörpern und Sänftenträger. Huang Liuhongs Aufzeichnungen erwähnen oft Pferdeknechte, Yamenboten, Läufer und Angestellte der Poststationen, das Personal der staatlichen Herbergen und Scharen von Straßenhändlern, deren primitive Stände aus Mattengeflecht die Straßen säumten und die so arm waren und in solchen Massen auftraten, daß Huang alle Versuche aufgab, sie zu besteuern. Außer diesen gab es Flüchtlinge, flüchtige Rechtsbrecher und Deserteure. Allen Vorschriften zum Trotz gelang es diesen Leuten meist, Arbeit zu finden, da die Bauern sie als billige Arbeitskräfte schätzten und die Gastwirte oder Herbergsleute ihnen Essen und Unterkunft gaben, solange sie bezahlen konnten.

Tatsächlich scheint es eine effektive Subkultur der Flüchtlinge mit eigenen Regeln und Ausbeutungsmethoden gegeben zu haben. Die strengen Gesetze gegen die Aufnahme von Flüchtlingen und die Härte des *Baojia*-Registrationssystems, das die gegenseitige Verantwortlichkeit der Bürger untereinander regelte, brachte es mit sich, daß die an sich gesetzestreue Zivilbevölkerung unweigerlich in diese Subkultur mit hineingezogen wurde. Einen Einblick in die Welt der Flüchtlinge gewährt ein Fall in Tan-

134

cheng, bei dem ein Flüchtling in einem privaten Handelsstreit als entscheidender Trumpf ausgespielt werden sollte. Der Polizeibüttel Wei beschuldigte den Gastwirt Shi Wenyun, in seiner Gaststätte unmittelbar neben dem Magistratsyamen für dreihundert Käsch im Monat einen Flüchtling zu beschäftigen; mit dieser Anklage versuchte Wei, Shi ins Gefängnis zu bringen. Die Nachforschungen ergaben jedoch, daß er die Geschichte frei erfunden hatte (obwohl der Flüchtling tatsächlich existierte); Wei war darauf verfallen, um nicht die hundert oder mehr Gläser Wein bezahlen zu müssen, die er im Laufe des vorigen Jahres in Shis Gaststätte hatte anschreiben lassen, und er hatte den Flüchtling zur Falschaussage erpreßt. In solchen Fällen ging es weniger darum, die Aussage des Flüchtlings glaubhaft erscheinen zu lassen, als seine Anwesenheit zu widerlegen, was nicht immer einfach war. Glücklicherweise erwies sich in diesem Fall die Unschuld Shis, da der Magistrat eine informelle polizeiliche Gegenüberstellung abhielt, in der der Flüchtling Shi nicht von einem Doufu-Händler aus der Nachbarschaft unterscheiden konnte. Andere Fälle zeigten, daß auch Soldaten Unschuldige in ein ziemlich subtiles Spiel mit der Glaubwürdigkeit verwickelten: Soldat A, der sich als Flüchtling ausgab, versteckte sich in einem angelandeten Schiff oder in einem entlegenen Dorf, woraufhin andere Soldaten, vorgeblich Polizeiboten, kamen und ihn ›festnahmen‹; dabei belästigten und beraubten sie die Einwohner, die angeblich einem Flüchtling Unterschlupf geboten hatten. Oder es kam vor, daß sie sich in einem Dorf als Aushilfe anheuern ließen und kurzfristig eine falsche Identität aufbauten, um sich dann, wenn eines Abends alle betrunken waren, Verletzungen zuzufügen und die Kleider zu zerreißen; anschließend behaupteten sie, sie seien ausgeraubt worden und kassierten auf diesem Wege Schweigegeld von den Dorfbewohnern. Wenn diese Verdacht schöpften, kam einer der Freunde und gab sich als höherer Offizier der für Flüchtlinge zuständigen Einheit aus, um sie zurückzufordern. Manchmal wiederum waren es die Fährleute, die Gaunereien verübten und weit mehr als den üblichen Preis von einer Kupfermünze pro Person oder zwei Käsch für einen Maulesel verlangten: Sie forderten ein Zugeld, wenn es regnete oder schneite, spät nachts oder wenn ein Sarg zu transportieren war; oder sie erpreßten die Passagiere draußen, mitten auf dem Fluß. Hatte die Fähre am Ufer festgemacht, konnte es geschehen, daß die Wache ihre eigenen ›Steuern‹ erhob und, wenn sich jemand weigerte, seine Habe konfiszierte, oder die Frauen belästigte und sie erst gegen Bezahlung freigab.

Für die zwei Flüchtlinge war es eine schlimme Zeit, zum Alptraum muß es für Frau Wang geworden sein, als ihr Liebhaber sie nach kurzer Zeit sitzen-

ließ und sie allein weiterziehen mußte. Tanchengs Gesellschaft bot nicht viele Arbeitsmöglichkeiten für Frauen, selbst wenn man sie für ehrbar hielt: Manche wurden Wahrsagerin oder Hebamme, und ein paar, die als vertrauenswürdig galten oder in der Gegend bekannt waren, verdingten sich als Heiratsvermittlerin oder als Bürgin, die für weibliche Insassen des örtlichen Gefängnisses Verantwortung trug. Einige wenige Arbeitsplätze boten die Waisenhäuser, Armenasyle und Altersheime, wo Frauen als Schwestern, Kindermädchen oder Wärterinnen angestellt wurden. Für solche Arbeiten erhielten sie freie Kost und Unterkunft sowie eine monatliche Entlohnung von 300 Käsch oder den glatten Betrag von sechs Taels im Jahr, was etwa dem Einkommen der Männer in unteren Yamendiensten entsprach. Frauen, die das Kapital für einen Webstuhl hatten, konnten spinnen und das fertige Stück dann verkaufen, aber das war eine Arbeit, die gewöhnlich im eigenen Haus verrichtet wurde, und Frau Wang besaß jetzt kein Zuhause mehr. Wenn eine Frau zur rechten Zeit am rechten Ort war, mochte es sich ergeben, daß sie eine Stelle als Dienstbotin in einem größeren Haushalt bekam. Eine geringe Chance gab es, Hilfskraft in einem buddhistischen oder taoistischen Kloster zu werden. Ansonsten gab es die weitaus meisten Arbeitsmöglichkeiten in den Spielhallen, den Teehäusern und Bordellen von Tancheng, Matou, der Poststation Huanghua und — Huang Liuhong zufolge — selbst in ziemlich abgelegenen Dörfern, wo die lokale Gentry genau wie in den städtischen Zentren Bordelle eingerichtet hatte, die den Frauen Schutz boten und dafür einen Prozentsatz ihres Geldes einbehielten.

Frau Wang wählte keine dieser Alternativen, noch setzte sie ihre Flucht alleine fort. Statt dessen trat sie den Rückweg zu ihrem ursprünglichen Heim in Guichang an, aber je mehr sie sich dem Haus näherte, desto größer wurde ihre Angst, ihrem Mann gegenüberzutreten.

Nicht weit außerhalb des Dorfes stand der taoistische Tempel der »Drei Kräfte« — Himmel, Wasser und Erde —, Kräfte, die Glück (Himmel), Vergebung der Sünden (Wasser) und Schutz gegen das Böse (Erde) bewirken sollten. Hier gewährte ihr der einzige Bewohner des Tempels, ein taoistischer Priester, Obdach; und hierher kam eines Tages im November 1671 ein ehemaliger Nachbar, um Weihrauch zu opfern, ein Mann namens Gao, und erspähte sie in einem Nebenraum des Tempels.

Einseitiges Fragment einer doppelseitigen Illustration zum
Libretto des Theaterstücks »Gechichte der Dornhaarnadel«
(Jingchai ji).
Holzschnitt, Druck, Ende des 18. oder Anfang des 19. Jh.

»Du hast einen Tempel für die Götter zu verwalten«, schrie er den Priester an. »Was fällt dir ein, hier Frauen zu halten?«

»Sie ist die Frau von Ren aus dem Dorf«, antwortete der Mönch. »Ich habe gehört, daß sie mit jemandem davonlief und Ren nach ihr suchte, weil er sie zurückhaben wollte. Aber sie traut sich nicht nach Hause zurück und hält sich hier verborgen. Sie gehört zu unserem Dorf; es geht nicht an, sie einfach wegzuschicken.«

Noch während dieses Wortwechsels kam Ren selbst in den Tempel, da er erfahren hatte, daß Frau Wang zurückgekommen war und sich dort versteckte. »Du bist mir ein feiner Priester«, rief er ärgerlich. »Meine Frau versteckt sich in deinem Tempel, und du erzählst mir kein Wort davon!«

»Sie ist die Frau deines Hauses«, entgegnete Gao. »Wie kommt es, daß sie hier ist? Du weißt es selbst nicht, und jetzt soll es dir der Priester erklären?«

Noch wütender schrie Ren: »Aha, wenn der Fall so liegt, bist du es also, der sie hier im Tempel versteckt hat«, und auf diese Beleidigung hin versetzte ihm Gao zwei Ohrfeigen. Ren verfluchte ihn, ging und ließ seine Frau vorerst dort, wo sie war.

Dieser plötzliche Wutausbruch zwischen den beiden Männern mag seinen Grund in einem lange angestauten Ärger gehabt haben. Die zwei waren Nachbarn, wobei Gao relativ wohlhabend war; sein Haus hatte eine überdachte Veranda, und verheiratet war er mit einer Frau aus der Familie Cao, die Ren, wie es scheint, auch nicht leiden konnte. Doch Gao hätte Ren nicht schlagen dürfen, wie schwerwiegend die Beleidigung auch war; die *Gesetzestexte* waren in diesem Punkt sehr streng und machten bei derartigen Zwisten Unterschiede mit einer Detailgenauigkeit, die ein deutlicher Hinweis ist, daß derartige Streitigkeiten offensichtlich ein wichtiges Problem darstellten. Jemand, der eine andere Person schlug oder trat, war mit zwanzig Stockschlägen zu bestrafen, wenn er keine Verletzung verursachte, mit dreißig, wenn er sie verletzte; jemand, der einen anderen mit einem wie immer gearteten Gegenstand schlug, erhielt dreißig Stockschläge, wenn keine Verletzung eintrat, vierzig, wenn das der Fall war – wobei eine Verletzung als Verfärbung, Schwellung oder Bluten der getroffenen Stelle definiert war. Jemandem ein Büschel Haare auszureißen, wurde mit fünfzig Schlägen bestraft, mit achtzig, wenn man einen anderen so schlug, daß er innere Blutungen davontrug; ebenfalls achtzig Schläge gab es dafür, jemandem Kot an den Kopf zu werfen, hundert, wenn man jemandem Kot in Mund oder Nase stopfte, jemandem einen Zahn ausschlug, einen Knochen brach oder die Augen verletzte.

織作雁甘霑思索更無折衫暇曲折照眼華錦文字心手雜相慕勤女工尚斯析時稱靈巧

»Weberei«,
Blatt aus dem »Gengzhi tu«
(Reiskultur, Seidenraupenzucht und Weberei)
Holzschnitt nach
Entwürfen von Qiao Bingzheng, um 1696

(In Fällen, einer bleibenden Schädigung hatte der Täter mit der Hälfte seines Gutes für den Unterhalt des Verletzten aufzukommen.)

Ren hegte jetzt einen wirklichen Groll gegen Gao, einen, der monatelang an ihm nagen sollte, aber er erhob keine Anklage – vermutlich war ihm die Situation zu peinlich, um sie an die Öffentlichkeit zu bringen. Der Zwischenfall war für Gao wie den Priester jedoch unangenehm genug gewesen, und sie beschlossen, daß es besser sei, Frau Wang aus dem Tempel zu entfernen, obwohl sie zögerten, sie direkt zu ihrem Mann zurückzuschicken. Statt dessen brachten sie sie zu ihrem Schwiegervater und erklärten, was sich zugetragen hatte. Der Schwiegervater bot den beiden Männern Tee an. »Ich kann für diese Hure überhaupt nichts tun«, sagte er und ließ jemanden kommen, der Frau Wang zum Haus seines Sohnes zurückbringen sollte.

Der Priester hatte gesagt, daß Ren »Frau Wang gesucht hatte«; aber wie stark Rens Wunsch, seine Frau wiederzuhaben, auch gewesen sein mag – ob er sie nun vermißte oder Rachepläne gegen sie schmiedete –, er hatte eigentlich nicht das Recht, sie bei sich zu behalten, da sie sich des Ehebruchs und der Rechtsflucht schuldig gemacht hatte. Die Gesetzeslage war kompliziert in dieser Hinsicht. Klar festgelegt waren sieben Gründe, aus denen ein Mann sich von seiner Frau scheiden lassen konnte: ihr Unvermögen, Söhne zu gebären, lasziles Verhalten, Nachlässigkeit beim Versorgen der Schwiegereltern, Schwatzhaftigkeit, diebische Veranlagung, übertriebene Eifersucht und ernsthafte Krankheit. (Scheidungen in gegenseitigem Einvernehmen ließ das Gesetz ebenfalls zu.) Wenn die Frau nicht in die Scheidung einwilligte, durfte der Mann sich nicht von ihr trennen, falls einer der folgenden drei Sachverhalte zutraf: Die Frau hatte drei Jahre lang die Eltern des Mannes betrauert; der Ehemann war im Zeitraum der Ehe von Armut zu Wohlstand gelangt; die Frau hatte ihrerseits keine Familie, zu der sie hätte gehen können. Da Frau Wang keine lebenden Familienmitglieder besaß, zu denen sie hätte zurückkehren können, schien das Gesetz auf den ersten Blick nahezulegen, daß sie trotz ihrer Untreue bei Ren bleiben solle, aber eine aus der Ming-Zeit stammende untergeordnete Gesetzesvorschrift legte explizit fest, daß die drei Ausnahmen im Falle des Ehebruchs der Frau nicht zur Anwendung gelangten. Da eine andere Klausel der *Gesetzestexte* vorschrieb, daß ein Ehemann mit achtzig Stockschlägen bestraft werden konnte, wenn er sich weigerte, seine Frau wegzuschicken, obwohl sie eine Tat begangen hatte, für die sie hätte verstoßen werden müssen, hat es den Anschein, als habe Ren theoretisch eine Strafe dafür gedroht, daß er Frau Wang zurücknahm. Tatsächlich aber ergriff niemand in der Kreisverwaltung irgendwelche Maßnahmen, noch schlug Ren einen der gesetzlichen Wege ein, die ihm offengestanden hätten. Er leitete keine Scheidung ein. Er traf keine Anstalten, Frau Wang zu verkaufen. Er erstattete dem Ortsvorsteher nicht Bericht über ihren Fehltritt, um so ihre Schande an die Öffentlichkeit zu bringen, wie es ihm zugestanden hätte. Statt dessen kaufte er eine neue gewobene Schlafmatte als Auflage für das Stroh, das ihnen als Bett diente. In den letzten Monaten des Jahres 1671 bis in den Januar 1672 lebten die beiden wieder zusammen in ihrem Haus au-

Schreibende Frau auf dem Ofenbett, dem Kang

ßerhalb des Marktortes Guichang. Sie müssen gefroren haben, denn die durchschnittliche Temperatur in Shandong lag im Januar bei fünf Grad minus, und die Häuser der Armen waren alles andere als wetterfest: die Wände bestanden aus gestampftem Lehm, getrockneten Lehmziegeln oder Gaoliangstroh, die wenigen Holzpfeiler waren unbehauene, häufig dünne und krumme Äste, die Dächer waren nur dürftig mit Stroh und Schilf gedeckt und boten keinen wirklichen Schutz gegen Wind und Regen. War Brennstoff vorhanden, so wurde er in erster Linie zum Kochen verwendet, und die Wärme des Herdfeuers wurde durch ein Röhrensystem unter die hochgemauerte Bettstelle geleitet, auf der eine Schicht Stroh lag. Hier hatte Ren die neue Schlafmatte hingelegt, die er anläßlich der Rückkehr Frau Wangs gekauft hatte.

An einem Abend Ende Januar 1672 saßen die beiden zu Hause. Ren hatte Frau Wang aufgetragen, seine Jacke zu flicken, und sie stopfte im Schein der Lampe. Draußen schneite es. Die Nachbarn sahen das Licht im Haus, und später hörten sie die zwei miteinander streiten. Sie vernahmen die Wut in ihren Stimmen, obwohl sie nicht verstehen konnten, was sie sagten. Sie horchten noch immer, als die Lampe verlosch.

Frau Wang zog ihre Überjacke, die Hosen und ihre schweren Schuhe aus. Über die gebundenen Füße zog sie ein Paar verschlissene Bettschuhe mit weichen Sohlen aus rotem Baumwollstoff. Ihre Jacke war blau, die dünneren Unterhosen weiß. So bekleidet, lag sie im Stroh auf der Matte, und Ren wartete, während sie in den Schlaf sank.

In der Welt ist es Winter, aber hier ist es warm. Der Lotos steht über dem Wasser des Wintersees in Blüte, der Wind trägt ihr seinen Duft zu. Leute versuchen, die Blüten zu pflücken, aber die Pflanzen schwimmen davon, sowie die Boote näherkommen. Sie sieht die Winterberge, von Blumen bedeckt. Der Raum ist strahlend hell, ein weißer Steinpfad führt zur Tür, rote Blütenblätter liegen verstreut auf den weißen Steinen, ein einzelner Blütenast ragt durch das Fenster herein.

Der Ast erstreckt sich über den Tisch, die Blätter stehen weit auseinander, aber die Blüten wachsen dicht an dicht, sie haben sich noch nicht geöffnet, sie sind wie die Flügel eines nassen Schmetterlings, feucht und herabhängend; die Stiele, die sie am Ast halten, sind fein wie Haare.

Sie kann sehen, wie schön sie ist, die Falten sind aus ihrem Gesicht verschwunden, die Hände zart wie die eines Mädchens, nicht hart von der Arbeit. Ihre Brauen sind dunkel und vollkommen geschwungen, ihre Zähne sind weiß und stehen in makelloser Reihe, sie übt ihr Lächeln, und die Zähne zeigen sich sogleich, sie prüft die Mundwinkel und die Augenwinkel.

Die Bettstatt ist mit Fellen bedeckt, dick wie Palmwedel, die Decke gefüllt mit Baumwollrupfen und Duftpulver, das Aroma füllt den Raum. Der Mann ist hübsch, aber er sieht krank aus, sein Gesicht ist tränenüberströmt. Sie reibt ihm die Schläfen, bürstet den Staub von seinen Kleidern, wischt ihm die Tränen aus dem Gesicht; auf seinem Körper kann sie die Schwielen fühlen, die er von den Schlägen davontrug, und sie reibt sie sanft mit den Fingern.

Sie löst den Gürtel seines Gewands, mit den Fäusten massiert sie ihn leicht, aber er kann sich vor Schmerzen nicht rühren, ein Geschwür wächst ihm aus der Brust, groß wie eine Reisschale und knorrig verwachsen wie der Fuß eines Baumes. Sie zieht einen goldenen Armreif vom Handgelenk und drückt ihn auf die Geschwulst, das Fleisch wölbt sich außerhalb des Reifs, aber der Kern des Geschwürs drückt sich

»Dame am Frisiertisch«, von Su Hanchen, tätig um 1124–62
Tusche und Farben auf Seide.

durch das Metall in die Höhe, sie zieht ein Messer mit einer feinen Klinge aus dem
Kleid und führt es sacht um den Rand des Reifs. Ein Schwall dunklen Blutes strömt
auf das Bett und die Matten, sie nimmt eine rote Pille aus dem Mund und drückt sie
in die Wunde, während sie sie hineindrückt, schließt die Wunde sich langsam.

Sie ist müde. Ihre Glieder fühlen sich zerbrechlich und schwer an, ihre Beine
krümmen und strecken sich, als hätte sie keine Kraft, aber die schönen Frauen be-
wundern sie, sie drängen sich um sie, rote Seidenbänder um die Stirn gebunden, in
violetten Kleidern mit grünen Schärpen. Sie tragen Bogen und Köcher auf dem Rükken, sie waren auf der Jagd.

Sie durchschreitet eine Türe nach der anderen, bis sie den Hof erreicht. Die Bäume
sind alle so groß, daß sie bis an die roten Dachtraufen der Gebäude reichen, der Hof

»Wushan shennü, die Göttin vom Wu-Berg«
(bekannte Figur des chinesischen Mythos)
Tuschezeichnung von Wu Jiayou, um 1860

ist voller Blumen, und die Samenhülsen schweben im leichten Wind von den Bäu-
men nieder, an schlaffen Seilen hängt eine Schaukel. Sie helfen ihr auf die Schaukel,
sie steht aufrecht und streckt die Arme aus, um sich an den Seilen festzuhalten, sie
trägt ein kurzärmeliges Kleid, und ihre Arme schimmern, die Seile der Schaukel
hängen aus den Wolken herab, ihr Haar flattert um ihren Hals, sie streckt die hellen
Arme aus und schwingt sich leicht wie eine Schwalbe in die Wolken hinauf.

Ein buntes Schiff schwimmt im Himmel auf sie zu, es ist mit dünnen Wolken ge-
schmückt. Leute klettern an Bord. Es gibt nur einen einzigen Ruderer, er hält ein kur-
zes Holzpaddel. Das Ruder hat kein Blatt, am Ende stehen ganz dicht Federn, wie
bei einem riesigen Fächer; wenn der Ruderer die Federn schwenkt, weht ein leichter
Wind, und sie bewegen sich noch schneller durch die Wolken. Nichts ist zu hören au-
ßer dem Schlagen des leichten Windes. Die Wolken sind überall, sie legen sich auf
sie wie Watte, sie sind weich unter ihren Füßen, und sie taumelt ein wenig, als führe
sie noch immer mit dem Schiff. Sie sieht auf und hat die Sterne dicht vor Augen,

groß wie Krüge oder nur winzige Tassen, sie sind schön angeordnet wie die Samen in einer Lotoskapsel; unter ihr ist ein unendlicher Silbersee, durch Löcher in den Wolken sieht sie ganze Städte, klein wie Bohnenkerne.

Vor ihr ist eine Treppenflucht, die Stufen glänzen wie Bergkristall, wie in einem Spiegel wird ihr Bild vielfach zurückgeworfen. Klares Wasser rinnt über weißen Sand. Es gibt kleine Pavillons mit roten Fenstern, schöne Frauen halten sich darin auf, auch junge Männer in bestickten Überwürfen und roten Schuhen. Die Leute essen Obst aus Jadeschalen, sie trinken Wein aus riesigen Pokalen mit gewölbtem Rand. Die Päonien wachsen drei Meter hoch, und die Kamelien überragen sie noch einmal um das Doppelte. Ein Mädchen mit feingliedrigen Händen spielt auf einem Instrument, das sie nie zuvor gesehen hat, eine andere zupft die Laute mit einem Elfenbeinblättchen und singt von weinenden Frauen. Während die Musik erklingt, weht eine leichte Brise, Vögel versammeln sich im Hof und lassen sich still in den Bäumen nieder.

Sie setzt sich an den Fuß eines hohen Baumes. Der Stamm ist breit und glatt, eine Ader gelben Saftes verläuft in seiner Mitte, dick wachsen die Blätter an den zarten Ästen. Er wirft einen tiefen Schatten. Zwischen den Blättern schimmern rote Blüten, sie glitzern wie Edelsteine, wenn sie herabfallen. Ein Vogel singt im Baum. Seine Federn sind golden und grün. Es ist ein merkwürdiger Vogel, sein Schwanz ist so lang wie sein Körper, und sein trauriges Lied, läßt sie an zu Hause denken.

Sie entfernt sich auf hohen, parfümierten Schuhen, eiligen Schritts läuft sie durch den Morgentau, der ihre Schuhe und Strümpfe feucht erglänzen läßt. Die Bäume stehen dicht, aber zwischen den Bäumen kann sie den Turm sehen, die Kupferwände, hohe Eisenstützen, die ein glänzendes Dach tragen Die Wände haben keine Türen oder Fenster, aber es gibt tiefe Einkerbungen dicht nebeneinander, und sie klettert hinauf, indem sie die Füße in sie setzt. Innerlich ist sie ruhig, sie ist in Sicherheit.

Er kniet neben ihr. Er zittert und umschlingt seinen Körper mit den Armen. »Iß das«, sagt sie und tritt die feinen Speisen mit bloßen Füßen in den Boden. »Hierher«, sagt sie, und er bringt ihr das Nachtgeschirr, hält es in seinen Händen für sie bereit. »Mach sie sauber«, sagt sie und gibt ihm ihre winzigen bestickten Schuhe, an denen der Schmutz haftet.

Sie setzt ihm einen Damenhut auf und bemalt sein Gesicht mit ihrer Schminke, sie bemalt es wie das eines Kriegers. Da ist ein leichter Watteball, sie stößt ihn in die Luft, und er hastet ihm nach, der Schweiß rinnt ihm herab. Der Ball ist durchsichtig und mit einer glitzernden Substanz gefüllt, er stößt ihn in einem glänzenden Bogen durch die Luft, wie ein Komet pfeift er durch die Luft, er fällt ins Wasser, gurgelnd erlischt er im Wasser. Und sie sieht, daß da kein Turm ist, daß es keine runden Wände gibt, die ein glänzendes Dach tragen, daß der Wald nicht existiert, nur ein *billiger Ring liegt am Boden, Nadeln stecken darin, auf denen der Deckel eines Schminkkoffers ruht, alles liegt weggeworfen im Dornengestrüpp.*

In seinen zerlumpten Kleidern steht er vor ihr, der Rotz läuft ihm aus der Nase, er lächelt sie an. »Liebt mich die schöne Dame?«, fragt er. Er schlägt sie. Die Menge drängt näher heran, um zuzusehen. Er formt eine Kugel aus seinem Rotz und gibt sie ihr. »Iß das«, sagte er. Sie steckt sie in den Mund und versucht zu schlucken, er lacht laut, »Die schöne Dame liebt mich«, grölt er. Sie möchte antworten, aber ihr Mund ist voller Erde, etwas hält sie fest, sie ist gefesselt durch die Umschlingung einer Schlange, die sie umwindet, sie kämpft heftiger, ihr Körper schlägt ins Wasser, sie kann den Schmutz im Wasser schmecken, die Leute scharen sich am Flußufer, sie sehen zu und lachen, sie müssen ihr helfen, sie muß rufen, sie werden ihr nicht helfen.

Als Rens Hand tief in ihren Hals drückte, bäumte sich Frau Wangs Körper auf, aber sie konnte sich nicht befreien. Seine Hände blieben eng um ihre Gurgel geschlossen, und er preßte sein Knie auf ihren Bauch, um sie stillzuhalten. Sie strampelte mit solcher Gewalt, daß sie die Schlafmatte zerriß; ihr Darm entleerte sich, ihre Füße bohrten sich durch die Matte ins Stroh, aber sein Griff lockerte sich nicht, und keiner der Nachbarn vernahm einen Laut, als Frau Wang starb.

Es schneite immer noch in Tancheng. Ren nahm den Leichnam seiner Frau auf und zog ihr die blaue Jacke über die Schultern. Er öffnete die Türe und machte sich auf den Weg durch den Wald, um sie zum Haus seines Nachbarn Gao zu tragen. So hatte er es geplant: Wenn sie tot war, würde er ihre Leiche zu Gaos Haus tragen und sie dort im Eingang niederlegen; er würde sagen, sie habe ein Verhältnis mit Gao gehabt und Gao habe sie umgebracht. Das klänge plausibel: Sie war schon einmal weggelaufen, und Gao war ein gewalttätiger und leicht erregbarer Mensch. Die beiden hätten es jeden Tag miteinander treiben können, während Ren zur Arbeit außer Haus war.

Aber Ren kam mit Frau Wang nie bei Gao an. Als er durch den dunklen Wald lief, bellte ein Hund. Die Wächter, die sich in der überdachten Vorhalle untergestellt hatten, schlugen den Warngong. Ein Licht blinkte auf. Ren legte die Leiche nieder und wartete. Aber niemand kam. Das Licht ging aus, und wieder herrschte Stille. Er ließ Frau Wang liegen, wo sie war, kehrte in sein leeres Haus zurück, verriegelte die Tür und legte sich schlafen.

Frau Wangs Leiche lag die ganze Nacht im Schnee. Als sie gefunden wurde, sah sie wie lebendig aus: Durch die intensive Kälte hatten ihre todesstarren Wangen einen Hauch von Leben bewahrt.

D er Prozeß dauerte vier Tage.
Am ersten Tag machten sich Ren und sein Vater frühmorgens zu Fuß nach Tancheng auf und erstatteten Anzeige gegen ihren Nachbarn Gao. Sie beschuldigten ihn ehebrecherischer Beziehungen zu Frau Wang und ihrer anschließenden Ermordung. Anklagen dieser Art mußten ordentlich zu Papier gebracht werden, und amtlich zugelassene Schreiber leisteten den Analphabeten gegen Bezahlung Hilfe. Um auf dieser untersten Stufe eines Rechtshandels Korruption und Entstellungen einzudämmen, bedurften die Schreiber einer behördlichen Lizenz und hatten Bürgen beizubringen. Rens formelle Erklärung lautete: »Gestern abend sagte ich meiner Frau, sie solle meine Jacke stopfen. Später blies ich die Lampe aus und ging zu Bett. Nach einiger Zeit hörte ich, wie die Tür ging und stand auf, um nachzusehen, doch alles was ich sah, war meine Frau, die davonging, und Gao, der ihr mit einem Messer in der Hand folgte. Gaos Frau, Frau Cao, stand mit einer Lampe in der Hand im Eingang ihres Hauses und wartete auf sie. Ich getraute mich nicht, ihnen weiter zu folgen, aus Angst, mein Leben zu riskieren. Ich kehrte um, schloß die Tür und legte mich schlafen.«

Die Schreiber im *Yamen* überprüften die Anklageschrift auf Schreibfehler hin und stellten fest, ob Ren persönlich erschienen war oder einen Vertreter geschickt hatte. Dann wurde das Schriftstück registriert, versiegelt und dem Magistrat zur Kenntnisnahme in den inneren Bereich des *Yamen* geschickt. Huang Liuhong las die Anklage und sandte sofort Boten aus, um Gao und seine Frau festzunehmen. (Bei einem weniger schwerwiegenden Fall hätte er einen einstweiligen Haftbefehl ausgestellt und Ren damit losgeschickt, um Gao selbst zu verhaften und zum *Yamen* zu bringen.) Gao und seine Frau wurden nach Tancheng eskortiert und ins Stadtgefängnis gesperrt, eine kleine Gebäudeansammlung im Süden des Magistraturkomplexes.

Ein längerer Gefängnisaufenthalt der Gaos hätte Ren gewiß ausreichend Genugtuung für die Beleidigung verschafft, die Gao ihm zwei Monate zuvor zugefügt hatte, als er ihn im Tempel schlug, und er hätte vermutlich darauf verzichtet, die beiden vor Gericht stellen und noch härter bestrafen zu lassen. Das Gefängnis war ein schrecklicher Ort; für die Armen, die ihre Bewacher nicht bestechen konnten, bedeutete es oft den Tod, und für die Reichen war es mit horrenden Kosten verbunden. Huang Liuhong beschrieb mit Bedauern die üblichen Praktiken: Die Aufseher quälten die Insassen mit Schlägen, mit zu eng angelegten Fesseln, die sie zwangen, die Nacht stehend zu verbringen oder indem sie die Zelle oder das Bettzeug mit Wasser überschwemmten; alles zu dem Zweck, sie zur Zahlung von Schutzgeldern zu erpressen. Gefangene schlugen ihre Leidensgenossen, stahlen ihnen das Essen oder zwangen reichere Mitgefangene, Essen für alle kommen zu lassen. Wärter brachten Gefangene um, weil sie etwas behalten wollten, das sie ihnen abgenommen hatten oder beseitigten einen Schwerverbrecher aus Furcht, er könne ausbrechen. Huang konnte nur zu Wachsamkeit und Anstand mahnen; er empfahl Gesundheitsuntersuchungen und gymnastische Übungen, befürwortete die rigorose Trennung männlicher und weiblicher Insassen und riet zur Einführung eines gegenseitigen Überwachungssystems, das dem *Baojia* der Außenwelt nachgebildet war. Die Gefangenen wurden in Fünfergruppen zusammengefaßt, und ein jeder von ihnen war nacheinander in einem Fünf-Tage-Rhythmus für die anderen vier verantwortlich. An jenem Abend, als die Gaos eingekerkert wurden, traf sich Huang Liuhong zufällig mit einem Bekannten namens Xie zum Abendessen, der vor dem Antritt eines auswärtigen Beamtenpostens stand. Im Verlauf der zwanglosen Unterhaltung erwähnte Xie, daß sich in Guichang über dieser Klagesache die Gemüter erhitzten und die Leute verwundert und ungehalten darüber waren, daß Gao Frau Wang getötet haben solle, obwohl er ein Verhältnis mit ihr hatte. Nachdem Huang auch Xies Kommentar dazu angehört hatte, hielt er es für besser, den Fall unverzüglich aufzurollen.

Am nächsten Tag begann gegen Mittag der Prozeß. Die Rens als Kläger knieten an der Ostseite der Halle, die Gaos als Beklagte an der Westseite. Die Tore waren verschlossen. Ein Schreiber saß bereit, die Zeugenaussagen niederzuschreiben. Ren wiederholte seine Geschichte: Daß ein Geräusch an der Tür ihn aus dem Schlaf geweckt und er gesehen habe, wie Frau Wang das Haus verließ und Gao, ein Messer in der Hand, ihr dichtauf hinterher ging. Hinter den Bäumen habe er Frau Cao bemerkt, die Gattin Gaos, wie sie gegen den Türpfosten gelehnt, mit einer Laterne in der Hand, das Paar erwartete. Er sei wieder zu Bett gegangen, aus Angst, sein Leben zu verlieren, wenn er ihnen folgte.

Im Morgengrauen sei er aufgestanden und habe seine Frau tot im Wald gefunden. Sofort habe er seinen Vater alarmiert, ihm erzählt, was vorgefallen sei und zusammen mit ihm den Magistrat aufgesucht, um in aller Form Anklage zu erheben.

War die Frau erschlagen oder erstochen worden, fragte der Magistrat.

»Es war noch zu dunkel, um das deutlich zu erkennen«, antwortete Ren.

Andere Dorfbewohner, die man über die Mordtat befragte, schützten Unwissenheit vor.

Anschließend wurde Gao vernommen. Obwohl der Magistrat ihn absichtlich in vorgetäuschtem Zorn anschrie und die Yamenboten rief, die sich um ihn stellten und die schweren Balken bei sich trugen, mit denen man die Fußknöchel zusammenpreßte, um Geständnisse zu erzwingen, wich Gao von seiner Version nicht ab. Er gab zu, Frau Wang zwei Monate zuvor im Tempel begegnet zu sein und Ren am Ende ihres Streits ins Gesicht geschlagen zu haben, aber er leugnete, daß er Ehebruch begangen und sie ermordet habe. Tatsächlich, behauptete er, habe er mit den Rens überhaupt keinen Kontakt gehabt, obwohl sie nahe beieinander wohnten.

Frau Cao, die Gattin Gaos, bestätigte die Darstellung ihres Mannes und fügte ein paar Details hinzu, die ein überzeugendes Alibi für ihn ergaben: Spät in der Nacht habe sie in der Küche die Teigbällchen für das Neujahrsfest gedämpft, als sie genau vor ihrer Tür das Schlagen eines Gongs hörte. Ins Freie tretend entdeckte sie die Nachtwächter des Dorfes, die in ihrem überdachten Torweg Schutz vor der Kälte suchten. Sie hatten sich ein Feuer gemacht und rauchten Tabak. Sie selbst kehrte ins Haus zurück und schloß die Tür. Ihr Mann lag währenddessen in tiefem Schlaf.

Huang Liuhong beeindruckte ihre Aussage, während Rens Geschichte ihm immer sonderbarer vorkam. Er ordnete an, Ren und seinen Vater über Nacht ins Gefängnis zu stecken, und ließ Gao und seine Frau auf ihr Ehrenwort frei. Nach Aufhebung der Sitzung schickte er seine Boten mit einem Dringlichkeitsbefehl los, um die Männer ausfindig zu machen, die in der fraglichen Nacht in Frau Wangs Dorf Wache gehalten hatten. Sie wurden für den kommenden Tag zur Vernehmung beordert.

Am dritten Tag ritt Huang mit ein paar Bediensteten zu dem Dorf bei Guichang und verlangte das Haus der Rens zu sehen. Er bemerkte die große Armut, die wenigen Habseligkeiten, die Löcher in der beinahe neuen Matte auf dem Strohbett und einen Haufen getrockneter Exkremente daneben. Auf seine Fragen hin erklärten seine Gefolgsleute, daß die armen Leute der Gegend Ochsen- und Eselsdung als Brennstoff verwendeten. Noch immer stutzig ließ Huang Wasser kochen und ein kleines Loch in den Lehmboden graben. Als das Wasser über den dort hinein gelegten Kot gegossen wurde, zeigte sich am Geruch, daß es sich nicht um tierische, sondern menschliche Exkremente handelte. Huang befragte weiterhin die Nachbarn, unter denen ein zehnjähriges Mädchen war, das die Rens streiten gehört hatte. Keiner von ihnen konnte etwas zur Mordtat selbst sagen.

Frau Wangs Leiche lag noch immer im Schnee draußen im Wald, obgleich irgend jemand ein wenig Erde über sie gehäuft hatte. Huang ließ den Körper aufrichten, untersuchte ihre Kleidung und bemerkte die verblichenen roten Bettschuhe an ihren gebundenen Füßen. Da es sich für ihn nicht schickte, ihren Körper zu berühren, ließ er eine alte Frau aus dem Dorf holen und befahl ihr, Frau Wangs Leiche nach Wunden abzusuchen. Nach kurzer Überprüfung meldete sie, daß keine vorhanden seien. Huang wies sie an, gründlicher vorzugehen und ihren Ekel zu überwinden, die vor Kälte und Todesstarre steifen Glieder vom Körper wegzuspreizen. Die zweite Untersuchung ergab schwere Quetschungen auf beiden Seiten des Halses und, nachdem die Alte die Tote entkleidet hatte, eine schwere Quetschung am Unterleib.

Inzwischen hatten sich die Nachtwächter bei Gaos Haus eingefunden. Anstatt in der Kälte zu patrouillieren, gaben sie zu, hätten sie im Toreingang der Gaos Unterschlupf gesucht und ein Feuer angezündet. Um Mitternacht hätten sie jemanden im Wald bemerkt, einen Hund bellen hören und, da es ein Räuber hätte sein können, den Gong geschlagen, um ihn zu verscheuchen. Gaos Frau, die den Lärm hörte, sei aus dem Haus gekommen und habe gefragt, was passiert sei; auf ihre Erklärungen hin sei sie wieder hineingegangen. Von Frau Wangs Tod wußten sie nichts und hatten niemand anderen gesehen. Als der Morgen graute, seien sie nach Hause zurückgekehrt. Anscheinend hatte niemand die im Schnee liegende Leiche wahrgenommen.

Auf der Rückkehr nach Tancheng beschloß Huang, eine Methode anzuwenden, mit der er schon früher erfolgreich gewesen war, nämlich die Furcht ängstlicher Zeugen vor dem Stadtgott auszunutzen, um sie zum Bekenntnis der Wahrheit zu zwingen. Er befahl einem jungen Burschen seines Hauspersonals, sich in einem kleinen Raum an der Rückseite des Stadtgottempels zu verbergen und alles zu notieren, was Ren oder sein Vater die Nacht über sagten. Nachdem der Junge sich versteckt hatte, brachten Polizisten Ren und seinen Vater vom Gefängnis in die Haupthalle des Tempels und ketteten sie an zwei auseinander stehenden Pfeilern an. Unter den Blicken der beiden Männer verbrannte Huang Weihrauch und betete: »Der Stadtgott offenbarte mir gestern nacht die Gründe für den Tod von Rens Frau. Ich habe begriffen, was geschah, aber einige Umstände ihres Todes durchschaue ich noch nicht und bitte den Gott, sie mir aufzuklären.« Nach dem Abschluß des Gebets drängte Huang die beiden Rens, im Angesicht des Gottes zu bereuen und ihre Schuld einzugestehen, und ließ sie die Nacht über allein.

Am vierten Tag ließ Huang die Rens ins Gefängnis zurückbringen und sich von dem Jungen über ihre Unterhaltung berichten. Obwohl der Vater

seinen Sohn wiederholt gefragt hatte, wie Frau Wang gestorben sei, habe dieser weder klar geantwortet noch sich weiter zu Gao geäußert. Er habe nur immer wieder erklärt, daß er allein zu sterben verdiene.

Überzeugt, daß Gao, Frau Cao und Rens Vater allesamt unschuldig waren, ließ Huang Ren vor Gericht rufen. Als Ren sich noch immer weigerte zu gestehen, trug ihm Huang seine Rekonstruktion der Tat vor: Der Streit, das Würgen, das Knie auf dem Bauch, das Fortschaffen der Leiche in den Schnee, der flüchtige Anblick Frau Caos im Widerschein des Feuers der Nachtwächter, der Ren auf die Idee brachte, auch sie zu belasten. Ren machte Kotau und gab auf. Er gestand, daß Huangs Rekonstruktion voll und ganz der Wirklichkeit entsprach.

»Begräbniszug in der Provinz Guangdong«
aus: G. F. Carreri, »Giro del Mondo« Bd. 4, Neapel 1700
Kupferstich

Nach den Gesetzen der Qing hätten sowohl Ren als auch sein Vater mit
dem Tode bestraft werden müssen, da sie einen Unschuldigen eines Schwer-
verbrechens beschuldigt hatten. Huang ließ jedoch triftige mildernde Umstände gelten. Vor allem hatte der Vater nichts von dem Verbrechen gewußt.
Zweitens war er über siebzig Jahre alt und Ren sein einziger Sohn. Drittens

hatte Ren keine Kinder, so daß die Familie mit seiner Hinrichtung sicherlich aussterben würde. Viertens war Frau Wang nicht dem *Dao* einer Ehefrau gefolgt: Sie hatte ihren Gatten hintergangen und verdiente zu sterben. Fünftens war Ren tatsächlich im Tempel von Gao provoziert worden, der ihn nie hätte schlagen dürfen.

So wurde Rens Vater freigesprochen und Ren zu dreißig Schlägen mit dem schweren Bambusstock verurteilt. Außerdem mußte er für längere Zeit die hölzerne Halskrause tragen. Dreißig Schläge konnten zum Tod führen, wie Huang sehr wohl wußte, da er diese Strafe mindestens zweimal an Gefangenen im *Yamen* hatte vollstrecken lassen: Der eine war einen Monat danach, der andere nach zehn Tagen gestorben. Das Anlegen der Halskrause war zudem eine schwere Demütigung, die Huang für Gesetzesbrecher bereithielt, die öffentlichen Spott und Hohn verdient hatten. Falls Ren jedoch die Prügel überlebte und seine Schande ertrug, stand ihm offen, sich den Geboten der Pietät folgend seines greisen Vaters anzunehmen. Ein weiterer Gesichtspunkt ergab sich aus allgemeinen Erwägungen über das Aussterben einer Familie und dem Umstand, daß Ren ein Einzelkind war: Ren konnte wieder heiraten, falls er eine Braut fand.

Obgleich sie tot war, stellte Frau Wang unverändert ein Problem dar, ein größeres vermutlich als jemals zu Lebzeiten. Da konnte sie höchstens ihren Schwiegervater und ihren Mann durch ihre Worte kränken und vielleicht noch den Mann, mit dem sie davongelaufen war. Aber tot und rachgierig war sie mit einer immensen bedrohlichen Macht ausgestattet: Als hungriger Geist, der unmöglich zu besänftigen oder fortzutreiben war, konnte sie über Generationen hinweg das Dorf heimsuchen. Wie ernsthaft man diese Möglichkeit in Betracht zog, zeigt sich daran, daß Frau Tian noch immer am Leben war: Dreißig Jahre zuvor hatte sie als junge Witwe gedroht, wenn sie ihr Leben nicht allein beschließen dürfe, werde sie sich umbringen und als Gespenst im Dorf spuken, und sie hatte ihren Willen durchgesetzt. Huang entschied, daß Frau Wang in einem guten Sarg auf einem Stück Land nahe bei ihrem Haus zu bestatten sei, dadurch, glaubte er, werde »ihre einsame Seele zur Ruhe kommen«. Zu diesem Zweck setzte er Ausgaben in Höhe von zehn Taels an – eine beträchtliche Summe, da Huang bei ähnlichen Anlässen niemals mehr als drei Taels verlangt hatte, um die Toten zu versöhnen. Huang hatte allerdings nicht vor, das Geld selbst aufzubringen, und die Familie Ren war nicht in der Lage, die Kosten für ein solches Begräbnis zu tragen. So bestimmte er den Nachbarn Gao, für das Land und die Bestattungskosten aufzukommen: Damit wäre für Frau Wang gesorgt und Gao eine Lektion erteilt, daß er niemandem mehr unbeherrscht ins Gesicht schlug.

Anmerkungen

In den Anmerkungen verwendete Abkürzungen

FENG: *Tancheng xianzhi* (Lokalgeschichte von Tancheng), Hauptherausgeber und Verfasser Feng Kecan, 10 Zhuan, Vorwort des Herausgebers datiert von 1673. Spätere Ausgaben durch andere Herausgeber erschienen 1763 und 1810, dementsprechend werden sie als *Tancheng xianzhi* (1762) und *Tancheng xianzhi* (1810) zitiert.

HUANG: *Fuhui quanshu* (Umfassendes Werk über Glück und Gunst) von Huang Liuhong, Vorwort des Autors von 1694. In einer Neuausgabe zusammengestellt von Yamane Yukio (folgende Ausgabe durch Obata Yukihiro) Kioto 1974.

PU: *Liaozhai zhiyi* (Seltsame Geschichten aus der Liaozhai-Studierstube) von Pu Songling , Vorwort des Autors von 1679. Benutzt wurde die auf Pus Originalmanuskript basierende kommentierte Ausgabe, herausgegeben von Zhang Youhao unter dem Titel *Liaozhai zhiyi, huijiao, huizhu, huiping ben*, Shanghai 1962, 3 Bde. Für die Übertragung ins Deutsche wurde die von Wang Jiao besorgte Ausgabe *Baiwen Liaozhai zhiyi*, Changchun (Jilin renmin chuban she) 1983, 3 Bde., benutzt. Sie enthält die Originaltexte Pus, ausführliche Kommentierungen und eine Übersetzung der Texte in die moderne chinesische Hochsprache.

Vorwort

Als umfassendste Studien zum vormodernen ländlichen China (in englischer Sprache) liegen vor: Hsiao Kung-chuan, *Rural China: Imperial Control in the Nineteenth Century*, und Ho P'ing-ti, *Studies on the Population of China, 1368–1953*. Eine gute Untersuchung der Übergangsperiode vor Gründung der Volksrepublik ist Ramon Myers, *The Chinese Peasant Economy: Agricultural Development in Hopei and Shantung, 1890–1949*, Cambridge, Mass. (Harvard University Press) 1970.

Ausgezeichnete Regionalstudien sind: Susan Naquin, *Millenarian Rebellion in China: The Eight Trigrams Uprising of 1813*, New Haven (Yale University Press) 1976; James Cole, *Shaohsing: Studies in Ch'ing Social History*, (Ph. D. Dissertation, Stanford University 1975); die Aufsätze von Frederic Wakeman, Jerry Dennerline und James Polachek in: Frederic Wakeman und Carolyn Grant (Hg.), *Conflict and Control in Late Imperial China*, Berkeley (University of California Press) 1975; Jonathan Ocko, *Ting Jih-ch'ang and Restoration Kiangsu, 1864–1870: Rhetoric and Reality*, (Ph. D. Dissertation, Yale University 1975); und Hilary Beattie, *Land and Lineage in China: A Study of T'ung-ch'eng County, Anhwei, in the Ming and Ch'ing Dynasties*, (Ph. D. Dissertation, Cambridge University, 1973).

Obwohl es keinen Sinn hätte, an dieser Stelle eine Bibliographie westlicher Lokalstudien zum Mittelalter zusammenzustellen, möchte ich hier Werke erwähnen, deren Themenbereich der vorliegenden Darstellung entspricht, die in der Ausführung jedoch weit detaillierter sind, wie Barbara Hanawalt, »Violent Death in Fourteenth- and Early Fifteenth-Century England«, in: *Comparative Studies in Society and History* 18:3 (1976), S. 297–320, oder die Darstellung von Pierre Chaunu, »Mourir à Paris, XVI-, XVII, XVIII- siècles«, in: *Annales* 31:1 (1976), S. 29–31.

Huang Liuhongs Handbuch mit persönlichen Aufzeichnungen unter dem Titel *Fuhui quanshui*, was wörtlich als »Vollständiges Werk über Glück und Gunst« zu übersetzen wäre, enthält ein Vorwort des Verfassers, das von 1694 datiert ist. Huang Liuhong erwähnt ein anderes Lokalhandbuch, das ihm als Vorbild bei der Abfassung seines Werkes besonders nützlich war, das in den 1670er Jahren entstandene und 1684 veröffentlichte *Weixin bian* von Pan Shaocan. (Vgl. Huangs eigenes »Fanli«, S. 5, und die dritte Seite von Yamane Yukios Einleitung zu Huangs *Fuhui quanshu*), Huang bewunderte auch Li Yus Anthologie von Studien zur Verwaltung, das *Zizhi xinshu* (Erstdruck 1663, erweiterte Ausgabe 1667), wie er in HUANG 229d berichtet. Für eine Aufzählung der wichtigsten Magistratshandbücher siehe John Watt, *The District Magistrate in Late Imperial China*, New York (Columbia University Press) 1972, S. 267–68, Anm. 56

Ausführliche Angaben zu den Werken Pu Songlings folgen unten in den Anmerkungen zu Kapitel I, »Die Beobachter«.

Abgesehen von einigen kurzen Stücken in den diversen Lokalgeschichten, ist mir eine spezielle Würdigung Tanchengs lediglich in einem Essay von Zhao Mengan, »Tancheng Yinan shishe«, begegnet, erschienen Anfang 1977; Zhao erinnert darin an die berühmten Dichtergruppen aus der Marktstadt Matou in der späten Qing-Zeit und ergeht sich lobend über die Flußlandschaft am Yi in der Umgebung von Tancheng. Der Essay ist geprägt von der Sehnsucht eines nun in Taiwan lebenden Schriftstellers nach seiner chinesischen Heimatprovinz.

Die Beobachter

S. 13: Erdbeben
Vgl. FENG 9/12-13.

»Felsen werfen«
Vgl. FENG 3/7.
Jahreszyklen
Vgl. FENG, Vorwort und *Lun* zur Ausgabe von 1585 zitiert in 5/12b-13, 9/15.

S. 14: Gentry
Bezeichnet die Klasse der reichen Grundbesitzer, die dem Kaiserreich seine Verwaltungskader lieferte. (A. d. Ü.).

Fengs Biographie
Vgl. *Shaowu fuzhi* 20/22. Seine Titel werden aufgeführt in ebda. 7/2-3, und das Vorwort belegt seine Mitarbeit im Herausgeberstab der Regionalgeschichte von Shaowu während seiner Zeit als Magistrat in Tancheng. Zur Aufforderung an ihn, die Geschichte von Tancheng zusammenzustellen, vgl. sein eigenes Vorwort. Du und Xu, die im folgenden als Inhaber des *Juren*-Titels erwähnt werden, waren bei Fengs Amtsantritt nicht mehr am Leben.

S. 14–16: Statistik von Tancheng
Vgl. FENG 3/6b zu Einzelheiten; 3/34 zu *Ding*, ausgehend von einem Verhältnis von 1:6 wie bei 9/12b; 3/7b-8b zum Land (*Qing* geteilt durch 100, mal 6); 9/17 zu Ortschaften (z.B. 32 und 13 *Li*, zusammen

45). Vergleichszahlen zu anderen Gebieten in Shandong bietet Fujita Keiichi, »Shinsho Santō«, S. 128-31.

S. 16: Weiße-Lotos-Sekte
Vgl. FENG 9/8 zu den unmittelbaren lokalen Auswirkungen. Details zu den Führern und ihren Versprechungen finden sich in *Zouxianzhi* 3/81-83, ebenso Angaben zur Herkunft der lokalen Anführer. Ausführliche Kommentare enthält auch PU 34, und eine gute Zusammenstellung der Quellen zur Weiße-Lotos-Sekte gibt Chan, »The White Lotus«, S. 226, Anm. 1. Einen detaillierteren Bericht über den Aufstand in Shandong bietet Richard Chu, *The White Lotus Sect*, S. 115-23.
Heuschrecken
Vgl. FENG 9/9

S. 17: Banditeneinfälle 1641
Angeführt von Shi Er und Yao San aus Nordwest-Shandong. Vgl. FENG 9/9b-10. Mehr Informationen zu diesen Führern gibt *Bixianzhi* 5/7b und *Zouxianzhi* 3/84b.
Wang Ying
Vgl. *Tancheng xianzhi* (1763) 8/18b und 9/9b.

S. 17-18: Verteidigung Tanchengs
Liste der 292 Männer vgl. *Tancheng xianzhi* (1810) 127-129; Vergleich mit den Ranginhabern vgl. FENG 8/10-11; vollständige Liste *Tancheng xianzhi (1810)* 127-56, neunzehn der Namen unleserlich; Entdeckung der erwähnten Steintafel ebda. 369-70.

S. 18: Aprilangriff
Vgl. *Tancheng xianzhi (1810)* 349; FENG 9/9b-10. Die Bordelle von Huanghua erwähnt PU 220.

Angriff 1643
Vgl. FENG 9/10; die zyklische Jahresbezeichnung *Renwu* entspricht hauptsächlich dem Jahr 1642, aber der zwölfte Monat fällt in den Januar 1643. Die Überlebenden von 1641, die 1643 umkamen, lassen sich durch einen Vergleich der Liste

der Verteidiger in *Tancheng xianzhi* (1810) mit den in Lienü zhuan, FENG, *Zhuan* 7, aufgeführten Toten ermitteln.

S. 18-19: Abatais Raubzug
Vgl. *Shilu* (Taizong), S. 1046f, 1072, 1075f. (Zu den Offizieren gehörte Oboi, der zukünftige Herrscher Chinas.) Abatais Weg in Shandong läßt sich anhand von Tan Qians *Guojue* verfolgen, S. 5948, 5954-56 (wo er den 18. Februar 1643 als Datum der Eroberung Tanchengs angibt) und 5971. Wie die Chronologie und die Biographien in *Haizhou zhilizhou zhi*, S. 68f und 428f belegen, waren die Folgen des Überfalls noch in Haizhou zu spüren, das weit im Osten lag. Eine kurze Biographie Abatais findet sich in Arthur Hummel (Hg.), *Eminent Chinese of the Ch'ing Period*, S. 3f. Er war der siebente Sohn des Nurhaci. Eine ausführliche Biographie mit Beschreibungen dieses und anderer großer Raubzüge Abatais steht in *Baqi tongzhi*, *Zhuan* 132, S. 1-16. Nur ein Jahr nach dem großen Überfall der Mandschu preßte eine Vorhut der Armee Li Zichengs mit großen Schwierigkeiten eine halbe Million Taels aus der Bevölkerung Shandongs und ging zu einem abgestuften Abgabeerhebungssystem über (100 000 für ranghöchste Amtsinhaber, 10 000 für untergeordnete Beamte und 100 für Inhaber eines niederen Gelehrtenrangs), bevor die Truppen Lis von den Hauptkräften der Mandschu vernichtend geschlagen wurden; offensichtlich hatten die Mandschu die enormen Quellen privaten Reichtums, der im allgemeinen verborgen wurde, kaum angezapft. Vgl. Li Wenzhi, *Wanming minbian*, S. 143.

S. 19-20: Jahr 1644
Vgl. *Tancheng xianzhi* (1810) 156; FENG 9/10b.

S. 20: Überschwemmungen
Vgl. FENG 9/10.

S. 20-21: Opfer der Banditen
Frau Yao, vgl. FENG 7/27b; Frau Sun, 7/25b-26; Du Zhidong, 9/11 und 7/6b (Auflistungen der *Juren* 8/4b-5). Zu den Problemen bei der Identifizierung der Toten vgl. *Tancheng xianzhi* (1810) 157-58. Der Weg der Banditen läßt sich verfolgen anhand von *Kezexian xiangtuzhi* 28-29; *Yi xianzhi* 1/27; *Zou xianzhi* 3/86.

S. 21: Antworten der Einheimischen
Vgl. HUANG 63c.

S. 22: Tancheng schlechter gestellt
Vgl. HUANG 74c.
Getreidespeicher
»Yicang«, vgl. FENG 5/12; Weigerung, Getreide zu verleihen, vgl. ebda. 5/15.
Schulen
»Shexue« und »Yixue«, vgl. FENG 5/7. Weigerung, Schulen neu zu erbauen, vgl. HUANG 295b. Eine Beschreibung des idealen Schulsystems, der Unterrichtsweise und der Trägerschaft steht in ebda. 296a und b. Das Shandonger Schulland-System während der Qing-Dynastie untersucht im Detail Nakamura Jihei in zwei Artikeln in *Shien* (Februar 1955 und Dezember 1956).
Ruinen
Mauern, vgl. FENG 2/1b-2; Arzt, 2/3; Brücke, 2/8; Tempel, 4/6b.

Biographie Huangs
Tancheng xianzhi (1763) 7/26-27; Wang Zhi, *Tancheng Yin Huang sihu zhuan* (Wang Zhi war Magistrat in Tancheng von 1747 bis 1749); Chen Wannai, *Hong sheng yanjiu*, S. 125-127 (dort argumentiert Chen, daß Huang als Zensor verantwortlich war, Hong Sheng 1689 den Behörden zu melden); *Dongguang xianzhi* 5/9. Zuletzt hatte Huang den Rang des *Jishizhong* inne; vgl. Brunnert und Hagelstrom 210b.

S. 23 Antwort der Regierung
Vgl. *Shilu*, Regierungsepoche Kangxi, S. 385, Bericht über das Erdbeben angefordert; S. 401, erste Erdbebennachlässe gewährt; S. 459, endgültiger Nachlaß von 227000 Tael für das Erdbebengebiet in Yizhou. Geringere Quoten: vgl. FENG 1/1b, 3/7b-8 und *Tancheng xianzhi* (1763) 5/18b.

Über Tancheng
Vgl. HUANG 172c.

S. 23-24: Anschlag
Vgl. HUANG 172d. Er gebraucht Kalpa, hier umschrieben als »zehntausend Wiedergeburten«.

S. 25: Aberglauben
Vgl. FENG 3/36b und seine Biographie in *Shaowu fuzhi* 20/22.

S. 25-26: Youyu
Vgl. FENG 1/12 und 4/8. Zeng: ebda. 1/8 und 1/12b-13.

S. 26-27: Prüfungsfragen
Vgl. Fashishan, *Qingbi shuwen*, S. 61 zu den Prüfungsfragen in Shandong 1669. Der vollständige Zusammenhang der Textstellen findet sich in Legge, *The Chinese Classics*, wie folgt: Frage eins, I, *Analects*, VI Kap. 17 und 18, 190-91; Frage zwei, I, *Doctrine of the Mean*, XXXII, Kap. 1 und 2, 430; Frage drei, II, *Mencius*, 1/2/27, S. 195.
Frage eins ist auf deutsch wiedergegeben in der Übersetzung von Hans O. H. Stange: *Gedanken und Gespräche des Konfuzius*, München (Oldenbourg) 1953, S. 68f; Frage drei in der Übersetzung von Richard Wilhelm: *Mong Dsi (Mong Ko)*, Jena 1921, S. 32. (A. d. Ü.)

S. 27: Prüfungsergebnisse
Tancheng xianzhi (1763) 8/5.
Moralische Maximen
Vgl. *Shilu*, Regierungsperiode Kangxi, S. 485f für den Text, und zur Bekanntmachung, S. 491.

S. 27-28: Konfuzianismus in Tan
Legge, *The Chinese Classics*, V, Ch'un Ts'ew 665-68. Verschiedene Essays diskutieren das Ereignis in FENG 10/15 und 10/16 und in *Tancheng xianzhi* (1763) 11/1. Skepsis äußert ein Kommentator in *Tancheng xianzhi* (1810) 358-59, der zurecht darauf hinweist, daß Konfuzius auch in Lu mit Tanzi gesprochen haben könnte, obwohl der Verfasser der Essays Gegenargumente anführt. Bekannte Darstellungen der Szene sind wiedergegeben in Doré, *Recherches*, XIII, 18-19.

S. 28-31: Konfuziusschreine
Vgl. FENG 1/7, 2/7, 4/6.

S. 31: Verlassene Tempel
Vgl. HUANG 247d.
Moralischer Verfall
Vgl. HUANG 360c und d.

S. 31-32: Erdbeben
Vgl. PU 170-71; ebenso Giles, *Strange Stories*, S. 416. Das Erdbeben verlief wesentlich glimpflicher als in Zichuan, wo es 557 Gebäude zerstörte und vier Menschen umkamen: *Zichuan xianzhi* 3/56.

S. 32: Pus Themen
Vgl. PU 1622 zu Yizhou; »Daniang«, PU 1391-97 enthält zahlreiche Details zu Männern, die von den Mandschu gefangengenommen wurden, und Frauen, die versuchten, ihr Land zu behalten. Die Nöte anderer Witwen sind beschrieben in PU 191, 324, 661, 699, 927, 1019, 1210, 1284. Vgl. auch *Zichuan xianzhi* 3/55 zu Hungersnöten und 3/60 zu den Mandschu.

S. 32-33: Geschichte des Liu
PU 881, »Liu Xing«; di Giura 1601-02.

S. 33: Belagerung von Zichuan
Zichuan xianzhi 3/60b-61, und zahlreiche Biographien in ebda. 6(xia)/22b-32, unter dem Jahr *Dinghai*. Vgl. auch *Boshan xianzhi*, S. 125; Chang Chun-shu und Chang

Hsüeh-lun, »The World of P'u Sung-ling's *Liao-chai chih-i*«, S. 416, Anm. 66.

Truppen und Banditen
PU 1527, Anfang der Geschichte »Zhang Shifu«.

S. 34: Pu und Aufstände
Einzelheiten zu Yu Qis Aufstand in *Laiyang xianzhi* 34 5b/6 und Xie Guozhen, *Qingchu nongmin*, S. 113-16. Zu den Exekutionen und Särgen in Jinan vgl. Pu 477 und 428; Leichenhaufen, 70; Flucht in die Höhlen, 921; Mischen der Klassen, 920 und 991; Gentrybanditen, 240; Gelehrter und Banditentochter, 971; »unehrenhafte Menschen«, 1267; Bandit oder Prostituierte, 1426; Bande in Shandong, 902-04.

Basis in Teng und Yi
Vgl. Bi xianzhi 5/7b; *Zou xianzhi* 3/86. Die allgemeine Topographie dieses Teils von Shandong und die wichtigsten Aufstände, die sich dort im 19. Jahrhundert ereigneten, sind dokumentiert in Zhang Yao, *Shandong junxing jilue*, Zhuan 19 (für Zouxian) und Zhuan 20 (für Pus Heimatgebiet in Zichuan). Dieses Werk ist eine der wichtigsten Quelle für Yokoyama Sugurus »Kampōki Santō no korō«.

S. 35: *Yamen*
Der Amtssitz eines Magistrats, d. h. eines zur Siegelführung berechtigten Beamten, der die Verwaltung eines Kreises *(xian)* unter sich hatte, gewöhnlich ein größerer Gebäudekomplex mit Wohnräumen, Empfangshalle, Gerichtssaal, Schreibstuben, Gefängnis etc. (A. d. Ü.).

Fuchsrebell
Vgl. Pu 1086, »Douhu«; Giles, *Strange Stories*, S. 373; di Giura 1386.

Medizinisches Medium
Vgl. Pu 267-68, »Kouqi«,; di Giura 1391-93. Die Laute sind eine unübersetzbare Studie in Lautmalerei.

S. 37: Medium Liang
Vgl. PU 691-92, »Shangxian«; di Giura 1681-83. Zu geläufigen schamanistischen Praktiken vgl. Jack M. Potter, »Cantonese Shamanism«, in: Wolf (Hg.), *Religion and Ritual*, S. 207-31, insbesondere S. 215-17 über »Schreine, in denen Geister hausen«.

Pus Leben
Die wesentlichen Daten enthält Arthur Hummel (Hg.), *Eminent Chinese*, S. 628-30 und Prušek, *Chinese History and Literature*. Die gründlichste chronologische Biographie gibt Lu Dahuan, »Pu Liuyuan xiansheng nianpu«. Eine sorgfältig kommentierte Biographie, die anhand von Pus Gedichten rekonstruiert wurde, ist Liu Jiepings *Liaozhai biannian shiji xuanzhi*. Jüngere Photographien von Pus Haus, Garten und Grab sind am Anfang von *Pu Songling ji* abgedruckt.

Es gibt eine umfangreiche Literatur zum Werk Pus und zu seiner politischen Haltung; das meiste davon ist auf nützliche Weise zusammengefaßt in Chang Chun-shu und Chang Hsüeh-lun, »The World of P'u Sung-ling's *Liao-chai chih-i*«. Weitere wertvolle Untersuchungen sind He Manzus *Pu Songling yu* »Liaozhai zhiyi«, das Pus Klassenstandpunkt erörtert und seine Geschichten mit sieben seiner späteren Dramen vergleicht; Zhang Peis Aufsatz zu antimandschurischen Elementen bei Pu, »Liaozhai zhiyi... minzu sixiang« (in Teilen eine Erwiderung auf He Manzu); Zhang Youhongs Darlegung der Abweichungen zwischen dem Originalmanuskript und der Druckfassung der Qianlong-Zeit in PU 1727-28; und Yang Lius Studie der Quellen für verschiedene Geschichten in seiner Arbeit »Liaozhai zhiyi yanjiu«. Die kürzlich entdeckten Manuskriptentwürfe von Pus *Liaozhai zhiyi* analysieren Yang Renkai und Zhang Jingqiao. Otto Ladstätter, »P'u Sung-ling«, enthält ebenso eine

nützliche Erörterung von Pus Ein-
stellungen und seiner Sprache.
Neunzehn Arbeiten zu Pu aus jüngerer Zeit wurden zusammengestellt in *Pu Songling yanjiu ziliao.*

S. 38: Pus Frau
Adaption der Übersetzung von Jaroslav Prušek, *Chinese History and
Literature*, S. 84-91, dieser Abschnitt S. 85-88. Der Originaltext
steht in *Pu Songling ji* 252-53.

S.38-39: Pu nachts alleine
Vgl. PU, Vorworte, S. 3, wo sich ein
ausführlicher Kommentar zu dieser
dichten und schwerverständlichen
Stelle findet. Eine Teilübersetzung
von Hervouet existiert in *Contes*, S.
10f, eine gründlich annotierte in Giles, *Strange Stories*, S. XV, und eine
jüngere vollständige Übersetzung
in Chang und Chang, »The World of
P'u Sung-ling's *Liao-chai chih-i*«, S.
418. »Geschichten aus der Unterwelt« bezieht sich auf ein Song-zeit-
liches Werk von Liu Yiqing,
Youming lu. Pu fügte in den folgenden Jahren einige Geschichten
hinzu, aber im großen Ganzen war
die Sammlung 1679 vollständig. Zu
Pus Schwierigkeiten in diesen Jahren vgl. Jaroslav Prušek, »*Liao-chai
chih-i* by P'u Sung-ling«, in Prušek,
Chinese History and Literature, S.
92-108.

S. 39-42: Kindlicher Wunderglauben
Vgl. PU 32, di Giura 1387. Manche
Texte fügen am Anfang der Geschichte das Zeichen »shi«, eine Prüfung machen, ein. Aber die Präfekturexamen wurden gewöhnlich
nicht im Frühjahr abgehalten, und
Pu scheint in dieser Geschichte wesentlich jünger als im Prüfungsalter
gewesen zu sein. »Den Frühling einholen« ist »yanchun«.
Von der vorliegenden Erzählung
existieren bereits zwei Übersetzungen: »Der Zauberer«, übers. v. Kai
Yeh, in: *P'u Sungling: Liao-chai
chih-i. Chinesische Geschichten aus
dem 17. Jahrhundert*, UNESCO-

Sammlung Repräsentativer Werke,
Asiatische Reihe, Stuttgart 1965, S.
94-97, und »Der Pfirsichdiebstahl«,
übers. v. Irmgard und Reinhold
Grimm, in: *P'u Sung-ling: Höllen-
richter Lu. Chinesische Gespenster-
und Fuchsgeschichten*, Kassel 1956, S.
90-94 (A. d. Ü.).

S.42-44: Der Traum
Vgl. PU 739, di Giura 1878. Es handelt sich um eine von Pus späteren
Ergänzungen zu seiner Sammlung,
datiert von 1683. Ich beende die
Übersetzung an der Stelle, wo Pu in
äußerst eleganter und an Anspie-
lungen reicher Sprache den Entwurf
rekapituliert, den er für die Fee
schrieb.

S. 44: Der Mann und zwei Frauen
Vgl. PU 220-31. Die Ortsangabe
findet sich auf 220, die Umstände
der Überlieferung auf 231.

Das Land

S. 35:   Schnee
Vgl. FENG 9/15. Huangs Pferd:
Vgl. HUANG 68a, mit der Beschreibung der allgemeinen Situation am 25. Tag des 12.
Monats im 9. Jahr der Regierung
Kangxi. Zum willkommenen
Schnee vgl. Yang, *Chinese Village*, S. 17f. Über Niederschlags-
mengen in Yizhou vgl. Buck, *Statistics*, S. 1, Tabelle 3; Temperaturen ebda., S. 7, Tabelle 5.

S. 45-46: Zum Kreis Tancheng
Vgl. FENG, Zhuan 1 und 2. Die
Landkarten von 1673 sind von
schlechter Qualität und zeigen nur
wenige Orte; in den späteren geographischen Namensverzeichnissen
des Kreises sind keine Landkarten
enthalten. Manche Örtlichkeiten
lassen sich allerdings nach den in
FENG 3/1-2b angegebenen Koordi-
naten bestimmen. 1724 wurde Tan-

cheng von Yanzhou ausgegliedert und Yizhou zugeschlagen: Vgl. *Huidian shili* 5443.

S. 46-47: Feldfrüchte

Die wichtigsten in Tancheng im Jahr 1673 sind bei FENG 3/33-34 aufgeführt. Diese Daten können für die Gebiete des Winterweizens und des Gaoliang mit Buck, *Statistics*, passim, verglichen werden; S. 261 gibt die wichtigsten Fruchtperioden an. Buck, *Atlas*, S. 3-7, zeigt Tancheng (Nr. 112) als Teil des Nachbarkreises Yi (Nr. 118).

S. 47: Arbeitszyklus

Vgl. Yang, *Chinese Village*, S. 16-23, der die späteren, vom Westen importierten Erdnüsse und Süßkartoffeln ausschließt. Vgl. Buck, *Statistics*, passim, zu den Dörfern des Winterweizengebiets in Shandong. Weitere Zahlen zu Niederschlägen und Temperaturen in Shandong: Vgl. Mark Bell, *China*, S. 45-47, und Buck, *Statistics*.

S. 48: Steuertabelle

vgl. HUANG 89c und d.

S. 49: Unterteilungen

FENG 3/26 gibt eine Kurzzusammenfassung des *Lijia*-Systems. *Xiang* übersetze ich mit »Bezirk« und *Li* und *She* mit »Gemeinde«. Der *Shechang* ist der »Gemeindevorsteher«. An der Spitze eines jeden *Xiang* stand ein *Gongzheng*. Die *Hutou*-Struktur wird bei HUANG 84c und d erläutert. Die Angaben bei FENG und HUANG reichen nicht aus, um das lokale Steuersystem in allen Einzelheiten zu rekonstruieren. Über andere Teile Shandongs zu späteren Zeiten gibt es dagegen genügend Informationen. Vgl. insbesondere das aus Dokumenten und Interviews zusammengetragene Material in Jing Su u. Luo Lun, *Qingdai Shandong jingying dizhu...*; Ramon Myers, »Commercialization, Agricultural Development... in Shandong Province«; und David Buck, »The Provincial Elite in Shan-

dong during the Republican Period«.

Steuereinnehmer

Vgl. Ray Huang, *Taxation*, S. 36f. über mingzeitliche Beispiele der Ehrenhaftigkeit dieses Amts. Yu Shun ist mit anderen desselben Familiennamens im *Tancheng xianzhi*, (1810) 144, als *Shechang* aufgeführt, und seine Biographie steht ebda., (1763) 9/9b. HUANG, 75d-76a, vermutet, daß beide Hus *Shezhangs* der Gemeinde Xinwang waren. Das System der Doppelbesetzung wird ebenfalls in *Yizhou zhi*, 1/17, erwähnt. Xiao, *Rural China*, S. 80f., beschreibt die Flucht von *Baojia*-Vorstehern, die sich ähnlichen Schwierigkeiten gegenübersahen.

S. 50: Bevölkerungszahlen

Die *Ding*-Zahl erscheint bei FENG 3/26 und 3/7. Dort wird angegeben, daß von 8700 Toten des Erdbebens 1552 *Ding* waren; hochgerechnet ergäben die 9498 registrierten *Ding* von 1670 dann eine Gesamtbevölkerung von 55 000-65 000, wenn man die von Abgaben befreiten Familien einberechnet. Die Bevölkerungszahlen sind nur Annährungswerte; zur Problematik solcher Berechnungen vgl. Ho Ping-ti, *Population*, Kap. 2; zu parallelen Berechnungen in Shandong vgl. Fujita Keiichi, S. 136f.

Baojia

Vgl. FENG 3/1-2; HUANG 244-45; Xiao, *Rural China*, Kap. 3. Auf S. 265f zitiert Xiao die persönliche Ansicht Huangs. Die Märkte finden sich bei FENG 3/34b. Die bei HUANG verwendete Terminologie zeigt, daß auf dem flachen Land im Kreis Tancheng ein »Haushaltsvorstand« *(Huchang)* für sein Land und seine Familie verantwortlich war, ein *Jiachang* für zehn Haushalte, ein *Baocheng* für zehn *Jiachang* bzw. hundert Haushalte und ein *Baochang* für einen der vier Bezirke. Ich gebrauche hier »Gemeinde« für *Li* und *She*.

S. 50: Registrierung
Vgl. HUANG 249, wo *Juren* nicht als *Xiangshen* betrachtet werden.
Miliz
Vgl. HUANG 25c, obgleich seine Gesamtzahlen von 50 *Hu* pro *Zhuang* und 100 *Zhuang* pro *Xiang* nur auf Kreise zutreffen, die größer waren als Tancheng.

S. 51: Rückstände
Vgl. HUANG 89c

Budget
Vgl. FENG 3/3b-11b über Steuern, 3/16-17b zum Personal, 3/25 zum Militär, 3/29 zu Deicharbeiten. Die Steuersätze sind im *Tancheng xianzhi*, (1763) 5/19-22, zusammengefaßt. Die Anteile von *Ding* (50,6%) und Land (43,3%) an den Arbeitsdiensten in Tancheng sind für 1608 bei Huang, *Taxation*, S. 130, angegeben.
Straßen
Vgl. FENG 2/7-8.
Poststationen
Vgl. FENG 3/18-19 über Kosten, mit Diskussion in 3/23-24. Huang Liuhong reformierte das System 1672, s. ebda. und Berichte bei HUANG 71 u. 72.

S. 52-53: Fronarbeit
Vgl. HUANG 92c, und 354a über Holz. Zur Straßenentfernung nach Peking vgl. *Tancheng xianzhi* (1763), 2/27b.

S. 53: Fronarbeit an Flüssen
Vgl. den Essay in FENG 3/29, ebenfalls HUANG 74d-75a.

S. 53-54: Herabsetzung der Steuersätze
Vgl. *Tancheng xianzhi*, (1763), 5/18b; FENG 3/16, 3/76-86.

S. 54: Fiskalland
Vgl. Diskussion bei Huang, *Taxation*, S. 40-42; bei Ho Ping-ti, *Population*, S. 102-123; und bei Wang, *Land Taxation*, S. 32f. FENG 3/19 zitiert über das Land niedrigster Qualität aus der *Lokalgeschichte* der Wanli-Ära.

S. 55: Fälle »sandigen Bodens«
Vgl. HUANG 68. Huang scheint Marschland zu beschreiben, das möglicherweise von Schwemmgut bedeckt war.

S. 55-56: Betrügereien
Vgl. HUANG 87b zu Münzprüfern, 99a über entwendetes Korn und 83b über die »Stadt als Hölle«.

S. 56: Sammelkisten
Vgl. HUANG 80a und 80c. In 81c schlägt Huang eine Kiste für jeweils vier *Li* vor.

S. 56-57: Andere Steuern
Vgl. FENG 3/20b und *Tanchengxian fuyi quanshu* über zu liefernde Gegenstände. Weitere werden bei HUANG behandelt: 102 zu Straßenhändlern, 101b zu Maklern, 101a zu Pfandleihern (diese Steuern wurden 1674 für die Bezahlung des Sanfan-Krieges verdoppelt), 101c zu Tabak und Alkohol, 87 zur Schmelzgebühr.

58: Kampfgrillen
Vgl. Pu 484; di Giura 689; Giles, *Strange Stories*, S. 275f.

Städtische Kaufleute
Vgl. HUANG 73c und d über eingenommene Beträge, 74a und b über Kaufleute und die Fußnote über Matou, die für Angaben auf S. 119 unten Verweise angibt.

S. 59: Marktvorsteher
Vgl. HUANG 74a und 70e.

Soldaten
Vgl. HUANG 70a, 77b.

Verträge
Vgl. HUANG 146d.

S. 59-60: Steuerhinterziehung durch Großgrundbesitzer
Vgl. HUANG 146d.

S. 60: *Baolan*-System
Vgl. HUANG 107c-d, der die Gentry in *Xiangshen* und *Qingjin* teilt; FENG 3/156 mit einer Aufzählung

der Mißbräuche und Xiao, *Rural China*, S. 132-139. Der Ausdruck »Stellvertreterzahlung« (der als bestmögliche mehrerer Varianten erscheint) wurde aus einem Essay von Jerry Dennerline in: Wakeman und Grant, *Conflict and Control*, übernommen. Das Muster der Steuerhinterziehung durch die Gentry in der frühen Qing-Zeit und das Problem unregistrierten Landes werden detailliert von Nishimura Gensho in »Shinsho no tochi« untersucht; die gewalttätigen Proteste, die in Shandong unter der Qing-Dynastie später ausbrachen, analysierte Yokohama Suguru in »Kampchi Santō no kōryō«.

S. 61: Stadtgott
Vgl. FENG 4/4. Einen umfassenden Überblick über die Aktivität dieses Gottes und die ihm erwiesenen Ehren gibt Shryock, *Tempels of Anking*, S. 98-115, und eine Diskussion seines Ranges innerhalb der Götterhierarchie findet sich bei Arthur Wolf, »Gods, Ghosts, and Ancestors«, in: Wolf, *Religion and Ritual*, S. 139.

S. 61-62 Heuschreckengebet
HUANG 281a-c; es wurde aufgrund der Aussage des folgenden Gebets auf 1671 datiert. In PU 491 ist eine Erzählung enthalten, die von einem erfolgreichen Anruf des lokalen Gottes in der Gegend von Yizhou berichtet.

S. 62-68 »Xiaoer«
PU 378-382. Hervouet, *Contes extraordinaires*, enthält eine hervorragende französische Übersetzung dieser Erzählung; vgl. ebda., S. 68-74; s. auch di Giura 590-96.

S. 67: Glaswerkstatt
Pu Songling hatte diesen Einfall vermutlich wegen der Glashütte *(Liuli)* von Boshan im Nachbarkreis Zichuan, die im 17. Jahrhundert florierte. Aus seinen Lebensbeschreibungen wissen wir, daß Pu auf seinen Reisen in Boshan Station

machte. Die Manufaktur ist ausführlich im *Boshan xianzhi*, 572-576, beschrieben; die Quelle des geographischen Verzeichnisses bildet Song Tingquans Werk *Yanshan Zazhi*, das zuerst 1665 veröffentlicht wurde. Diese und andere Industrien werden in *Shandong difangshi jiangshou tigang*, S. 35f., und bei Jing Su u. Luo Lun, *Qingdai Shandong jingying...*, S. 24-29, beschrieben.

S. 69: »Gesicht« der Gentry
Vgl. HUANG 80b.

S. 69-70: Xinwang
Vgl. HUANG 75c, zu Örtlichkeiten vgl. FENG 3/1-2.

Zahlungsmoral bei Steuern
Vgl. HUANG 92c.

S. 70: Zwei Geschlechter
Beruht auf dem aus FENG 8/2 und 8/9b-12 rekonstruierten Verhältnis bei gekauften oder vergebenen akademischen Graden von Familiennamen zu Gemeinden. Auf Gaoce entfallen fünf Zhangs und vier Lius.
Liu-Hu-Fall
Abdruck zweier Berichte über diesen Fall, die Huang dem Präfekten übersandte, in HUANG 75c-76c.

Die Witwe

S. 71: Frau Peng
Die Einzelheiten des Falls von Frau Peng finden sich in zwei Berichten Huang Liuhongs an übergeordnete Stellen aus dem Jahr 1670; vgl. HUANG 143c-144c u. 144c-145c.

S. 71-72: Die musterhaften Witwen
Zu Peng vgl. FENG 7/22, zu Li vgl. ebda. 7/22b (ihr Sohn war Du Jidong, der unter anderen Juren in 8/4b-5 aufgeführt ist; seine Biographie steht in 7/6), zu Du vgl. ebda. 7/24, zu Liu ebda. 7/25, zu Tian ebda. 7/30, zu Fan ebda. 7/29b-30.

S. 72-73: Die Geschichte der alten Witwe
Pu 1221, »Ji nü«; di Giura
1212-1213.

S. 73: Pus Spott
Vgl. die Geschichte des Gelehrten
Zong, PU 682, die teilweise im Ka-
pitel 5 unten, S. 105ff übersetzt ist.
Geschichtsschreibung
Vgl. Fengs Vorwort in FENG, 3b-4.
Die Verfasser Du, Liang, Zhang und
Xu waren mit Chen Shi bzw. Liu Shi
bzw. Yang Shi bzw. Tian Shi und
Du Shi verwandt. Vgl. FENG
7/22b, 7/25, 7/23b und 7/246.
Witwe und Geliebter
Vgl. PU 699-703, »Jin sheng si«.
Die Intelligenz von Witwen
Das beste Beispiel gibt PU
1391-1401 mit »Qiu Daniang«, wo
eine junge Witwe ihren eigenen
Sohn bei der Familie ihres verstor-
benen Gatten zurückläßt und in ihr
Heimatdorf zurückkehrt, um ihrer
verwitweten Mutter beizustehen,
ihren Landbesitz zu behaupten und
ihre beiden Söhne großzuziehen.

S. 75-82: Xiliu
PU 1019-25; di Giura 966-73.

S. 82: Weitere Erzählungen bei PU
Nachbarn bemächtigen sich des Be-
sitzes einer Witwe, vgl. 1210, 1284;
Rechtshändel und Zwang, vgl. 672,
878, 907, 975, 1391; sexuelle Ex-
zesse, vgl. 308, 668, 757, 1417,
1428; Glücksspiel, vgl. 532, 1270,
1473, 1534.
S. 82: Witwe Wu
Vgl. FENG 7/20b. Zur Yi-Adoption
außerhalb der Verwandtschaft vgl.
Boulais, *Manuel*, S. 186f. (Abschnitt
386).
Witwe An
Vgl. FENG 7/21.

S. 82-83: Witwe Gao
Vgl. FENG 7/28b-29.

S. 83: Erbrecht
Vgl. *Duli cunyi*, S. 247 (Absatz
078.02); Staunton, *Penal Code*, S.
526, Appendix 12A. Der *Gesetzes-
kodex* bestimmt, daß kinderlose

Witwen ihren Anteil am Eigentum
des Gatten erbten und ihn bei einer
Wiederverheiratung wieder abzu-
treten hatten; der Status einer
Witwe mit Kindern, die erneut heiratete, war verschieden, je nachdem
ob sie die Kinder mit sich nahm wie
Frau Wu oder sie der Familie ihres
früheren Gatten überließ. Pu Songling gibt ein fiktives Beispiel des
zweiten Falls in »Niu Chengzhang«;
vgl. PU 927. Die zwiespältige Ein-
stellung der Ehemänner zur Wiederverheiratung ihrer Frauen zeigt
ebda. 96 und 191; zur Befürchtung,
die Kinder könnten nach einer Wiederverheiratung von ihren Stief-
eltern schlecht behandelt werden
vgl. ebda. 1024 und 1322.

S. 84: Chens Belästigungen
Vgl. HUANG 145a. Über das Verbrechen, einen Ochsen zu stehlen,
vgl. *Duli cunyi*, S. 677 (Absatz
270.06). Über Ochsen auf den Bau-
ernhöfen Shandongs vgl. Yang,
Chinese Village, S. 48, und S. 144f
zum Lehrplan und Betrieb einer
Schule in einem armen Dorf.

S. 84-85: Die Auswahl eines Erben
Vgl. *Duli cunyi*, S. 247 (Absatz
078.02) und Boulais, *Manuel*, S. 189
(Abschnitt 398). S. 188, 190 (Abschnitte 393 und 400).

S. 85: Lians Onkel
Vgl. HUANG 145a-b und Boulais,
Manuel,

S. 85-86: Racheklausel
Duli cunyi, S. 962 (Absatz 323.00);
Boulais, *Manuel*, S. 624f. (Abschnitte 1444-46; in Abschnitt
1448 führt Boulais einen späteren
Fall an, in dem ein Sohn seine Mutter nach Ablauf von 10 Jahren
rächte); Staunton, *Penal Code*, S.
352f. (Abschnitt 323).

S. 86: Die Ermordung Lians
Vgl. HUANG 145b-c.

S. 88: Die tätliche Mißhandlung eines Verwandten
Vgl. *Duli cunyi*, S. 930 (Absatz 317.00); Boulais, *Manuel*, S. 611f (Abschnitt 1410); Staunton, *Penal Code* S. 344f (Abschnitt 317).

Die Fehde

S. 89-90: Pus Familie
Vgl. Pu Songling ji, S. 252; übersetzt bei Prušek, »Two Documents Relating to the Life of P'u Sung-ling, in Prušek, *Chinese History and Literature*, S. 86. Ich habe anstelle von Pus formeller Ausdrucksweisen der dritten Person Pronomen verwendet und versucht, den Text deutlicher wiederzugeben.

S. 90: Kämpfe innerhalb von Familien
Vgl. PU 1580-1587, »Ceng Yuyu«; Giles, *Strange Stories*, S. 193-201. Bei Pu findet sich eine Geschichte, die sich um dieselben Gerüchte dreht, daß junge Mädchen dem Hofe Shunzhis zugeführt wurden: Vgl. PU 1292.

S. 90-99: »Cui Meng«
Vgl. PU 1127-34; di Giura 1289-98. Diese Geschichte ähnelt in vieler Hinsicht den Heldensagen und Episoden der Art des *Shuihuzhuan* (Die Räuber vom Liangshan-Moor) und ist für Pus Erzählstil untypisch. Der Einfluß des *Shuihuzhuan* auf die Bewohner Shandongs in der späten Ming-Zeit wird erörtert bei Zhu, *White Lotus*, S. 115f.

S. 99-100: Wang San
Vgl. HUANG 197b zu Wangs Vorleben und wechselnden Decknamen. Zu Einzelheiten der Erhebung Yuqis vgl. *Laiyang xianzhi* (der Abschnitt *zhuanmo, fuji*), S. 5b-6. Pu Songling bedient sich der Rebellion als Brennpunkt mehrerer Geschichten, z.B. »Yekou«, PU 70, und »Gongsun Jiuniang«, PU 477.

S. 101-102: Li Dongzhen
Vgl. HUANG 140b, 197c. Yang, *Chinese Village*, S. 169f, erörtert die Brisanz einer öffentlichen Beleidigung in einer ländlichen Gemeinschaft in Shandong, die zu »Gesichtsverlust« führt.

S. 102: Die Mordtat
Vgl. HUANG 140c-141a.

Die Strafanzeige
Zu einem anderen Raub und Mord aus Rache vgl. FENG 7/25, wo Räuber den Ehemann Sun Shis überfallen: Der Tatbestand des *Chouzei* wird in den *Gesetzestexten der Qing* nicht als separate Kategorie gewalttätigen Raubes aufgefaßt, vgl. *Duli cunyi*, S. 589-622 (Absatz 266).
Wang als Bürge
Vgl. HUANG 197c.

Die vierundzwanzig Verbrecher
Vgl. HUANG 39c und d. Es zeigen sich hier weitere Parallelen zu den Verhältnissen in Shandong, wie sie der Roman *Shuihuzhuan* schildert: Song Jiang war ein Yamenschreiber, der vom Plan des Magistrats erfuhr, die Rebellen festzusetzen, und sie warnen konnte; Li Gui war Wächter im Gefängnis von Jiangzhou. Vgl. Irwin, *Evolution of a Chinese Novel*, S. 123 u. 132.

S. 103: Yu Biao
Vgl. HUANG 197c u. d.

Guan Mingyu
Vgl. Huang 197d-198a.

S. 104: Die personellen Reserven des Magistrats
Zum Militär vgl. FENG 3/17c-25; zum Personal und seiner Entlohnung vgl. FENG 3/16b-17b. Zum Zahlenverhältnis von Kavallerie und Infanterie vgl. *Tancheng xianzhi* (1763) 4/16b-17. Die Qualitäten Zhu Chengmings beschreibt Huang in HUANG 70d. Ich nehme an, daß es sich um denselben Mann wie den Zhu Jun dieses Falls handelt. Zu Stallknechten vs. Soldaten vgl.

HUANG 70c. Zum Zustand der Pferde in jenem Sommer vgl. ebda. 40c.

S. 105-106: Zum Ritt nach Zhongfang
Vgl. HUANG 198b. Ein erstaunliches Beispiel von Huangs Genauigkeit gibt seine Bemerkung, daß in diesem besonderen Jahr der sechste Monat nur 29 anstatt 30 Tage hatte, so daß der erste Tag des siebten Monats auf den 29. folgte; die Glossare des Mondkalenders belegen, daß dies im 9. Jahr der Regierungszeit Kangxi tatsächlich der Fall war.

S. 106-107: Der Kampf
Vgl. HUANG 198c-199b.

S. 107: Festnahme und Panik
Vgl. HUANG 199c-d.

S. 108: Ermordung von drei Personen einer Familie
Vgl. *Duli cunyi*, S. 815 (Absatz 287); Staunton, *Penal Code*, S. 308 (Abschnitt 287); Boulais, *Manuel*, S. 551 (Abschnitt 1249).
Wangs Rückhalt in Pei
Vgl. HUANG 199b.

Die Frau, die davonlief

S. 109: Biographien der Frauen
Die der Ming- und frühen Qing-Dynastie sind abgedruckt in FENG 7/19-30b.
Das Beispiel Frau Gao
Vgl. FENG 7/19b-20. Ein außerordentliches Beispiel für den Stadttempel als Ort einer rituellen Erklärung und des Selbstmordes ist Pu Songlings Geschichte »Li Siqian«, PU 426 (di Giura 337; gereinigte Version in Giles, *Strange Stories*, S. 212f). Wie Pu berichtet, war Li Siqian, ein *Juren* aus dem Kreis Yongnian, 1665 wegen Mordes an seiner Frau festgenommen worden. Auf dem Weg zur Gerichtsverhandlung im Yamen riß er sich von seinen

Wächtern los, ergriff ein Fleischermesser von einem Fleischstand an der Straße, rannte zum Tempel des Stadtgottes und rief, vor dem Bild des Gottes kniend: »Der Gott spricht mich schuldig, weil ich dem Rat unwerter Männer gefolgt bin und mit meinen Dorfkumpanen Gut und Böse durcheinander geworfen habe. Er befiehlt, mir ein Ohr abzuschneiden.« So schnitt er sich das linke Ohr ab und warf es zu Boden. Und wieder rief er: »Der Gott spricht mich schuldig, weil ich die Leute um ihr Geld betrogen habe. Er befiehlt, mir einen Finger abzuschneiden.« Und so schnitt er sich einen Finger der linken Hand ab. Noch einmal rief er: »Der Gott spricht mich schuldig, weil ich mit den Frauen anderer Ehebruch begangen habe. Ich muß mich kastrieren.« Er tat es und starb an dieser Wunde.

S. 110: Selbstmorde armer Frauen
Beide sind aufgeführt in *Yizhouzhi*: 6/37 berichtet von einer Frau Liu, die genau nördlich von Tancheng lebte; 6/41 zufolge lebte die Frau des Trödlers gerade noch innerhalb des Rechtsbezirks Tan. Sie ist einer der seltenen Fälle, in denen eine Frau mit einem Säugling Selbstmord beging.
Andere Frau Liu
Vgl. FENG 7/20b.
Dreizehn Jahre altes Mädchen
Ihre Biographie wurde den *Lienü zhuan* in *Tancheng xianzhi* (1763) 10/9 hinzugefügt, »Wang shi«. In PU 78 wird ein Waisenmädchen im Alter von neun Jahren, das unter solchen Verhältnissen lebte, von ihrem zukünftigen Ehemann vergewaltigt; und in einer anderen Geschichte in PU 1283-86, »Qiaonü«, gibt Pu ein bewegendes Beispiel für die Treue einer Frau zu ihrem Verlobten.
Weit zurückreichende Erinnerungen
Vom Schwiegervater Frau Wangs ist im folgenden noch die Rede; zu Bezirksvorstand Yu, vgl. *Tancheng*

xianzhi (1763) 9/9b, zur Witwe Fan, vgl. FENG 7/29b.

S. 111: Die Frauen Xie und Tian
Vgl. FENG 7/22b-23. (Das auf Chinesisch in *Sui* angegebene Alter wurde durchgängig der westlichen Zählweise angepaßt.)
Frau He
FENG 7/26b.
Frau Chen
FENG 7/22b; ihr Mann war jener Du Zhidong, der 1651 umgebracht wurde. Die Wiedergabe ihrer Geschichte in *Tancheng xianzhi* (1763) ist abgeschwächt, indem anschauliche Details ausgelassen sind und ein ermahnender Dialog hinzugefügt wurde.
Andere, die überlebten
Vgl. XU, FENG 7/29; Yang, 7/23b; Gao, 7/28b.

S. 112: Zhangs Gattin
Vgl. PU 1527-28, »Zhang shi fu« war eine der Geschichten, die nicht in die Qianlong-Ausgabe der Werke Pus aufgenommen wurden. (Die zweite Hälfte der Geschichte ist hier nicht wiedergegeben.)

S. 113-114: Gelehrter Zong
Vgl. PU 682, »He hua sanniangzi«; di Giura 860.

S. 114 Preise für Frauen
15 Taels, vgl. PU 601 und 1387 (ebda. 1022-1023, zehn Nächte für dreißig Taels); tausend, ebda. 709; 200, ebda. 791; hundert, ebda. 883; zehn ebda. 423; drei ebda. 431. Vgl. auch Susan Naquin, *Millenarian Rebellion*, S. 282, wo eine Frau mit zehn Taels taxiert wird, ein elfjähriger Junge mit einem.

S. 114-115: Pu über intime Verhältnisse
Scheidungen, vgl. PU 1110, 1156; Rache, 368, 374, 1404; homosexuelle Literaten, 317, 1530, 1573; einfache Frauen, 642, 1197, 1283; Wilde, 353; starke Frauen, 1243; illegitime Kinder, 311; Leben in Jungfräulichkeit, 929 (zu Ma Gus Geburt in Tancheng, vgl. Doré, *Recherches*

XII, 1118); Gewitztheit und Sex, 1268.

S. 115: Frau Yan
Vgl. PU 766-69.

S. 116-118: »Dou shi«
Vgl. PU 712-14. Die Geschichte schließt mit einer langen, verwickelten göttlichen Rache an dem gefühllosen Verführer.
Von der vorliegenden Erzählung existiert bereits eine deutsche Übersetzung: »Der Eidbrüchige«, übers. v. Gottfried Rösel, in: Pu Sung-ling: *Das Wandbild. Chinesische Liebesgeschichten aus dieser und der anderen Welt*, Frankfurt/Main (Fischer TB) 1982, S. 80-85 (A.d.Ü.).

S. 118-125: »Yun Cuixian«
Siehe PU 748-54; di Giura 1097-1104.

S. 126: Viel weniger Frauen
Vgl. *Tancheng xianzhi* (1810), 34-38, enthält Zahlenangaben zur Bevölkerung, aufgeschlüsselt nach Geschlecht und Kind/Erwachsenen-Relation. Huang erörtert den Kindermord in HUANG 364d; zu geringen Angaben vgl. Yang, *Chinese Village*, S. 10; zu den vielen Frauen der Reichen in den *Lienü zhuan* vgl. FENG, *Zhuan* 7.
Frau Wang, in der Familie aufgezogen
Vgl. *Tancheng xianzhi* (1763), wo eine andere Frau Wang beschrieben wird.
Wang und Ren
Diese Details zu ihrem Leben können dem Bericht in HUANG entnommen werden; z.B. S. 167c, Rens Aussage zu seinen Arbeitsverhältnissen; S. 169a, Autopsiebericht zu Frau Wangs gebundenen Füßen; S. 168a, die Aussage des Priesters zur Fluchtgeschichte. Das Datum ihrer Flucht ist ausgehend von ihrem Todesdatum errechnet, sie starb Ende des 12. Monats im 10. Jahr Kangxi.

S. 127: Fluchtwege
Vgl. FENG 2/8.
Pei
Die Wasserwege von Tancheng fin-
den sich in FENG 2/8. Naturkata-
strophen in Pei werden aufgeführt
in *Peizhou zhi* 3/2, 4/17, 5/1, 6/6b.
Die Kreishauptstadt wurde 1689 an
einen anderen Ort in der Nähe der
Grenze zu Tancheng verlegt.

S. 127-128: Stadt Tancheng
Patrouillen und Befragung von Reisenden vgl. HUANG 1359a und b;
Betrug in Herbergen, 127b, mit be-
sonderem Hinweis auf Leute, die in
die Stadt kamen, um einen Prozeß
zu führen (Huang behauptet, daß
derartige Gastwirte mit Angestell-
ten des Yamens zusammenarbeite-
ten, die den Prozeß verzögerten,
um den Profit zu erhöhen.); Regi-
stration in Herbergen, 247b und c;
Vorschriften für die Nacht,
262d-263b. Huang beschreibt, wie
streng er zwischen 1670 und 1672
die *Baojia*-Bestimmungen in der
Stadt Tancheng durchführte, 215c.

S. 132-133: Matou
Überfälle, vgl. FENG 9/9b und 7/27
(Yao shi), und *Tancheng xianzhi*
(1763) 5/18b; nach *Tancheng xianzhi*
(1763) 4/16b wurden später dort
Garnisonstruppen stationiert, achtzehn Kavallerie- und sechzig Infan-
terie-Soldaten; früher, in der Ming-
Dynastie, hatte es hier einen niederen Steuerbeamten gegeben, 7/20b;
Märkte, 4/9b; Tempel, Feste, Gärten, 4/6-12; Ärzte, 9/18. Das allgemeine Geschäftsleben beschreibt
HUANG 73c−74c.

S. 133: Erlaubnis, den Mann zu verlassen
Vgl. Boulais, *Manuel*, S. 300, »Ob-
servations«.
Fall in Ningyang
Vgl. Shen Zhiqi, *Da Qing lü*
19/9b-10; »das Band der Ehe durch-
trennen« ist »shi fugang«.
Weggelaufene Frauen
Vgl. *Duli cunyi*, S. 312 (Absatz
116.00.5); Staunton, *Penal Code*, S.

121 (Abschnitt 116). Zu weiteren
Fällen, in denen Flüchtlinge beher-
bergt wurden, vgl. Staunton, *Penal
Code*, S. 228 und 236 (Abschnitte
217 und 223).
Ehebruchgesetze
Vgl. *Duli cunyi*, S. 1079 (Absatz
366.00); Staunton, *Penal Code*, S.
404f (Abschnitt 366); Boulais, *Manuel*, S. 680f (Abschnitte 1580-84).
Die Anzahl der Stockschläge, die
Staunton aufführt, weicht von der
andern hier benutzter Quellen ab.

S. 134: Rache des Ehemanns
Vgl. *Duli cunyi*, S., 783 (Absatz
285.00); Staunton, *Penal Code*, S.
307 (Abschnitt 285); Boulais, *Manuel*, S. 546f (Abschnitte 1232-35).
Auf der Straße
Einfache Berufe *(yinyang xueguan)*,
vgl. FENG 2/3b. Weitere Berufe
wie aufgeführt in Brunnert und Hagelstrom, S. 430 (Nr. 850). Über
Hausierer vgl. HUANG 191d; Ar-
beit für Flüchtlinge, 214b; Überhandnehmen von Flüchtlingen, 72d.
Die sehr hohe Anzahl von Flüchtlin-
gen in Shandong zu dieser Zeit untersucht ebenso Fujita Keiichi,
»Shinsho Santo«, S. 133.

S. 135: Polizeibüttel Wei
Vgl. HUANG 215c-216b.

Spiel mit der Glaubwürdigkeit
Vgl. HUANG 218d-219a.
Fährleute
Vgl. HUANG 359d-360a, er zitiert
das *Weixin bian*.

S. 137: Arbeit für Frauen
Vgl. HUANG 151b und 209a zu
Heiratsvermittlerin und Bürgin; zu
Waisenhäusern und Altersheimen,
313c und 363c und d (Huang erwähnt Waisenhäuser und Altersheime mit bis zu neunzig Schwestern, aber es ist wenig wahrscheinlich, daß Tancheng etwas in dieser
Größenordnung zu bieten hatte.);
zu von der Gentry eingerichteten
Spielhallen und Bordellen vgl.
269d, 270b. Huang empörte nicht
allein die Tatsache, daß die Bordelle

zum einen eine Schande waren, zum anderen auch als beliebter Umschlagplatz für gestohlenes Gut dienten, er argumentiert auch, daß besonders die Postreiter nach dem Bordellbesuch vor Erschöpfung bis weit in den Tag hinein schliefen und selbst, wenn sie davonritten, noch immer benommen und abgelenkt waren, vgl. 344d-345a.

Drei Kräfte
»Sanguan«-Lehren zusammengefaßt in Werner, *Chinese Mythology*, S. 400-403, und in Stephan Feuchtwang, »Domestic and Communal Worship in Taiwan«, S. 112f, in: Arthur Wolf (Hg.), *Religion and Ritual*, S. 105-29. Es scheint sich um einen kleinen Dorftempel gehandelt zu haben, nicht um einen der drei in FENG 4/7 aufgeführten.

S. 138: Im Tempel
Die gesamte Auseinandersetzung wurde von Gao in seiner Zeugenaussage wiedergegeben, vgl. HUANG 168a und b.
Schläge
Vgl. *Duli cunyi*, S. 889 (Absatz 302.00); Staunton, *Penal Code*, S. 324-27 (Abschnitt 302).

S. 140: Scheidungsgesetze
Duli cunyi, S. 312 (Klausel 116); Boulais, *Manuel*, S. 300-303 (Abschnitte 633-45); Staunton. *Penal Code*, S. 120-22 (Abschnitt 116).
Die letzten zwei Monate Frau Wangs Huang vermutet, daß Ren sich schon, als Frau Wang zu ihm zurückkam, mit dem Plan getragen habe, sie umzubringen, 168d. Die neue Matte erscheint immer wieder in seiner Darstellung des Falles. HUANG 294a-c gibt die Berichte guten und schlechten Verhaltens bis hinab zur Dorfebene wieder.

S. 140-141: Die Kälte
Aus Huangs Bericht geht hervor, daß es schneite. Durchschnittstemperaturen stehen bei Bell, S. 45f und 53, und in Buck, *Statistics*, Tabelle V, S. 7. Häuser der Armen in Shandong

beschreibt eingehend Yang, *Chinese Village*, S. 38-40.

S. 142: Der Streit
HUANG 168d.
Ihre Kleidung
HUANG 169a.
Wintersee
PU 580.

Der Raum
PU 150.

Die Blüten
PU 439-40.
Gesicht und Hände
PU 294, 282.
Ihr Lächeln
PU 1128, 1433.
Bettstatt
PU 1280-81.
Massage
PU 637, 1001, 774, 908.
Geschwür
PU 60-61.

S. 143: Müde
PU 1268.
Ihre Frauen
PU 647.
Türen
PU 394.

S. 143-144: Hof und Schaukel
PU 647-48.

S. 144: Das Schiff
PU 706.
Der Wind
PU 1261.
Wolken und Sterne
PU 416.

S. 145: Die Stufen
PU 342.

Obst und Wein
PU 300.
Päonien und Kamelien
PU 1548.
Unbekanntes Instrument
PU 947.
Gesang von Frauen
PU 59.
Brise und Vögel
PU 985.

Epilog – Der Prozess

Bibliographie

AHERN, EMILY: *The Cult of the Dead in a Chinese Village*, Stanford (Stanford University Press) 1973

Baqi tongzhi (Geschichte der Acht Banner), 1739 (hg.), Taibei (Nachdruck durch Xuesheng shuju) 1968

BELL, MARK A.: *China: Being a Military Report on the Northeastern Portions of the Provinces of Chih-li and Shantung; Nanking and its Approaches; Canton and its Approaches; etc., etc.*, Simla (Government Central Branch Press) 1884, 2 Bde.

Bi xianzhi (Lokalgeschichte des Kreises Bi [Fei]), 1689, 10 *Zhuan*

BISHOP, JOHN LYMAN: *The Colloquial Short Story in China: A Study of the San-yen Collections*, Cambridge, Mass. (Harvard University Press) 1956

BODDE, DERK: »Prison Life in Eighteenth-Century Peking«, in: *Journal of the American Oriental Society*, Nr. 89 (1969), S. 311-33

Ders. und MORRIS, CLARENCE: *Law in Imperial China, Exemplified by 190 Ch'ing Dynasty Cases*, Cambridge, Mass. (Harvard University Press) 1967

(Xuxiu) Boshan xianzhi (Weitere Fortsetzung der Lokalgeschichte von Boshan), 1937, Taibei (Nachdruck durch Chengwen chubanshe) 1968

BOULAIS, GUY: *Manuel du code chinois*, Variétés sinologiques, Nr. 55, Shanghai 1924

BRUNNERT, H. S. und HAGELSTROM, V. V.: *Present Day Political Organization of China*, Übers. v. A. Beltchenko und E. E. Moran, Shanghai (Kelly und Walsh) 1911

BUCK, DAVID D.: »The Provincial Elite in Shantung during the Republican Period: Their Successes and Failures«, in: *Modern China*, Nr. 1/4 (October 1975), S. 417-46

BUCK, JOHN LOSSING: *Land Utilization in China: A Study of 16.786 Farms in 168 Localities...*, II: *Statistics*, III: *Atlas*, Nanking (University of Nanking Press) 1937

CHAN HOK-LAM: »The Withe Lotos-Maitreya Doctrine and Popular Uprisings in Ming and Ch'ing China«, in: *Sinologica*, Separatum Bd. 10 (1969), S. 211-33

CHANG CHUN-SHU und CHANG HSÜEH-LUN: »The World of P'u Sung-ling's *Liao-chai chih-i*: Literature and the Intelligentsia during the Ming-Ch'ing Dynastic Transition«, in *Journal of the Institute of Chinese Studies* (Chinese University of Hong Kong), Nr. 6/2 (1973), S. 401-23

CHEN WANNAI: *Hong Sheng yanjiu* (Eine Untersuchung zu Hong Sheng), Taipei (Taiwan xuesheng shuju) 1970

CHENG ZHENGKUI: *Cangzhou jishi*, (Aufzeichnungen zum Gebiet Cangzhou im Jahre 1644), in: *Qingtuo yishi*, 32 *Ce*

CHU, YUNG-DEH RICHARD: *An Introductory Study of the White Lotos Sect in Chinese History with Special Reference to Peasant Movements*, Columbia University (Ph. D. Dissertation) 1967

DI GIURA, LUDOVICO NICOLA, Übers.: *I Racconti Fantastici di Liao* (Übersetzung v. Pu Songlings *Liaozhai zhiyi*), Mailand (Arnoldo Mondadori) 1962 (1926)

Dongguang xianzhi (Lokalgeschichte des Kreises Dongguang), 1693, 8 *Zhuan.*

DORÉ, HENRI: *Recherches sur les superstitions en Chine*, Variétés sinologiques, Nr. 48: *Le panthéon chinois* (fin); Variétés sinologiques, Nr. 49: *Popularisation du confucéisme...*, Shanghai (Imprimerie de la Mission Catholique) 1918

DUNSTAN, HELEN: »The Late Ming Epidemics: A Preliminary Survey«, in: *Ch'ing-shih wen-t'i*, Nr. 3/3 (1975), S. 1—59

EBERHARD, WOLFRAM: *Chinesische Träume und ihre Deutung*, Akademie der Wissenschaften und der Literatur, Abhandlungen der Geistes- und Sozialwissenschaftlichen Klasse, Jahrgang 1971, Nr. 14, Wiesbaden (Franz Steiner Verlag) 1971

FASHISHAN: *Qingbi shuwen* (Prüfer und Prüfungsfragen in der frühen Qing-Dynastie), 1798, Taibei (Nachdruck durch Wenhai chubanshe) o. J., 16 *Zhuan*
FENG KECAN: Vgl. Anm. S. 125
Fuhui quanshu, 1694, vgl. Anm. S. 125
FUJITAKEIICHI: »Shinsho Santō ni okeru fuekisei ni tsuite« (Das Steuer- und Arbeitsdienstsystem in Shandong während der frühen Qing-Dynastie), in: *Tōyōshi kenkyū*, Nr. 24/2 (September 1965), S. 127-51
(Caozhou fu) Geze xianiangtu zhi (Lokalgeschichte des Kreises Geze), 1908, Taibei (Nachdruck durch Chengwen chubanshe) 1968, 1 *Zhuan*

GILES, HERBERT A., Übers.: *Strange Stories from a Chinese Studio*, überarbeitete Ausgabe London (T. W. Laurie) 1916

Haizhou zhilizhou zhi (Regionalgeschichte der regierungsunmittelbaren Region Haizhou), 1811, Taibei (Nachdruck durch Chengwen chubanshe) 1970, 32 *Zhuan*
HE MANZI: *Pu Songling yu »Liaozhai zhiyi«* (Pu Songling und das *Liaozhai zhiyi*), Shanghai 1965
HERVOUET, YVES (Hg.): *Contes extraordinaires du pavillon du loisir, par P'ou Song-ling*, Collection UNESCO d'œuvres représentatives, Nr. 31, Série chinoise, Paris (Gallimard) 1960
HIGHTOWER, JAMES ROBERT: *Topics in Chinese Literature, Outlines and Bibliographies*, Cambridge, Mass. (Harvard University Press) 1962
HO PING-TI: *Studies on the Population of China, 1368-1953,*Cambridge, Mass. (Harvard University Press) 1959
HSIAO KUNG-CHUAN: *Rural China: Imperial Control in the Nineteenth Century*, Seattle (University of Washington Press) 1960
HUANG LIUHONG: Vgl. Anm. S. 125
HUANG, RAY: *Taxation and Governmental Finance* in *Sixteenth-Century Ming China*, Cambridge (Harvard University Press) 1974
Huidian shilu (Gesetze und Präzedenzfälle der Qing-Dynastie), Taibei (Nachdruck durch Qiwen chubanshe) 1963
HUMMEL, ARTHUR (Hg.): *Eminent Chinese of the Ch'ing Period*, Washington, D. C., 1943-44, 2 Bde.

IRWIN, RICHARD GREGG: *The Evolution of a Chinese Novel: Shui-hu-chuan*, Cambridge, Mass. (Harvard University Press) 1966

JING SU und LUO LUN: *Qingdai Shandong jingying dizhu di shehui xingzhi* (Soziale Merkmale der handeltreibenden Grundherren während der Qing-Dynastie in Shandong), Shandong (Renmin chubanshe) 1959
JORDAN, DAVID K.: *Gods, Ghosts and Ancestors: The Folk Religion of A Chinese Village*, Berkeley (University of California Press) 1972

LADSTÄTTER, OTTO: *P'u Sung-ling und seine Werke in Umgangssprache*, München Diss. 1960
Laiyang xianzhi (Lokalgeschichte von Laiyang), 1935, 34 *Zhuan*
LEGGE, JAMES: *The Chinese Classics*, überarbeitete Ausgabe Oxford (Clarendon Press) 1893-95, 5 Bde.
LI WENZHI: *Wanming minbian* (Volksaufstände in der späten Ming-Dynastie), Hongkong (Nachdruck durch Yuandong tushu gongsi) 1966
LI YÜ: *Zizhi xinshu* (Gesammelte Artikel zur Verwaltung), 1663, 14 *Zhuan*, 1667, 20 *Zhuan*
Liaozhai zhiyi, vgl. Anm. 125
Linyi xianzhi (Lokalgeschichte von Linyi), 1916, 14 *Zhuan*
LIU JIEPING: *Liaozhai biannian shiji xuanzhu* (Gedichte von Pu Songling, kommentiert und in chronologischer Anordnung), Taibei (Zhonghua shuju) 1974
LU DAHUAN: »Pu Liuyuan xiansheng nianpu« (Chronologische Biographie Pu Songlings), in: *Pu Songling ji*, S. 1745-1801

METZGER, THOMAS: *The Internal Organization of Ch'ing Bureaucracy: Legal, Normative, and Communication Aspects*, Cambridge, Mass. (Harvard University Press) 1973

172

MYERS, ROMAN H.: »Commercialization, Agricultural Development, and Landlord Behavior in Shantung Province in the Late Ch'ing Period«, in: *Ch'ing-shih wen-t'i*, Nr. 2/8 (Mai 1972), S. 31-55

NAKAMURA JIHEI: »Shindai Santō no gakuden« (Das Schulland-System in der Provinz Shandong in der späten Qing-Dynastie), in: *Shien*, Nr. 64 (Februar 1955), S. 43-63
Ders.: »Shindai Santō no gakuden no kosaku« (Pachtverhältnisse im Schulland-System in der Provinz Shandong in der späten Qing-Dynastie), in: *Shien*, Nr. 71 (Dezember 1956), S. 55-77
NISHIMURA GENSHO: »Shinsho no tochi jōryō ni tsuite« (Überblick über die Landverteilung in der frühen Qing-Dynastie), in: *Tōyōshi kenkyū*, Nr. 33/3 (Dezember 1974), S. 102-55

PAN SHAOCAN: *Weixin bian* (Abhandlung zur Lokalverwaltung), 1684, 6 *Zhuan*
PENG SUNYI: *Pingkou zhi* (Bericht über die Befriedung von Rebellen, 1628-1661), 1931 (hg.), 12 *Zhuan*
PRUŠEK, JAROSLAV: *Chinese History and Literature: Collection of Studies*, Dordrecht (D. Reidel) 1970
PU SONGLING, vgl. Anm. S. 125
Ders.: *Liaozhai zhiyi*, Übersetzungen siehe di Giura, Giles, Hervouet, Quong
Pu Songling ji (Gesammelte Werke von Pu Songling, Essays, Gedichte, Dramen), Shanghai (Zhonghua shuju) 1962, 2 Bde.
Pu Songling yanjiu ziliao (Gesammelte Aufsätze zur Pu Songling-Forschung), Hongkong (Taozhai shuwu) 1974, 2 Bde.

QUONG, ROSE, Übers.: *Chinese Ghost and Love Stories: A Selection from the Liao Chai Stories by P'u Sung-ling*, New York (Pantheon) 1946

Shandong difangshi jiang shou tigang (Untersuchung der Hauptthemen in der Lokalgeschichte von Shandong), Jinan (Shandong renmin chubanshe) 1960
Shandong tongzhi (Geographische und topographische Enzyklopädie der Provinz Shandong), 1678, 64 Zhuan
Dass., 1911, 200 *Zhuan*
(Zhongzuan) Shaowu fuzhi (Vollständige Regionalgeschichte der Präfektur Shaowu), 1900, Taibei (Nachdruck durch Chengwen chubanshe) 1967, 30 *Zhuan*
Shaowufu xuzhi (Fortsetzung der Regionalgeschichte der Präfektur Shaowu), 1670, 10 *Zhuan*
SHEN JIQI: *Da Qing lü jizhu* (Kommentar zu den Gesetzestexten der Qing), (1715), 1755 (hg.), 30 *Zhuan*
Shilu (Annalen der Qing-Dynastie, angeordnet nach Regierungsepochen), Taibei (Nachdruck durch Huawen shuju) 1964
SHRYOCK, JOHN: *The Temples of Anking and their Cults: A Study of Modern Chinese Religion*, Paris (Geuthner) 1931
STAUNTON, SIR GEORGE: *Ta Tsing Leu Lee; Being the Fundamental Laws... of the penal Code of China*, London, 1810, Taibei (Nachdruck durch Chengwen chubanshe) 1966
Suqian xianzhi, (Lokalgeschichte des Kreises Suqian), 1875, o. O. (Nachdruck) 1965
Sun Tingquan: *Yanshan ziji* 1665, 4 *Zhuan*

Tancheng xianzhi, 1673, vgl. Anm. S. 125
(Zhongxiu) Tancheng xianzhi, (Fortsetzung der Lokalgeschichte von Tancheng), 1763, 12 *Zhuan*
(Xuxiu) Tancheng xianzhi, (Weitere Fortsetzung der Lokalgeschichte von Tancheng), 1810, Taibei (Nachdruck durch Chengwen chubanshe) 1968, 10 *Zhuan*
Tancheng xian fuyi quanshu (Vollständige Darstellung der Besteuerung und des Arbeitsdienstes in Tancheng), 1897, 1 *Zhuan*
TAN QIAN: *Guojue* (Geschichte der Ming-Dynastie), abgeschlossen 1655, Peking 1958, 6 Bde.
Teng xianzhi (Lokalgeschichte des Kreises Teng), 1832, 14 *Zhuan*

WANG ZHI: »Tancheng yin Huang sihu zhuan« (Biographie des Tanchenger Magistrats Huang Liuhong), in: *Zhongdetang gao*, o. O., o. J., 4 *Zhuan*

WANG YEH-CHIEN: *Land Taxation in Imperial China, 1750-1911*, Cambridge, Mass. (Harvard University Press) 1973

WOLF, ARTHUR P. (Hg.): *Religion and Ritual in Chinese Society*, Stanford (Stanford University Press) 1974

YAMANE YUKIO, vgl. Anm. S. 125 unter HUANG

YANG RENKAI: »*Liaozhai zhiyi« yuangao yanjiu* (Untersuchung des Originalmanuskripts des *Liaozhai zhiyi*, Shenyang 1958

YANG LIU »*Liaozhai zhiyi« yanjiu* (Untersuchung zum *Liaozhai zhiyi*), Nanking 1958

YANG, MARTIN C. A.: *A Chinese Village: Taitou, Shantung Province*, New York (Columbia University Press) 1945, TB 1965

YOKOYAMA SUGURU: »Kampōki Santō no kōryō fūchō to mindan« (Volksorganisationen und Bauernaufstände aus Protest gegen hohe Pacht und Steuer während der Regierungsepoche Xianfeng in Shandong), in: *Rekishi kyōiku*, Neue Serie Nr. 12/9 (September 1964), S. 452-50

XIE GUOZHEN: *Qingchu nongmin qiyi ziliao jilu* (Quellen zu Bauernaufständen in der frühen Qing-Dynastie), Shanghai, 1956

XUE YUNSHENG: *Duli cunyi* (Analyse der Probleme in den Gesetzestexten), hg. v. Huang Jingjia, o.J., Taibei (Nachdruck durch Chengwen chubanshe) 1970, 5 Bde.

Yizhou zhi (Lokalgeschichte von Yizhou), 1674, 8 *Zhuan*
Yizhou fuzhi (Lokalgeschichte von Yizhou), 1760, 36 *Zhuan*
Yi xianzhi (Lokalgeschichte des Kreises Yi), 1761, 10 *Zhuan*

ZHANG JINGQIAO: »*Liaozhai zhiyi« yuangao kaozheng* (Untersuchung des Originalmanuskripts des *Liaozhai zhiyi*), Taibei 1968

ZHANG PEI: »*Liaozhai zhiyi* ge bie zuopin zhongdi minzu sixiang« (Nationales Gedankengut im *Liaozhai zhiyi*), in: *Wenxue yichan zengkan*, Nr. 6 (1958), S. 169-80

ZHANG YAO: *Shandong junxing jilue* (Geschichte der Militärkampagnen in Shandong), Taibei (Nachdruck durch Wenhai chubanshe) o.J., 22 *Zhuan*

ZHAO MENGAN; »Tancheng Yinan sheshi« (Die Dichtergruppe »Fluß Yi« in Tancheng), in: *Shandong wenxian*, Nr. 2/4 (1977), S. 57f

ZHENG TIANTING u.a.: *Ming mo nongmin qiyi shiliao* (Materialien zu Bauernaufständen in der späten Ming-Zeit), Peking 1952

Zichuan xianzhi (Lokalgeschichte von Zichuan), 1743, 8 *Zhuan*
Zou xianzhi (Lokalgeschichte des Kreises Zou), 1716, 3 *Zhuan*

GESCHICHTE – KUNST – PHILOSOPHIE

PETER BURKE   VICO
Philosoph, Historiker, Denker einer neuen Wissenschaft
Giambattista Vico (1668–1744) ist bis heute der Anlaß einer Fülle von Mythenbil-
dungen, die gleichwohl nicht verhindert haben, daß die Bedeutung dieses Wissen-
schaftlers für die moderne Soziologie, Anthropologie und Kulturgeschichte immer
noch nicht in ihrer ganzen Konsequenz erfaßt wurde.
Aus dem Englischen von Wolfgang Heuss
Broschur. 120 Seiten, DM 19.80

PETER BURKE
STÄDTISCHE KULTUR IN ITALIEN ZWISCHEN HOCHRENAISSANCE UND BAROCK
Eine historische Anthropologie
»Die Arbeit eignet sich ausgezeichnet nicht nur zur spannenden Lektüre, sondern
auch zur fundierten Einführung in das Studium der Geschichte, die man an den Uni-
versitäten nicht mehr überall erhält.
Die Lektüre dieser Studien ist rundum köstlich. Burkes Buch ist eine einzige Versu-
chung, sich auf die Fährten einer Fülle von Geschichten zu begeben.«
Wilhelm Schmid, Süddeutsche Zeitung
Aus dem Englischen von Wolfgang Kaiser
Englische Broschur. 224 Seiten mit vielen Abbildungen, DM 36.–

GIOVANNI LEVI
DAS IMMATERIELLE ERBE
Eine bäuerliche Welt an der Schwelle zur Moderne
Levis Buch ist eine grundlegende Untersuchung zur Archäologie der Moderne: im
Laufe einer höchst facettenreichen Darstellung entschlüsselt der Autor die innere
Dynamik einer sozialen Welt, die ganz unbeweglich zu sein scheint.
»Ein Buch von großer methodologischer Bedeutung, ein begeisterndes Buch.«
Carlo Ginzburg
Aus dem Italienischen von Karl F. Hauber und Ulrich Hausmann
Broschur. 200 Seiten, DM 34.–

NATALIE ZEMON DAVIS
FRAUEN UND GESELLSCHAFT AM BEGINN DER NEUZEIT
Studien über Familie, Religion und die Wandlungsfähigkeit des sozialen Körpers
»Ihr Thema sind Frauen und Männer verschiedener Klassen, Konfessionen, Alters-
gruppen und lokaler Räume, sie gehört zu den wenigen Historikern, die dieses
Thema nicht nur programmatisch zu formulieren wissen, sondern meisterhaft
be-herr-schen.«
Ute Frevert, Frankfurter Allgemeine Zeitung
Aus dem Amerikanischen von Wolfgang Kaiser   Broschur. 176 Seiten, DM 26.80